中国社会科学院创新工程学术出版资助项目

夏洪胜 张世贤◎主编

21世纪工商管理文库

公司治理

Corporate Governance

经济管理出版社
ECONOMY & MANAGEMENT PUBLISHING HOUSE

图书在版编目（CIP）数据

公司治理/夏洪胜，张世贤主编. —北京：经济管理出版社，2013.4
（21世纪工商管理文库）
ISBN 978-7-5096-2351-0

Ⅰ.①公…　Ⅱ.①夏…②张　Ⅲ.①公司—企业管理　Ⅳ.①F276.6

中国版本图书馆CIP数据核字（2013）第036574号

组稿编辑：何　蒂
责任编辑：孙　宇
责任印制：杨国强
责任校对：陈　颖

出版发行：经济管理出版社（北京市海淀区北蜂窝8号中雅大厦11层　100038）
网　　址：www.E-mp.com.cn
电　　话：（010）51915602
印　　刷：三河市延风印装厂
经　　销：新华书店
开　　本：720mm×1000mm/16
印　　张：16.5
字　　数：269千字
版　　次：2014年3月第1版　2014年3月第1次印刷
书　　号：ISBN 978-7-5096-2351-0
定　　价：45.00元

·版权所有　翻印必究·
凡购本社图书，如有印装错误，由本社读者服务部负责调换。
联系地址：北京阜外月坛北小街2号
电话：（010）68022974　　邮编：100836

总 序

1911年,泰勒《科学管理原理》的发表标志着管理学的诞生。至今,管理学已经走过了整整100年,百年的实践证明,管理学在推动人类社会进步和中国改革开放中发挥了巨大的作用。在这个具有历史意义的时刻,我们也完成了《21世纪工商管理文库》的全部编写工作,希望以此套文库的出版来纪念管理学诞生100周年,并借此机会与中国企业的管理者们进行交流与探讨。

"绝不浪费读者的时间",这是我在筹划编写本套文库时所坚持的第一理念。时间是管理者最宝贵的资源之一,为了让读者尽可能高效率地学习本套文库,我们的团队力求通过精练的文字表达和鲜活的案例分析,让读者在掌握基础知识的同时获得某种思维上的灵感,对解决企业实际中遇到的问题有所启发,同时也获得阅读带来的轻松和愉悦。"绝不浪费读者的时间",这是我们对您的承诺!

一、编写《21世纪工商管理文库》的出发点

本人从事工商管理领域的学习、研究、教学和实践工作多年,在这一过程中不断探索和思考,形成了自己的一系列观点,其中的一些观点成为编写本套文库的出发点,希望能尽我微薄之力,对我国企业的发展有所帮助。

1. 工商管理是一门应用性极强的学科,该领域的基础理论成果基本上来源于以美国为主的西方国家。在工商管理领域的研究方面,我国应该将重点放在应用研究上。

2. 工商管理在很大程度上受制度、历史、文化、技术等因素的影响。对于源自西方国家的工商管理基础理论，我们切不可照搬照抄，而应该在"拿来"的基础上根据我国的实际情况加以修正，然后将修正后的理论运用于我国的实践。

3. 目前，我国的 MBA、EMBA 所用的经典教材多数是西方国家的翻译版本，不仅非常厚，内容也没有根据中国的实际情况进行调整，在学时有限的情况下学生普遍无法学通，更谈不上应用，这可以从众多的学位论文和与学生的交流中看出。

4. 做企业，应该先"精"后"强"再"大"，并持续地控制风险，只有这样才能保证企业之树长青。而要做到这些，一个非常关键的因素就是对工商管理知识的正确运用，所以，无论多忙，我国的企业管理者们都务必要全面系统地学习适合国情的工商管理知识，以提升企业的软实力。

5. 随着国际化程度的加深，我国急需一批具有系统的工商管理知识和国际化视野且深谙国情的企业家，这一群体将成为我国企业走向国际化的希望。企业的中高层管理者是这一批企业家群体的预备军，因此，我们应该尽力在我国企业的中高层管理者中培育这个群体。

"路漫漫其修远兮，吾将上下而求索"。企业是国家的经济细胞，也是国家强盛的重要标志之一。当今世界，企业间的竞争日趋激烈，我国企业的管理者们要有强烈的危机意识和竞争意识，必须从人、财、物、信息、产、供、销、战略等各方面全方位地提升我国企业的管理水平，力争建成一批世界知名的和有国际影响力的中国企业，这批企业将是中国经济的基础和重要保障。我希望本套文库能够与中国企业中高层管理者的实践碰撞出灿烂的火花，若能如此，我多年的心血和我们团队的工作便有了它存在的价值。

二、《21 世纪工商管理文库》的内容

中国企业非常需要有一套适合中国国情的工商管理文库，博览以往工商管理类的书籍，它们对中国企业的发展确实起到了非常重要的作用，但是却鲜有一套文库的内容可以同时将基础性的知识、前沿性的研究和最适合在中国应用的理论

结合工商管理内容的本质,以深入浅出、通俗易懂的表达方式全面呈现出来。由于中国的中高层企业管理者用在读书学习上的时间非常有限,这就要求本套文库能让企业管理者花较少的时间,系统地掌握其内容并加以运用。

鉴于此,本人与国内外同行进行了深入的探讨,同时,也与一大批内地、港澳台地区及国外企业家和学者进行了广泛的接触与交流,并实地调研了大量中外企业。在此基础上,仔细查阅了国内外著名大学商学院的有关资料,并结合自己的研究,首次构建并提出了如图Ⅰ所示的工商管理内容模型。该模型经过数十次的修正,直到工商管理理论研究同行与实践中的企业家们普遍认可后才确定下来。它由31本书组成,平均每本200页以上,基本涵盖了工商管理的主要内容,是目前我国较为系统、全面并适合中国企业的工商管理文库。

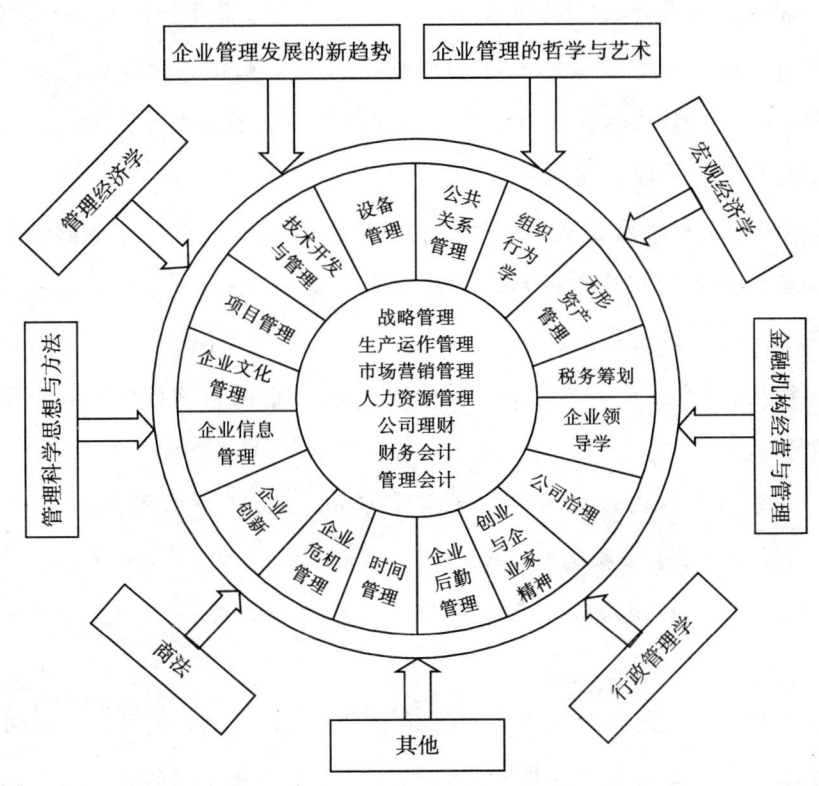

图Ⅰ　工商管理内容模型

该工商管理内容模型共分为如下三个部分：

第一部分为核心内容（图Ⅰ中小圆内部分）。该部分内容共分为7个方面：①战略管理；②生产运作管理；③市场营销管理；④人力资源管理；⑤公司理财；⑥财务会计；⑦管理会计。

以上7个方面的内容是工商管理最基本的部分，也是工商管理最核心的部分，这些内容是任何企业都应该具有的。可以说，工商管理其他方面的内容都是围绕这7个方面的内容展开的。这7个方面的内容各有侧重又彼此关联。

我们称这7个方面的内容为工商管理的核心系统，该系统是工商管理专业的核心课程。

第二部分为辅助内容（图Ⅰ中小圆与大圆之间部分）。该部分内容共分为16个方面：①企业领导学；②公司治理；③创业与企业家精神；④企业后勤管理；⑤时间管理；⑥企业危机管理；⑦企业创新；⑧企业信息管理；⑨企业文化管理；⑩项目管理；⑪技术开发与管理；⑫设备管理；⑬公共关系管理；⑭组织行为学；⑮无形资产管理；⑯税务筹划。

以上16个方面的内容是工商管理的辅助内容。不同行业的企业和企业发展的不同阶段都会不同程度地运用到这些内容。这16个方面的内容与核心系统一起构成了企业管理的主要内容。

我们称这16个方面的内容为工商管理的辅助系统，该系统是工商管理专业的选修课程。

第三部分为支撑内容（图Ⅰ中大圆外部分）。该部分内容共分为8个方面：①宏观经济学；②金融机构经营与管理；③行政管理学；④商法；⑤管理科学思想与方法；⑥管理经济学；⑦企业管理发展的新趋势；⑧企业管理的哲学与艺术。

以上8个方面的内容对企业管理起到支撑、支持或制约的作用，企业管理的思想、方法、环境等都与这些内容密切相关，甚至企业管理的绩效直接与这8个方面的内容有关。

我们称这8个方面的内容为工商管理的支撑系统，该系统是工商管理专业的公共必修课程。

需要说明的是，在该模型中，我们标出了"其他"，这是由于工商管理的内容非常丰富，其模型很难包罗万象，而且工商管理本身也在发展中，无论是核心系统、辅助系统，还是支撑系统，都可能在内容上发生变化。因此，我们将该模型中没有表明的内容用"其他"表示。

综上所述，整个工商管理内容模型是由核心系统、辅助系统、支撑系统三大系统组成。我们也可称之为工商管理的三维系统，其中，核心系统和辅助系统构成了企业管理的主要内容。

我们进一步将核心系统和辅助系统按照关系密切程度划分为5个子系统，它们分别是：

子系统1：战略管理、企业领导学、公司治理、创业与企业家精神、企业后勤管理、时间管理、企业危机管理、企业创新、企业信息管理、企业文化管理。该子系统各部分都会对企业产生全局性的影响。

子系统2：生产运作管理、项目管理、技术开发与管理、设备管理。该子系统各部分技术性强，偏重定量分析，且各部分之间关系密切。

子系统3：市场营销管理、公共关系管理。该子系统各部分之间关系密切，公共关系的有效管理有助于市场营销管理。

子系统4：人力资源管理、组织行为学。该子系统各部分之间关系密切，组织行为学是人力资源管理的基础。

子系统5：公司理财、财务会计、管理会计、无形资产管理、税务筹划。该子系统各部分之间关系密切，公司理财、财务会计、管理会计构成了企业的财务管理体系，同时也是无形资产管理、税务筹划的基础。

以上5个子系统也可以作为企业管理的5个主要研究方向：①战略管理方向；②生产运作管理方向；③市场营销管理方向；④人力资源管理方向；⑤财会管理方向。其中，战略管理是企业的定位；生产运作管理是企业的基石；市场营销管理是企业生存的手段；人力资源管理是企业的核心；财会管理是企业的灵魂。

当然，工商管理内容模型中的各个部分不是孤立存在的，它们彼此之间常常是有关联的，甚至有些内容还有交叉。如"采购管理"作为企业管理中非常重要的内容，本套文库在生产运作管理、项目管理和企业后勤管理三本书中均有涉及。虽然三本书中关于"采购管理"的内容均有关联和交叉，但三本书中所呈现出来的相应内容的侧重点又是不同的。

三、《21世纪工商管理文库》的内容本质

通过多年来对国内外工商管理理论与实践的研究，我们认为《21世纪工商管理文库》的内容本质可以精辟地概括成如表Ⅰ所示。

表Ⅰ 《21世纪工商管理文库》的内容本质

书名	内容本质
1.战略管理	找准企业内部优势与外部环境机会的最佳契合点，并保持可持续发展
2.生产运作管理	依据市场的需求和企业的资源，为客户生产和提供物超所值的产品
3.市场营销管理	以有限的资源和真实的描述，尽可能让企业的目标客户了解并购买企业的产品
4.人力资源管理	适人适才、合理分享、公平机会、以人为本、真心尊重，创造和谐快乐的工作环境
5.公司理财	使公司的资产保值增值并在未来依然具有竞争力
6.财务会计	合规、及时、准确地制作财务会计报表，并运用财务指标评价企业的经营状况
7.管理会计	让管理者及时、准确地了解其经营活动与各项财务指标的关系并及时改善
8.企业领导学	道德领导、诚信经营、承前启后、继往开来
9.公司治理	以科学的制度保障权力的相互制衡，维护以股东为主体的利益相关者的利益
10.创业与企业家精神	发现和捕获商机并持续创新
11.企业后勤管理	通过企业的间接管理活动，使其成本最低和效率最高
12.时间管理	依重要和缓急先后，合理分配时间，从而达成目标
13.企业危机管理	大事化小，小事化了，转危为机
14.企业创新	快半步就领先，持续保持竞争优势
15.企业信息管理	及时和准确地为管理者提供相关的管理信息
16.企业文化管理	以共同的信念和认同的价值观引领企业达到具体的目标
17.项目管理	以有限的资源保质保量完成一次性任务
18.技术开发与管理	将未来的技术趋势转化为商品的过程与管理
19.设备管理	使设备具有竞争力且寿命最长和使用效率最高
20.公共关系管理	使企业与所有利益相关者的关系最和谐且目标一致
21.组织行为学	科学组建以人为本的有效团队

续表

书名	内容本质
22.无形资产管理	化无形为有形，持续发展无形的竞争优势
23.税务筹划	合法、有道德且负责任的节税手段
24.宏观经济学	保持国民经济可持续和健康发展的理论基础
25.金融机构经营与管理	服务大众，科学监管
26.行政管理学	科学制定"游戏"规则，构建长富于民的政府管理机制
27.商法	维护经济秩序并保护企业或个人的合法权益
28.管理科学思想与方法	以可靠准确的数据为基础，优化各类资源的使用效率和效果
29.管理经济学	微观经济学的理论在企业经营决策中的应用
30.企业管理发展的新趋势	企业未来的管理方向
31.企业管理的哲学与艺术	刚柔并济，共创所有利益相关者的和谐

四、《21世纪工商管理文库》的特色

（一）《21世纪工商管理文库》在叙述方式上的特色

1. 每本书的封面上都对该书的内容本质有精辟的描述，这也是贯穿该书的主线，随后对该书的内容本质有进一步的解释，以便读者能深刻领悟到该书内容的精髓所在；并在总序中对整个《21世纪工商管理文库》的内容本质以表格的形式呈现。

2. 每本书的第一章，即导论部分都给出了该书的内容结构，以便读者能清晰地知道该书的整体内容以及各章内容的逻辑关系。

3. 每本书的每章都以开篇案例开始，且每一节的开头都有一句名人名言或一句对本节内容进行概括的话，以起到画龙点睛的作用。

4. 每本书的基础理论大部分都有案例说明，而且基本上是在中国的应用，尽量使其本土化。

5. 每本书都非常具有系统性、逻辑性和综合性，将复杂理论提炼成简单化、通俗化的语句并归纳出重点及关键点，尽量避免不必要的"理论"或"术语"，表达上简洁明了、图文并茂、形象鲜活。

（二）《21世纪工商管理文库》在内容上的特色

1. 本套文库建立了完整的工商管理内容模型，该模型由核心系统、辅助系统和支撑系统组成。在该模型中，读者能够清晰地看到工商管理内容的全貌以及各

部分内容之间的关系，从而更加有针对性地学习相关内容。这也是本套文库的基本内容框架，从该框架可以看出，本套文库内容全面，具有很强的系统性和逻辑性，且层次分明。

2. 本套文库的内容汇集和整合了古今中外许多经典的、常用的工商管理理论和实践的成果，我们将其纳入本套文库的内容框架体系，使其更为本土化和实用化。可以认为，我们的工作属于集成创新或整合创新。

3. 每本书的内容都以"基础性"、"新颖性"、"适用性"为原则进行编写，是最适合在中国应用的。对于一些不常用或不太适合在中国应用的基础理论没有列入书中。

4. 核心系统和辅助系统（企业管理的主要内容）中的每本书都有对中国企业实践有指导意义的、该领域发展的新趋势，这可以让读者了解到该领域的发展方向，并与时俱进。为了便于读者阅读和掌握各个领域发展的新趋势，我们将本套文库中的所有新趋势汇集为《企业管理发展的新趋势》一书。

5. 核心系统和辅助系统中的每本书都有该领域的管理哲学与艺术，提醒企业不可僵化地运用西方的基本理论，而应该将中国的管理哲学与艺术和西方现代工商管理理论相结合，即将东西方的科学发展观与中国的和谐社会融合起来，这才是真正适合中国本土化的企业管理。为了便于读者阅读和掌握各个领域的管理哲学与艺术，我们将本套文库中的所有管理哲学与艺术汇集为《企业管理的哲学与艺术》一书。

（三）《21世纪工商管理文库》在功能上的特色

1. 有别于程式化的西方MBA、EMBA教材。本套文库具有鲜明的中国本土问题意识，在全球化视野的背景下，更多地取材于中国经济快速增长时期企业生存发展的案例。

2. 有别于传统工商管理的理论教化。本套文库强调战术实施的功能性问题，力求对工商管理微观层面的问题进行分析与探讨。

3. 有别于一般的工商管理教科书。本套文库中的每本书从一开始就直接切入"要害"，紧紧抓住"本质"和"内容结构"，这无疑抓住了每本书的"主线"，在叙述方式和内容上，围绕这条"主线"逐步展开，始终秉承"绝不浪费读者时间"和"以人为本"的理念。

4. 有别于一般的商界成功人士的传记或分行业的工商管理书籍。本套文库以适合在中国应用的基础理论为支撑，着力解决各行业中带有共性的问题，以共性来指导个性。这也体现了理论来源于实践并指导实践这一真理。

5. 有别于同类型的工商管理文库。本套文库系统全面、通俗易懂，在叙述方式和内容上的特色是其他同类型工商管理书籍所不具备的，而且本套文库的有些特色目前在国内还是空白，如工商管理内容模型、本质、趋势与哲学等。另外，本套文库在表达方式上也颇具特色。

五、《21世纪工商管理文库》的定位

1. 本套文库可供中国企业的中高层管理人员学习使用。通过对本套文库的学习，中国企业的中高层管理人员一方面可吸收和运用西方的适合在中国应用的基础理论，同时结合中国的管理哲学与艺术，把中国的企业做精、做强、做大，参与国际竞争，并保持可持续成长。

2. 本套文库可作为中国企业的中高层管理人员的培训教材。本套文库系统、全面、案例丰富，基础理论和中国实际结合紧密，这对于全面提高中国企业的中高层管理者的素质和管理水平是很有帮助的。

3. 本套文库可作为中国MBA或EMBA的辅助教材或配套教材，也可作为其他层次工商管理专业的辅助教材或配套教材。和现有的中国MBA或EMBA教材相比较，该套文库是一个很好的补充，而且更易读、易懂、实用。

明确的定位和清晰的理念决定了我们这套文库自身独有的特色，可以令读者耳目一新。

夏洪胜

2013年12月

目　录

第一章　公司治理概述 ··· 1

　　◆ 开篇案例 ··· 1
　　第一节　公司治理的产生 ··· 2
　　第二节　公司治理的基本理论 ··· 7
　　第三节　中国公司治理的现状 ·· 11
　　第四节　本书的内容结构 ·· 18
　　◆ 本章小结 ·· 19

第二章　公司治理模式 ·· 21

　　◆ 开篇案例 ·· 21
　　第一节　外部控制主导型公司治理模式 ······································ 23
　　第二节　内部控制主导型公司治理模式 ······································ 29
　　第三节　家族控制主导型公司治理模式 ······································ 35
　　第四节　公司治理模式的趋同化 ·· 44
　　◆ 本章小结 ·· 52

第三章　股东大会 ·· 53

　　◆ 开篇案例 ·· 53

第一节 股东	55
第二节 机构股东	62
第三节 股东大会	71
◇ 本章小结	80

第四章 董事会 … 81

◇ 开篇案例	81
第一节 董事	83
第二节 董事会	90
第三节 独立董事制度	96
第四节 董事会的结构	106
◇ 本章小结	110

第五章 监事会 … 111

◇ 开篇案例	111
第一节 监事与监事会	113
第二节 监事会的不同模式	119
第三节 我国公司的监事会	123
◇ 本章小结	129

第六章 经理人 … 131

◇ 开篇案例	131
第一节 经理人概述	133
第二节 经理人的激励机制	139
第三节 经理人的约束机制	146
◇ 本章小结	150

第七章　公司内部审计 　151

- ◆ 开篇案例　151
- 第一节　内部审计概述　153
- 第二节　内部审计在公司治理中的作用　159
- 第三节　完善内部审计在我国上市公司中的作用　163
- ◆ 本章小结　172

第八章　外部公司治理　173

- ◆ 开篇案例　173
- 第一节　外部公司治理概述　175
- 第二节　控制权市场　177
- 第三节　高层管理者人才市场和产品市场　184
- 第四节　法律法规和其他社会监督　187
- ◆ 本章小结　193

第九章　公司治理发展的新趋势　195

- ◆ 开篇案例　195
- 第一节　公司治理理论发展的趋势　197
- 第二节　杠杆收购与员工持股计划　200
- 第三节　公司治理文化　212
- ◆ 本章小结　217

第十章　公司治理的哲学与艺术　219

- ◆ 开篇案例　219
- 第一节　公司伦理道德的哲学观念　221
- 第二节　中国传统的经营哲学观点　224

第三节　儒家思想对公司治理的启示 ·· 226
　　◆ 本章小结 ·· 234

参考文献 ·· 235

后　记 ·· 241

第一章 公司治理概述

开篇案例

股东与经理人之间的是非

2002年5月7日,女强人费奥莉娜战胜家族股东的抵制,正在开香槟庆祝自己完成惠普与康柏的合并并荣任新惠普董事长兼CEO的同时,国内媒体报道的新闻则是从创维出走刚一年的职业经理人陆某又被老板弃用。职业经理人之间的各种不同境遇,促使人们不得不思考并界定股东与经理人之间的关系。这也是公司治理中的典型问题——代理人机制的问题。

无论是西方还是东方,代理人的问题一直存在着。国外有荷兰银行并购案中股东与管理层之间的博弈,而在我国,"陆某事件"早已不是新闻。股东与职业经理人之间的冲突极为普遍,存在于各种形式的公司之中。

第一,有国有企业改制且大股东控股的上市公司,也有集体企业改制且股权分散的上市公司。这表明了"一股独大"与是否发生职业经理人与股东之间的冲突并无必然联系。

第二,有国内上市公司,有海外上市公司,也有海内外多地上市公司。这表明在面对资本市场时,中国人处理股东与职业经理人之间的关系时缺乏经验,有些力不从心。

第三,既有股东"炒"职业经理人的旧闻,又有职业经理人"炒"股东的新事。这既表明了股东意识的觉醒,他们敢于表达自我意志并行使好自己的法定权利，也表明了职业经理人敢于抵抗股东的意志。这预示着股东与职业经理人之间的关系由单向服从或依赖走向相互认同、双向选择。当然这些事件并非都处理得很好，其中也夹杂着股东与职业经理人之间的恩恩怨怨，有时，甚至形成法庭对峙的局面。这和股东与职业经理人在表达意志过程中出现的角色错位有关，从而使委托人与代理人之间正常的法律关系扭曲为大股东代表人与某个高级管理人员之间的矛盾关系。

资料来源：http://www.people.com.cn/GB/jinji/33/172/20020607/747020.html.

【案例启示】面对股东与职业经理人之间的是是非非，人们或给股东冠以"冷酷无情"的头衔，或将经理人视为"白眼狼"。很显然，这两种观点都走向了极端，是非理性的。股东与职业经理人之间的代理问题非一朝一夕形成，这是自代理机制出现后就伴随产生的，有其必然性。我们需要做的是找到好的治理方法来制约和平衡双方，使其发挥好各自的作用，从而达到利益的最大化，实现双赢。

本章您将了解到：
- 公司治理需要解决的主要问题
- 公司治理的三个经典理论
- 中国公司治理存在的主要问题

第一节　公司治理的产生

中国人都有一个毛病，就是希望自己投资的公司都由自己管理，就像自己的孩子得跟自己姓。投资者开掉创业团队，自己操刀管理，对行业不熟，往往让公司半途夭折。

——周鸿祎

一、公司治理的内涵

从狭义上讲，公司治理所要解决的是股东与经营者之间的代理问题。因此，公司治理被认为是企业的所有权安排，即在股东和经营者之间合理地配置权力和相应的责任，使股东能够最大化自己的投资回报，也就是使股东利益实现最大化。

广义上的公司治理超出了所有者与经营者的范围，而将治理主体扩展到所有的利益相关者。作为股东，他们向企业投入了资本，因此获得最大化的回报是理所当然的事情。随着人们对企业认识的加深，人们也逐渐认识到其他利益相关者对企业的重要性，如职工向企业投入了智力资本和劳力资本，他们也理应获得最大化的回报，但股东仍被看做是最主要的投资者。从契约理论的角度讲，公司是所有参与者所达成的一系列实际和隐含的契约的集合，这些参与者既包括公司内部的股东、董事会成员、监事会成员以及职工，也包括外部的供应商、经销商、消费者、社区以及政府等。因此，从广义上讲，公司治理是为了保证以股东为主体的利益相关者利益总和最大化的一套制度安排。

公司治理是一种制度安排，通过这种制度安排来实现权、责、利在公司所有利益相关者之间的合理分配，其中主要包括所有者对经营者的激励、制衡和监督。随着人们对公司治理研究的逐步深入，公司治理的目标已经开始由"制衡、股东利益最大化"转向"科学决策、以股东为主体的利益相关者利益总和最大化"，这主要是基于公司的长远发展，而且以"制衡"为目标往往会忽视除所有者以外的其他利益相关者的利益，因为他们无法参与到制衡过程当中。为了保证以股东为主体的所有利益相关者利益总和的最大化，公司不仅需要建立完善的内部治理机制，如股东大会、董事会、监事会和经理层之间的监督机制、约束机制和激励机制，而且需要一系列的外部治理机制来提升公司整体的治理效率和效果，包括资本市场、产品市场、高层管理者人才市场以及一些法律法规的约束和社会舆论的监督。

二、公司治理问题的产生

科克伦与沃特克在《公司治理——文献回顾》中指出,公司治理问题主要包括股东、董事、高级管理层和公司其他利益相关者在相互作用中产生的具体问题。公司治理的核心问题包括两部分:①谁从公司决策或高级管理层的行动中获利;②谁应该从公司决策或高级管理层的行动中获利。[①]公司治理伴随着公司制企业的出现而产生,与业主制和合伙制企业不同,公司制企业的所有权具有分散性,并且经营者一般由专业的职业经理人担任,而不是公司的所有者。分散的股权结构以及两权分离的共同作用促使了公司治理问题的产生。

(一)分散的股权

公司制企业的股东具有多元化的特点,这些股东在性质、利益出发点、股份比例等方面都有较大的差别,因此,当企业要采取某项行动时,在所有股东之间形成一致的意见和行动将面临较大的困难,而统一意见和行动的过程将导致治理成本的上升。此外,由于监督是一件公共物品,每个股东都可以从监督中获利,而单个股东对企业进行监督的成本则完全由单个股东自身承担,这就造成了单个股东缺乏对经营者进行监督的动力。常见的是中小股东为了减少监督成本而倾向于"搭"大股东的监督"便车",他们并不积极参与公司的决策以及对公司经营者的监督和控制,当然有些股东也不具备这种能力。由于监督的缺失,经营者容易侵害股东和债权人以及其他利益相关者的利益,主要表现为道德风险和逆向选择。

(二)所有权与经营权的分离

两权分离是公司治理产生的最根本的原因,它导致了多重的代理关系。所有权和经营权的分离导致所有者担任间接管理者的角色,所有者通过股东大会选举董事并成立董事会来经营企业,股东大会还选举监事并组成监事会来监督董事、

---

① 陈燕. 公司组织与管理 [M]. 北京:首都经济贸易大学出版社,2008.

经理人等，董事会又选聘经理人来负责企业的日常经营，因此组成了经理人代理董事会，董事会、监事会代理股东大会，股东大会代理所有股东的代理链条。这种状况导致信息在所有者和经营者之间具有非常大的不对称性，相对于所有者来说，经营者每天与企业打交道，对企业的熟悉程度远远高于所有者，并且所有者的信息多数通过经营者获得，因此经营者处于信息优势的地位，而所有者处于信息劣势的一方。这种不对称的信息态势为经营者侵害所有者的利益提供了极大的可能性。

与公司制企业不同的是，业主制企业和合伙制企业的所有权和经营权都由所有者控制，企业的所有者即该企业的经营者，企业的控制只来自一个声音——所有者，不存在所有者和经营者的利益冲突，当然也不会有道德风险、逆向选择等问题。而在公司制企业中，所有权与经营权的分离产生了两个不同的利益主体——所有者和经营者，经营者很可能通过损害公司的利益来为自己谋取利益，如过度投资、过度的职务消费、财产转移等。

三、公司治理需要解决的主要问题

（一）企业及其行为的合法性、合规性

知法、懂法、守法是一个公民立足的基础，合法、合规经营是企业公民生存和发展的基础，公司治理就是要在法律和法规的框架下建立一套制度来合理地在不同治理主体之间配置相应的权利和义务。其中，股东大会、董事会、监事会以及经理人的行为都要符合我国《公司法》、《证券法》等法律法规的规定，上市公司还要遵守《上市公司治理准则》的规定。在法律法规的规范下，公司治理的目的之一就是要使企业及其行为符合各种法律法规的规定，以防止法律风险。

（二）合理控制代理成本（股东与经营者之间的代理问题）

最初，公司治理的产生就是为了减少由于所有者与经营者之间信息不对称而产生的代理成本，因此公司治理要解决的问题之一是合理地控制代理成本，通过一系列制度安排最大限度地防止经营者的逆向选择行为和道德风险。

（三）保护中小股东利益

现有的研究表明，英、美两国企业的股权结构属于股权分散型的股权结构形态，其他国家企业的股权结构则属于股权集中型的股权结构形态。如果股权结构是分散型的，那么公司治理所需要解决的重点问题是由于委托代理所造成的"强势经营者与弱势所有者"并由此引发的一系列问题；如果股权结构是集中型的，那么公司治理所要重点应对的是"强势大股东与弱势中小股东"并由此引发的一系列问题。在我国，公众持股比例还非常低，公司并没有真正意义上的公众化，股权结构还属于集中型，因此，公司治理不仅要解决所有者与经营者之间的委托代理问题，防止经营者通过各种方式侵害所有者的利益，同时还应该关注大股东与中小股东之间的利益冲突，防止大股东通过各种方式侵害中小股东的利益。

（四）企业决策的科学化

随着公司治理实践和理论的发展，公司治理的目标不仅仅停留在对代理问题的解决上，合理控制代理成本并不一定能够保证企业健康、长久地发展，科学合理的决策才是公司经久不衰的保证。正所谓"一着不慎，全盘皆输"，错误的决策可能导致企业面临灾难性的危险。在朝鲜战场上，麦克阿瑟将军曾经讲过，"开始的时候，我们以为我们什么都知道，但后来发现，事实是我们什么都不知道"，人的认识能力是有限的，只有通过思想的碰撞才能产生更加合理的决策。随着公司治理实践和理论的发展，公司治理也被赋予了"促使企业决策更加科学化"的使命。公司治理机制在不同主体之间配置相应的权利和义务。这有利于制衡机制发挥作用，从而能够在一定程度上防止个人"拍脑袋"式的决策，有利于增强决策的科学性。

（五）利益相关者之间的利益协调问题

股东之所以被多数人认为是企业理所当然的所有者，是因为他们对公司进行了资金的投资，这是对企业所有者的传统认识。随着人们不断深入地对"谁是企业的所有者"这一命题进行探讨，产生了一些新的认识。从更广泛的层面上讲，股东投入的资金是生产资料的一种，而员工投入的劳动力也是原材料转换成最终产品的必要的生产资料，供应商提供的原材料更是一种生产资料，没有消费者对产品的消费将会使公司陷入困境，政府以及社区的支持和配合也是企业运营必不可少的要素……员工、供应商、消费者、政府、社区等都是企业生存和发展的要素，因此他们也应该被纳入公司治理的范畴当中。目前，利益相关者共同治理正成为一种趋势，因此，公司治理需要解决利益相关者之间的利益协调问题。

第二节　公司治理的基本理论

治理从思想上来说是哲学的，从理论上来说是科学的，从操作上来说是艺术的。

——佚名

经过学者们不断的研究，公司治理逐渐形成了内容丰富的理论框架。这个框架主要是由三个经典的理论组成：两权分离理论、委托代理理论和利益相关者理论。这三个部分的内容相互联系，相互补充。

一、两权分离理论

两权分离即所有权与经营权的分离，是在公司制企业诞生之后产生的，它是公司制企业的一个重要的特征。在公司制企业出现之前，所有权与经营权是统一的，因而也就不存在监督和激励经营者的问题，但在公司制企业中，如何监督、约束和激励经营者为所有者以及其他利益相关者的利益最大化而努力成为一个非常关键的问题，不仅关系到企业的短期利益，还关系到企业的生存和发展。较早认识到这一问题的是亚当·斯密，后来由贝利和米恩斯合著的《现代公司与私有产权》以及钱德勒的著作《看得见的手——美国企业的管理革命》两本书对于这个问题进行了细致的描述和充分的论证。

亚当·斯密是较早注意到两权分离现象的经济学家。他认为两权分离是存在弊端的，它会导致股份公司的效率低下。他在《国富论》中指出：在两权分离的企业中，疏忽、浪费、机会主义行为似乎成为必然事件，这也是大部分从事外国贸易的股份公司竞争不过私人冒险者的关键原因。

19世纪40年代的现代企业中，主要是铁路企业开始采用两权分离的管理方式，后来逐渐渗透到其他的行业当中，如建筑业、金融业等，到了20世纪50年代，两权分离的管理方式应用得越来越广泛。

二、委托代理理论

现代公司的根本特征就是所有权与经营权的分离，股东委托有能力的管理者经营企业，而他们自己只是作为出资人对经营状况进行监督和控制。由于委托人授权代理人进行公司的经营，所产生的风险却依然由委托人来承担，因此，如何让代理人在经营管理过程中不因为个人的利益而忽视甚至侵害委托人的利益就成为一个非常重要的问题，这也就是委托代理所需要解决的一个关键问题，因而公司治理的中心问题是要通过建立适当的监督机制、约束机制和激励机制，使得代理人的决策和行为符合委托人的目标。

随着对公司治理问题研究的深入，研究者们发现，委托代理理论也有其缺陷，因为一个企业有众多的利益相关者，所有者和经营者只是其中的一部分，内部员工、供应商、消费者、社区等都应该被考虑到公司治理当中。由于这一缺陷的存在，委托代理理论不能很好地解释除所有者和经营者以外的利益相关者带来的公司治理风险。概括起来，由委托代理关系而引申出来的公司治理问题主要包括大股东损害小股东利益（又称"隧道效应"或者"隧道行为"）、股东代表损害股东利益、经营层的道德风险和逆向选择带来的经营风险、股东层对经营层的激励风险、公司经营层能力限制带来的经营风险等。

委托代理理论有一个根本的假设——公司本质上或者说天生就归企业的出资人所有。从这一假设可以看出，委托代理理论忽视了其他的利益相关者，认为其他的利益相关者缺乏成为委托人的资格。委托代理问题所研究的深层次的问题是公司的最终所有者是谁、公司所追求的目标是什么以及经营者所服务的对象到底是谁等。解决这些问题的关键是要明确和衡量除股东之外的其他利益相关者在公司治理中的作用和地位。

【案例1-1】
杨致远拒绝微软的收购是为自己还是为股东？

2008年1月31日，微软为应对谷歌的竞争，主动向雅虎提出收购计划。这个收购计划（每股31美元，总价446亿美元）可以说是天价的，因为按照当时雅虎的市值，这个收购价格溢价达60%。这对雅虎而言是有利可图的，是个不错的交易。但在雅虎的创始人——杨致远的领导下，雅虎的董事会认为这一收购价格严重低估了雅虎的价值，因而拒绝了微软的这一收购计划。雅虎的这个决定随后被美国科技界认为是最愚蠢的决定。

2008年11月底，雅虎的股价一路跌破每股10美元，与当时的股价相比下跌超过60%。很多人认为杨致远当时做决定时并没有把公司利益放在首位，其并没有遵循股东利益最大化或者利益相关者利益最大化的原则，而是出于自己私人利益的考虑而拒绝微软的收购，导致如今雅虎的利益受损。从私人感情的角度考虑，杨致远的决定是情有可原，自1994年杨致远创立雅虎以来，雅虎曾经被认定是硅谷的一个奇迹，杨致远一直见证和参与着雅虎的成长，要把自己一手创立和培养出来的"孩子"卖掉确实于心不忍，但是雅虎毕竟不是杨致远一个人的，杨致远在做决定的时候应该更多地放开私人感情和利益。

2008年11月18日，身为CEO的杨致远正式辞职，离开了雅虎。他的辞职似乎让雅虎"山重水复疑无路，柳暗花明又一村"，雅虎的股票回升，市值增加了18亿美元。从杨致远的这种"逆向选择"行为中，我们看到了委托代理关系是如何影响股东的利益的。

资料来源：http://campus.eol.cn/guan_zhu_1854/2008/11/21/t20081121_341445.shtml。

三、利益相关者理论

委托代理理论的基本假设使得该理论存在着忽视除股东之外的其他利益相关者的缺陷,也就是说委托代理理论涵盖面太狭窄,存在一定的片面性。与委托代理理论认为股东利益至上不同的是,利益相关者理论集合了多种对企业有影响或者受企业影响的力量,这些力量同样对企业的发展必不可少。"资本至上"的观点认为股东向公司投入了资本,因此理所当然地应该成为公司的所有者,反对这一观点的人则认为股东所投入的资本仅仅是一种生产要素,如果从这一方面来考虑的话,企业的员工向企业投入的劳动力也是一种生产要素,同是生产要素的提供者,为什么企业的所有权只属于股东呢?况且仅有生产资料并不能够为企业创造财富。另外,企业的债权人也是生产要素的提供者之一,他们需要承担经营风险,即如果企业破产,企业很可能无法履行归还债务的承诺,因此债权人也应该成为公司的所有者之一。同样,对供应商、客户等的负债也使得这两类利益相关者成为公司的债权人。此外,公司还与外界发生着众多的联系,如社区、政府、公众等,这些利益相关者是否也应该享有一定的权利呢?答案是肯定的,因此,企业的权利主体是多元化的,"股东中心论"容易导致对其他利益相关者的漠视,并产生一系列的问题,利益相关者理论弥补了委托代理理论的这一缺陷。

利益相关者理论的中心思想是:公司由多种不同要素组成,提供这些要素的人都是公司的利益相关者,他们为公司提供的各种资源是公司成功的关键因素,应该让他们都参与到公司的治理过程中。这一理论也不否认股东的重要性,而是把股东放在第一位置的同时兼顾其他利益相关者的利益,因此公司治理的目标不仅仅是股东利益最大化,而应该是以股东为主体的所有利益相关者利益总和的最大化。

和其他的许多理论一样,利益相关者理论出现之后也引发了较大的争论,赞成和反对的声音都有。赞成者认为这个理论强调了利益相关者享有公司的治理权,这是与公司运行现状相符合的,它能够为公司治理提供重要的理论依据;而反对者则认为利益相关者全部参与公司治理的说法是不具有操作性的，因为参与公司治理的人员太多会适得其反，出现最终无人负责公司治理的状况。所以，对于这一理论不能够一概而论，需要吸收其中值得借鉴的部分，如让利益相关者参与公司治理是一个很重要的思想，需要解决的只是多大程度上的参与较为合适的问题。

利益相关者不仅要承担公司治理的风险，同时也会对公司治理造成一定的风险。利益相关者理论认为，企业在本质上是一系列契约的集合体，这一系列契约组成了一张"契约网"，这张"契约网"的缔造者包括企业的所有利益相关者。如果所有的（至少是其中的一部分）利益相关者是理性的，那么就有理由相信其中的一些利益相关者会从事"牺牲大家、满足小家"的行为，或者由于众多的利益相关者的利益以及行为方式的冲突而造成公司治理的风险，包括由于利益相关者之间的冲突而造成的风险、由于缺乏有效的监控机制而造成的风险以及由于经营失败而造成的风险等。

第三节 中国公司治理的现状

在高速公路边上，你不能判断出哪些车在匀速前进，哪些车在加速。但是在车里面，如果你加大油门，你就能感觉到座位给你的反作用力。这也许就是我学到的第一课：要想做得好，你就必须在车里面，而不是在车外面看。

——安迪·凯思勒

改革开放以前，中国处于计划经济体制之下，公司的决策权、监督权以及执行权没有相应的分离，各种权力交叉现象严重，基本上处于无公司治理的状态。1978年之后，随着经济体制改革浪潮的推进，无公司治理的状况逐步得到改善，1993年，国有企业改革的目标定位为建立"产权清晰、权责明确、政企分开、管理科学"的现代企业制度，国有企业的所有权和经营权开始分离，导致公司治理问题逐步显现，公司治理因此也受到越来越多的重视。

2005年，中国开始实行股权分置改革，2006年1月1日起开始实行新《公司法》，我国公司的公司治理水平有了较大的改进，主要表现在：

（1）政府在公司中的角色和职能定位更加科学，"政企分开"初见成效。国企改革和股权分置改革逐步理顺了政府和公司之间的关系，政企关系混乱的状态有了一定程度的改善。

（2）公司股权结构逐步优化，"一股独大"、大股东侵占小股东利益的现象在一定程度上得到抑制，中小股东利益保护机制正在逐步形成。

（3）公司内部治理机制逐步完善，董事和监事的独立性增强。

（4）上市公司信息披露机制更加完善。

（5）外部治理机制逐步完善，法律、法规和道德约束逐渐增强。

虽然我国公司治理的基本原则和基本框架已经确立，但我国公司治理带有经济转轨时期的特色，在看到进步的同时，我们也应该清楚地认识到我国的公司治理仍然存在诸多问题，总体上，我国公司治理的改进还落后于实践，制度性缺陷仍然比较明显。正视我国公司治理存在的问题，我们更需要以一种理性的姿态来应对这些问题。

一、股权结构不合理

科学的公司治理链条应该是这样的：社会保护股东利益，所有股东选举董事并组成董事会，董事会聘用经理人负责企业的日常经营活动，监事会监督董事及经理人的行为以最大化以股东为主体的利益相关者的利益，经理人对董事会负责，董事会对股东大会负责，股东大会代表所有股东的利益。

目前，我国上市公司的股权过于集中，"超级股东"控制现象严重，特别是国有股"一股独大"的现象非常普遍，这就造成了这样一种治理链条：大股东控制股东大会，股东大会控制董事会和监事会，董事会控制经理人，最终导致大股东对整个公司的控制，董事会、监事会、经理人等都按照大股东的意愿进行决策。具有这种股权结构的公司缺乏有效的监管，众多中小股东不仅因此丧失了监督的欲望，"搭便车"现象严重，而且其利益还容易受到大股东的侵害。此外，大量不流通的国有股和法人股阻碍了控制权市场的形成及其作用的发挥，从而阻碍了证券市场在公司治理中发挥作用。由于计划经济体制的原因，我国上市公司的股份在上市时就划分为流通股和非流通股，导致股票不能够被正常地估值且股票走势也受到影响。大量非流通股的存在还阻碍了"用脚投票"机制作用的发挥，虽然 2005 年股权分置改革之后逐步取消了流通股和非流通股的限制，但股票全流通仍然没有实现。

二、股东大会名不副实

股东大会是全体股东行使出资人权利的一个机构，在公司的权利层级中处于最高位置。虽然《公司法》把股东大会定性为最高权力机构，但我国公司的股东大会的作用多被弱化，股东大会流于形式，实际作用远远低于《公司法》所规定的水平。一方面，中国公司的股东大会多被大股东控制，导致中小股东缺乏参与股东大会的欲望，即使参与进去，他们的声音也很可能被大股东盖过。因此，股东大会的决议所代表的是大股东的意愿，而非代表所有股东的意愿。如果是国有股占据主导地位，国有股股东主体的缺失将导致董事会凌驾于股东大会之上。另一方面，中国股市的投机现象非常严重，中小股民所关心的仅仅是股票价格的涨跌，而不是公司的经营过程和状况，他们有意或者无意地搭了大股东的"便车"，实际参与股东大会的非常少，股东大会基本上由大股东控制。

【案例 1-2】

吉尼斯纪录——一人股东大会

2000 年 9 月 11 日，中国创下了上市公司股东大会参与人数的世界吉尼斯纪录，"伊煤 B"举行的年度股东大会只有一名股东出席（下文称 A）。

虽是一人股东大会，但并不是说该公司的股东只有一个人，据1999年该公司的年报披露，该公司的股东人数超过4000人。这就给人以疑问：像年度股东大会这样大型而又正式的会议为什么只有一个股东参加呢？其余股东都授权给这个股东了吗？还是他们的不参与另有隐情？只有一人参加的股东大会是否违背了相关法律规定？唯一到来的这名股东的背景和角色又是什么呢？

原来，唯一的这一名股东A代表的是伊煤B最大的股东——国有股股东伊煤集团，其拥有的股本占公司总股本的比例超过50%，因此，会议"总表决票数"超过了股份总数的1/2，故而由这一个人参加的股东大会也符合《中华人民共和国公司法》和该公司的《公司章程》。在这样的一个股东大会上，会议也开得有声有色，一切都按照固定的程序走，没有吵吵闹闹，都是和谐有序地进行。股东A自己投票、自己监票，所有议题当然也都获得了通过。在这样的一人股东大会上，提案可谓是想不通过都难。我们不要忘记股东A同时是公司的董事长，股东大会上的议题都是先经过董事会的讨论才提交股东大会的，哪有不通过的道理呢？

此外，伊煤B自1997年8月上市以来，出席股东大会的股东及股东代理人的人数就没有超过10人。该公司的业绩每况愈下，其每股收益如庐山的瀑布——飞流直下三千尺，从1997年的0.31元下降到2000年的0.01元。股东参与股东大会的费用需要一切自理，试想，有哪位股东会去参加如此的股东大会呢？况且其他股东除了出资，基本没有任何权利。于是，导致了这场一人股东大会的形成。

资料来源：http://finance.sina.com.cn/2000-09-18/12761.html。

三、董事会内部制衡机制不完善

董事会多被大股东控制，且董事会成员的结构不合理：内部董事过多，外部董事人数太少；代表国有股和法人股的董事占绝大多数，代表中小股东的董事则过少。在角色定位上,虽然我国的《公司法》明确规定了董事长的责权范围,但其往往不能够正确地认识自己在公司中的角色,无法按照制度设计来行使自己的权利。

我国的独立董事制度也存在诸多缺陷:

(一)独立董事的独立性难以保证

虽然我国《公司法》以及其他上市公司治理规范对独立董事的任职资格做出了相应的规定,但是独立董事基本上受大股东控制,而大股东同时控制着董事会、监事会和经理人,他们都是在代表大股东的意愿,因此独立董事的独立性很难得到保证,其监督作用被弱化,甚至与内部人员一起为大股东侵害中小股东利益提供便利。

(二)独立董事与其他高层管理者之间存在较大程度的信息不对称现象

一方面独立董事基本上来源于社会名流,他们本身往往身兼数职,因此并没有足够的时间来了解公司的运作;另一方面独立董事了解公司运作的信息基本上依赖于高层管理者的提供,信息的不对称使得独立董事对公司所做出的评价缺乏客观性。

(三)独立董事制度的规范不全面

目前规范得比较明确的是独立董事的任职资格,对于如何选任并没有明确的制度来规范。选任程序的不明确导致独立董事制度在操作上相当的混乱,此外,我国还缺乏独立董事的责任保险制度,这将导致公司承担较高的独立董事道德风险。

(四)我国缺乏完善的声誉市场机制

独立董事多数违法违规成本仅仅是一定限度的罚款,对其声誉并不会有太大的影响。相比之下,美国的独立董事非常注重自己的声誉并且有较高的经济收入,并不会为了一时之利而影响自己的声誉以及未来的发展。

(五)独立董事与监事会的职能有一定重叠

《公司法》没有明确两者在职能上的区别,导致独立董事和监事会之间可能发生相互推诿导致最后无人监管的局面。

总之，我国虽然设立了独立董事制度，但独立董事制度的运作效率却没有完全显现，独立董事制度优越性的发挥还有很长的路要走。

四、监事会流于形式

我国公司的监事会也未能发挥应有的作用。首先，我国公司的监事会并不是常设机构，《公司法》只是规定每6个月至少召开一次监事会会议，有需要可以召开临时会议，因此监事会监督工作的持续性无法保障。其次，在成员构成上，代表个人资产的监事人数太少，代表国有法人资产的监事则占绝大多数。最后，在经济独立性上，监事会没有自己的经济来源，物质资源受制于董事会和经理层，因此监事会虽在形式上是独立的，但在实际上却无法真正独立地行使监督权。此外，我国《公司法》偏向于以股东价值为导向，因此注重董事会的作用而在一定程度上忽视了监事会在公司治理中的作用，监事会实际上受制于董事会。

监事会监督权利的缺失容易造成严重的内部人控制现象，公司利益因此受到严重的潜在威胁，如董事长或者其他经营者转移公司财产、大股东侵占中小股东利益等。

五、外部治理机制不完善

有效的外部治理机制能够提升公司整体的治理水平，仅仅依靠内部的制度安排还不足以保证决策的科学性，并使以股东为主体的利益相关者利益总和最大化，还必须辅之以各种外部治理机制，如法律法规、证券市场、高层管理者人才市场以及产品市场等。目前，我国公司治理的外部机制与发达国家相比仍然有较大的差距。

（一）与发达市场经济国家相比，我国公司治理的法律环境还不够成熟

在有关公司治理的法律法规建设上，我国的确有比较大的进步，如《公司

法》、《证券法》、《上市公司治理准则》等都对公司治理做出了相应的规定，法律法规建设逐步向发达市场经济国家靠拢，差距也正在减小，但在执行上仍然具有较大的差距，一些法律条文实际操作性不强，在执行的过程中遇到诸多阻碍。因此，从整体看，我国公司治理的法律法规环境与现实要求仍然存在较大差距。

（二）证券市场不完善

1. 从上市理念看，中国和美国有巨大的差别

美国的上市理念是：首先假设来上市的公司都是好的，欢迎世界各地的公司到美国去上市，上市的门槛比较低，上市之后，一旦发现有违法违规行为则毫不留情地进行处罚，并可能将违法违规公司赶出市场。中国的上市理念是：首先假设来上市的公司都是不好的，监管机构所要做的就是担任好"看门人"的角色，只允许那些符合各种规定的公司来上市，上市的门槛相对较高。一旦上市成功，即使发生些违法违规的行为，摘牌的可能性也比较小，违法违规成本相对于美国要低很多，监管部门更多地采用罚款来进行处罚，而公司违法违规所得的利益往往大大超出违法违规成本。

2. 中国证券市场缺乏"卖空"机制

目前，中国证券市场还没有引入"卖空"机制，"卖空"机制的缺失使得投资机构和公众没有挖掘有关公司负面消息的欲望，大家都希望自己买的股票价格能够上升并从中获利，投资机构和公众并不能够从股价下跌中获得利益，这使得公司披露虚假信息被发现的可能性降低。

【拓展阅读】

卖空

卖空也称做空或空头，即证券市场上"高抛低补"的行为。根据美国证券交易委员会的规定，卖空是指这样的出售行为：投资者出售自己并不拥有的证券，或者投资者用自己的账户以借来的证券完成交割。

3. 控制权市场不完善

控制权市场能够在一定程度上造成代理权竞争，如果经营者对公司的经营不善导致股价下跌，在下跌的过程中，潜在的并购者可能通过并购来取得对公司的控制权并撤换经营者，这给经营者造成了无形的压力，从而降低了代理成本。我国还没有形成完善的控制权市场，一方面股权分置现象仍然存在；另一方面，"一股独大"阻碍了资本对控制权的配置。

（三）经理人人才市场不成熟

我国还不存在一个成熟的经理人人才市场，完善的经理人人才市场应该能够给股东提供选择合适经理人的场所，我国不仅没有建立完整的经理人信用体系，而且不完善的证券市场还导致经理人的职业能力不能得到合理评价，董事会因此不能够根据市场效率来做出招聘和解聘的决策。

此外，在对经理人的激励上，企业的激励机制不够完善，没有将经理人的报酬与公司的业绩（特别是长期业绩）挂钩，个人努力程度与经营业绩脱节，短期激励和激励的平均主义现象比较普遍，经理人倾向于采取短期行为。

第四节　本书的内容结构

为了使本书内容的逻辑结构更加清晰，特给出本书的内容结构，如图1-1所示。

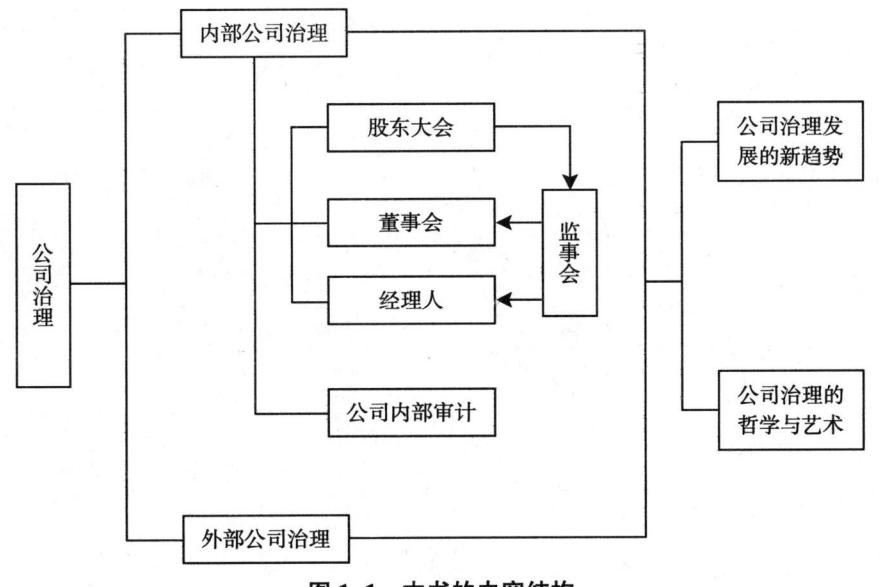

图1-1 本书的内容结构

本章小结

在开篇案例中我们就已了解到公司治理问题的普遍性,所有者与经营者之间的矛盾可谓有其产生的根源,而并非一朝一夕之事。所有者掌握着公司的决策控制权,而经营者掌握着经营管理权,这两种权利对于公司的发展都是至关重要的,可以说,任何一个都关系到公司的生死存亡。所有者与经营者为了公司的发展这个共同目标,理应"同仇敌忾",而不是起内讧。

但很遗憾的是,由于存在着利益的不一致以及信息的不对称,经营者往往会利用自己的信息优势来谋求个人的利益,结果是损害了公司和其他利益相关者的利益。这使得所有者不得不建立相应的机制来制约和监督经营者的行为,同时,经营者也不会"坐以待毙",又会通过另外的途径来实现自己的自利行为。这样,公司治理就围绕着这两者之间的相互依赖与制衡而产生了,相应的公司治理结构也随之产生,可以说,公司治理就是着重解决这两者之间的问题。

第二章　公司治理模式

开篇案例

一个家族企业的国际化管理

科德宝集团总投资2亿元的新工厂于2009年3月6日举行了开幕庆典，这个新工厂位于上海青浦工业园区。在庆典上，科德宝特种化工公司总裁及首席执行官文汉德把公司的10名优秀员工请上主席台。科德宝是一家源于德国的家族企业，在1849年起家于一家制革厂，现如今已发展成为一个销售额超过530亿元、业务遍及全球的工业集团。对于科德宝的管理和经营的独到之处，下面我们来探讨一下。

科德宝虽然是一个完全的家族企业（股权百分之百由家族成员拥有，并且不允许对外转让或出售），但是在管理经营上，这个家族企业早已国际化。

科德宝在最初（第一代、第二代的时候）也曾有很强的家族成员个人管理色彩，但其从第三代开始，不断下放权力，逐渐将企业的管理经营权交到职业经理人手中。目前，科德宝的管理层已经有很多非家族成员。而在公司3万多名员工中，家族成员不到10人。另外，科德宝的董事会由4名职业经理人组成，全部是非家族成员，其中一名职业经理人担当发言人，即相当于董事长的角色。而科德宝的家族成员通常是在监事会中发挥作用，截至目前，还没有一名家族成员进入科德宝的董事会。

25年前，科德宝作出了一项正确决策——在中国开设子公司。这项决策可

公司治理

以说是为科德宝的发展带来了新的契机,是一个里程碑。当然,科德宝的正确决策离不开其科学的公司治理架构。科德宝自在中国设立第一家子公司以来,随后便开始了欣欣向荣的"中国式发展"。目前,中国的汽车行业已经成为科德宝最大的客户群,其销售额占集团总销售额的40%。

待在像科德宝这样的家族企业,员工更加安心和放心,因为他们不必担心哪一天早上起来,这个企业已经被卖掉了,而自己面临着下岗。

科德宝最让人称道的是其在全球拥有自己的培训系统,每位员工都要经过为期至少两年的职业培训。这种职业培训通过一整套的制度来实行,方式灵活多样,其中包括员工在工作中的自我培训、进行工作轮换、同事之间的相互切磋学习以及参加海外培训等。对于任何一名加入科德宝的员工,科德宝都会不断地关注他的职业发展,为他的发展提供条件和空间,这样,科德宝的员工有了归属感,感觉企业就是自己的第二个家。据了解,很多员工之所以选择科德宝,是因为感觉这家公司会为新人进行投资,自己在这里受到了重视,能够拥有发展前途,同时实现自己的职业追求和提升。

在科德宝,设有员工的家庭日。在8年前,即科德宝成立150周年的时候,公司启动了这样一个项目:科德宝每一位员工的孩子(14~20岁),可以选择到世界上任何一个地方的科德宝员工的家里去生活一到两个星期,这其中所有的费用由企业承担。这个项目获得了科德宝广大员工的赞同和支持,并且随着该项目的开展,科德宝的员工体验到了更多的快乐。在这样的大企业中,员工们都把它当成是一个大家庭。

资料来源:http://news.mbalib.com/story/3460.

【案例启示】上述案例可谓是家族企业治理模式的良好应用,其克服了家族模式中一般存在的"任人唯亲"的现象,结合了一些现代公司的治理元素,值得家族企业借鉴。一个公司的治理结构,因其治理模式的不同而不同。因此,了解和学习不同公司治理模式的共性与个性,对于我们更好地理解公司治理有很大的帮助。公司治理模式受到一个国家的历史传统、经济制度、市场环境和法律观念等因素的影响,其中最具代表性的治理模式有三种:外部控制主导型、内部控制主导型和家族控制主导型。

> **本章您将了解到：**
> ● 三种公司治理模式的成因
> ● 三种公司治理模式的主要特点和缺陷
> ● 公司治理模式趋同的根本原因及其在各国的实践

第一节　外部控制主导型公司治理模式

在外部控制主导型公司治理模式中，外部公司治理机制起着主导作用。

——佚名

外部控制主导型的公司治理模式以英、美两国的公司为代表（见图2-1），本节将以英国公司和美国公司为主来展开讨论。

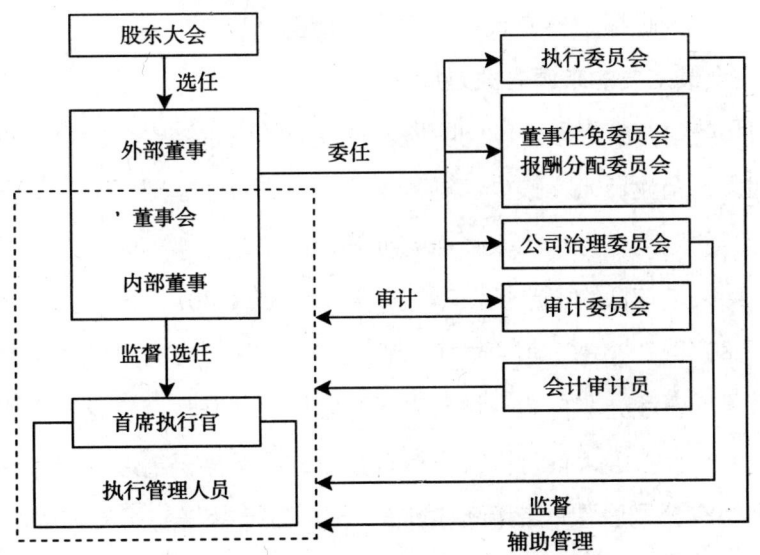

图 2-1　英美国家外部主导型公司治理模式

23

外部控制也称为市场控制,即市场在公司治理当中占主导地位,采用这种治理模式的公司大多在股票交易所上市。外部控制主导型公司治理模式的市场环境特征是:金融市场非常发达、股权广泛分散、企业的资产负债率比较低、拥有完善的信息披露制度、银行为企业提供短期融资并且与企业保持一定的距离(银行不能持有公司的股份,也不能代理股东行使权利)、公司控制权市场活跃等。

一、外部控制主导型公司治理模式的产生——高度分散的股权结构

公司治理模式主要是由股权结构决定的,股权结构又主要取决于公司的资本结构,因此公司治理模式形成的基础是企业的融资体制。英国和美国是市场经济相对发达的两个国家,市场在经济中的基础性作用比较明显,强调的是市场对经济及其参与主体的调节作用。英国是一个老牌的市场经济国家,市场经济比较成熟;美国的公司发展历史虽然相对比较短暂,但是作为一个移民和高度重视民主和自由的国家,对自由竞争的保护比较强硬,这也导致了美国的市场在调节经济中的主导作用。对市场地位的强调导致了英、美两国大众持股的现象非常突出,这种高度分散化的股权融资方式有以下两个特征:

(一)资金最主要的来源方式是股权融资

在英国和美国,股权融资倾向明显。在企业的资本结构中,股权资本占据主导地位,因此,企业负债比较少,导致企业的资产负债率较低。在美国,政府对商业银行的经营范围进行了比较严格的限制,导致企业所需的资金大部分来源于股权融资,结果是较低的资产负债率(一般为 0.35~0.40)。

20 世纪 80 年代之后,美国政府对银行的管制有所放松,一些规模较大的银行相继获得了从事证券交易的一种或者多种资格,如证券交易商的资格以及从事证券中介业务的资格等,有时银行所持有企业的股票甚至超过了法律的限制。但是,实际上持有公司股票的银行数量却不多,银行参与公司治理的欲望也不强烈,这在一定程度上也制约了银行参与公司治理。

(二)机构投资者的地位越来越突出

美国的反垄断由来已久,政府为了防止财富过于集中而导致垄断,继而对公平竞争造成损害,制定了一些相应的法案来限制持股人的持股比例,防止出现"一股独大"的局面。同时,为了保证企业能够及时方便地筹集所需要的资金,保证企业融资的顺利进行,美国政府很早就建立了较为成熟的证券市场,以保证公司更为方便地进行融资以及公民便利地购买股票,这也无形中加深了美国公司股权分散化的程度。此外,美国还建立了各种非银行金融机构,包括各种养老基金、互助基金、保险和信托公司等,这些作为机构投资者为企业筹集资金起到了非常大的作用。

从数量上说,机构投资者所持公司股份总额的比重正在上升,但是这并不否定"股权结构高度分散化"这一命题,原因有两个:第一,不同于日本追求长期的资本回报,美国企业的短期行为比较严重,如果一个经理人在短期内没有取得预期的成绩就很可能被解雇,因此,在美国,经理人需要承受较大的短期绩效压力。在投机性和短期行为倾向的作用下,机构投资者多关注企业短期的行为和绩效,因此参与公司治理的动机不大。第二,机构投资者不会把"鸡蛋"同时放在一个篮子里,他们所追求的是在可承受的风险水平下追求合理的收益,因此他们会进行投资组合以分散非系统风险。如图 2-2 所示,对于系统风险(对市场上所有公司的收益都造成不确定性的因素),如宏观政治风险(战争、政局的变动等)、通货膨胀、金融危机等,这些风险是不可以通过投资组合分散的。而对于那些非系统风险(只对个别公司的收益造成不确定性的因素)则可以通过投资组合来分散。极端情况,当购买市场上所有的证券时,这一组合就只有系统风险。因此,机构投资者会选择投资多种证券以分散风险,这一过程导致投资机构所持有的某一家公司的股份比例并不会太高。

股权结构高度分散化会带来一些问题,如股民对公司监督的忽视而产生的股东架空、内部人控制等,针对这些问题,美国希望通过发达的市场机制来寻找应对策略,也就是通过证券市场、经理人人才市场以及产品市场等一些外部治理机制来进行约束,同时再辅之以必要的激励措施,从而让经营者在受到外部约束的

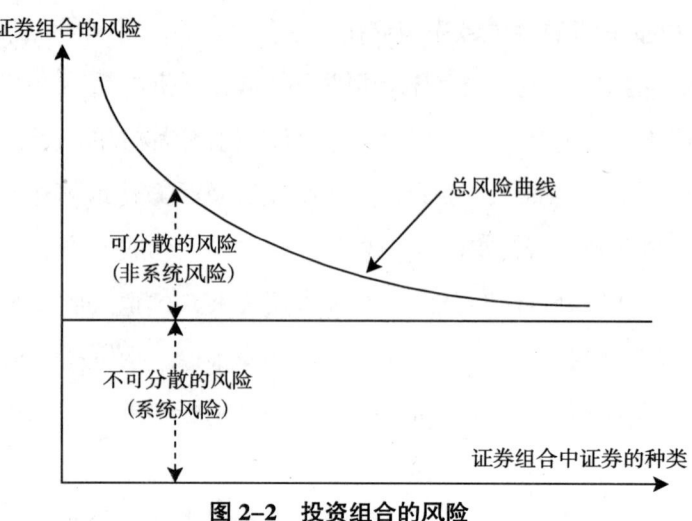

图 2-2 投资组合的风险

同时也能够进行自我约束,这是以外部市场为主的制衡方式,所以称为外部控制主导型公司治理模式。

二、外部控制主导型公司治理模式的特点

(一) 独立董事在董事会中所占比重较高

英、美两国通常是采用单层董事会制度。在这种制度下,董事会具有决策和监督的双重职能,所以不再另设监事会。董事由股东大会选举产生,并对股东大会负责。董事会的内部结构主要包括提名委员会、薪酬委员会和审计委员会等专门委员会。在英国公司和美国公司中,独立董事占全体董事的比例大多超过50%,尤其是在审计委员会中,独立董事占据绝大多数席位。

实行独立董事制度主要是为了提高董事的独立性和决策的客观性以及科学性。由于大股东有时会为了追求自身利益而忽略甚至是侵害其他股东和利益相关者的利益,所以完全由股东或者股东代表担当董事只利于有话语权的股东,而不利于公司治理目标的实现。从外部引进独立董事能够在很大程度上解决这一问题,并且效果随着独立董事权力的增加而提升。因此,随着利益相关者意识的不断抬头,独立董事制度也在不断成熟和完善。在美国,独立董事制度越来越流行,并

且有关独立董事的法律制度也在不断完善，以保证独立董事的合法地位和权益。

独立董事参与公司治理的方式多种多样，如组建专门的委员会（如审计委员会）、对执行董事的监督和控制（如对关联交易的控制——必须由独立董事签字）等。独立董事制度发生作用的前提是不代表任何一方，在判断和决策时能够做到真正的独立、客观和公正，而不被他人的思想束缚。

（二）在外部约束力量中，控制权市场处于核心地位

兼并和收购能够使公司的控制权发生变化，引起公司的资产重组或者公司股东及高层管理者的更替，公司的这种被兼并或收购的可能对于公司经营者来说是一种很大的外部压力，因为他们会因此而失去工作。此外，英、美国家的证券市场已经发展得比较成熟，所以一旦某个公司的经营状况不佳，出现了较大的利润下滑甚至是亏损，那么公司的股价也会相应出现下跌，而那些潜在的投资者如果认为有利可图，就会大量购买该公司的股票，当持股量超过一定的比例的时候，公司的控制权就会发生变化，这种方式称为收购接管机制，这也构成了外部对经营者的约束和激励的核心力量。

（三）比较完善的外部市场机制——经理人人才市场和信息披露机制

英国和美国拥有健全、成熟和完善的经理人人才市场，这一完善的市场形成了一股对经理人无形的约束力量。在公司中高层管理者必须努力为所有利益相关者（特别是股东）创造价值，否则将会导致其声誉的受损，甚至会因此而失去现有的职位，这对职业经理人来说是巨大的损失，因为任何一个公司在聘请经理人时都会参照候选人的历史业绩及其声誉。如果在经理人的任职期间，公司出现利润下降甚至是亏损的情况，那么他不仅会被所在的公司解雇，而且在应聘其他公司时，也极可能会遇到阻力，特别是利润的下降或者公司的亏损是由于经理人个人的错误（特别是有意的错误）所导致的情况下。因此，经理人需要不断努力让公司业绩提升，从而维护并且持续提高自己的声誉。随着经理人声誉的提高，其损害公司价值而对自身造成的损失也会随之提升，这也是经理人需要面对的一种无形的压力。同时，公司对经理人采取股票期权的报酬方式也在很大程度上激励了经理人更好地为公司服务，推动着公司向更长远的目标发展。因为这是一种长期的激励方式，经理人获得的收益与公司未来的业绩息息相关，这就有效遏制了经理人的短期自利行为。通过这一机制的作用，股东与经理人的利益在一定程度上是一致的。

在信息披露方面，外部主导型公司治理模式拥有完备的信息披露机制。信息披露是公司治理的一个非常关键的因素，特别是对于公众公司来说其重要性更是不言而喻。公司对外披露的信息是否完备取决于内部和外部两种制度。外部制度主要是指政府、行业协会等对信息披露的强制性要求，主要通过各种法律法规对公司信息披露进行强制性规定，如上市公司必须在规定的时间内对外披露年度财务报表等信息。内部制度是指公司内部有关信息披露的各种规定。实践证明，公司及时、详尽、客观、准确地对外披露有关经营成果、现金状况以及盈利状况等重要信息能够增加投资者的信心，提升企业在市场上的形象并维护与供应商和顾客的关系，同时还可以吸引更多的潜在投资者。因为外部利益相关者主要是通过公司披露的信息来了解公司，从而作出与该公司有关的决策。

完备的信息披露制度能够提高经营者经营企业的透明度，也减少了因信息不对称而造成的治理成本上升和决策的失误损失。毋庸置疑，完备的信息披露制度如果得到良好的执行，那么它将是解决信息不对称的一种重要的途径，是公司治理不可或缺的要素。

三、外部控制主导型公司治理模式的缺陷

玛格丽特·布莱尔在对以美国为代表的外部主导型公司治理模式进行分析时，总结出了以下两个缺陷：

首先，由于公司股权结构过于分散，使得每一个股东所拥有的股份在总股份中的比例非常小，这就导致了对经营者进行监督和约束的力量过于分散，即经营者所面对的来自股东的监督和约束力量随着股权的分散而弱化了。"搭便车"现象的存在又进一步弱化了来自股东的监督和约束力量。监督和约束力量的弱化容易导致股东大会的"空壳化"，使得经营者成为公司实际上的"所有者"和"控制者"，经营者损害委托人的利益就变得相对简单了，其"寻租"行为不仅有了

可能性，而且有了可行性。

其次，玛格丽特·布莱尔认为，交易的便利性导致了金融市场缺乏耐性并且具有短视的一种现实。大多数股东并不关心公司的长期利益，他们只希望自己的利益能够在短期内实现，如果公司准备从事高风险的行业或者投资长期才能产生效益的项目，那么股东就可能会出售股票，甚至是降价抛售。因此，公司的高层管理者就会难以进行长期的规划，而不得不将主要的精力放在短期。所以，有些公司就算业绩不太好，也不愿意去开发那些收益较高但风险相对较大的项目。布莱尔强调，外部控制主导型的公司治理模式太过重视和强调股东的利益，而"轻视"了其他利益相关者的利益，导致公司对他们的投资不足，可能难以抓住一些创造高收益的机会。

第二节 内部控制主导型公司治理模式

高的法人持股比例导致内部公司治理机制在公司治理中起着主导作用。

——佚名

内部控制主导型公司治理模式在这样的环境中最容易形成：资本流通性弱，证券市场不活跃（通过股票融资难度较高），法人之间交叉持股现象比较普遍，控制权市场难以发挥有效的作用，公司负债比较高，银行在整个公司的运作以及治理中起着支配作用；在金融市场上，中介结构不发达，证券规则也只是禁止投机而不是集中在对信息披露的管制上；在控制权上，企业的所有权和控制权由和公司具有稳定关系的内部人掌握。使用这种模式的国家以后起的工业化国家为主要代表，如德国、日本以及其他的一些欧洲大陆国家。本节以德国和日本为主来展开讨论。

一、内部控制主导型公司治理模式的产生——法人在融资中的核心作用

英国和美国高度强调个人自由,这是基于两国游牧民族的文化背景而产生的,而德国和日本则强调集体主义,社会群体意识浓厚,正是这样的文化环境造成了德国和日本企业法人在公司融资和公司治理中的核心作用,这种体制具有两个鲜明的特点:

(一)公司的负债率高,并且以机构融资为主

据统计,德国和日本的公司的负债率普遍在 60% 左右,大多数企业倾向于向金融机构融资,这一特点与两国的历史有很大的关系。"二战"结束后,两国的经济都受到了极大的破坏,企业所需要的资金非常短缺,由于证券市场在当时不发达,一时之间企业无法从社会大众那里获得足够的资金(公众本身也没有什么资金),企业只好向银行等金融机构进行融资。此外,德国和日本也想要尽快恢复经济,使本国的实力尽快提升,因此在国家政策层面上也支持银行等金融机构向企业投资,金融机构对企业的大量投资形成了较高的公司负债率。

(二)法人(包含银行)股占据主导地位

"二战"后,日本在解散财阀的过程当中造就了财阀系大银行,这样的大银行为其持股奠定了良好的基础,加上当时日本成为战败国,民众非常贫穷,因此法人持股的比重急剧上升。1964 年,日本加入了经济合作与发展组织(OECD),为了保证本国企业的安全,使本国企业不被外来资本兼并,日本开始推行资本自由化政策,并且开展名为"稳定股东"的活动,也就是从市场上购进零散的股份,然后再出售给稳定的股东,使本来比较稳定的股东变得更加稳定。之后,法人持股就成为在日本占主导地位的持股方式,并且这一方式还呈现上升的趋势,到 1990 年,日本的法人所持股份高达 72%。在德国,从俾斯麦开始,银行就在公司治理中起着核心作用,因为俾斯麦非常注重利用银行来拉动经济的增长。此外,德国法律并没有限制银行持有公司股份的数量,只是有这样一个简单的

限制：银行由于持股而支出的金额不能超过银行资本的 15%。在"二战"后，德国开始重建自己的工业，银行作为资金的最主要供给者，很快成为公司治理的核心。

相对于大众持股来说，德国和日本流行的法人持股方式所需要的持股时间更长，其目标也是长期的，而不是在短期获得资本利得的增加，因此德国和日本的法人股东更加重视所持股份的企业的长期发展和长远利益。由于法人持股的换手率通常比较低，导致流通性比较差，这一状况有利于利益相关者持续地对企业的经营管理进行监督和约束。所以，德国和日本的法人股东更多地采用"用手投票"的方式来约束企业，而英国和美国则更多地采用"用脚投票"的方式，两种方式的最终目标都是通过迫使经营者为了股东利益而努力工作，从而维护股东的利益。

二、内部控制主导型公司治理模式的特点

（一）内部力量在治理中的作用明显

德国和日本的企业多是采用内部控制主导型的公司治理模式，相对于美国单层董事会制度而言，内部控制主导型的公司治理模式更多地采取双层董事会制度，其中德国模式是：监事会是由股东大会选举产生的，它由独立董事组成，并依法行使监督的职能；而董事会是由执行董事组成的，主要行使执行职能，董事会的人选和政策目标主要是由监事会来决定。由于在德国模式当中，股东大会、监事会和执行董事是分开的，这就使得决策者和执行者之间相互独立，有利于相互制衡和监督。在日本模式当中，董事会和监事会都是由股东大会选举产生的，董事会和经理人是合二为一的，这就导致了决策者和执行者的相互融合，不利于对公司的有效监督。此外，在日本模式中，监事会成员虽然由股东大会选举产生，但是基本上是先经总裁选定然后再推荐到股东大会进行选举，整个选举过程流于形式，并且日本普遍的现象是监事由经验丰富的前任管理人员担任，这些都导致了监事会的权力较小。所以，在日本，董事会和监事会这两个本来需要相互

制衡的部门却不能有效地平行运作,想要实现事前和事后以及内部和外部的监督是相对困难的一件事情。

在内部主导型的公司治理模式中,职工董事是一个比较重要的职位,在公司治理中扮演着重要的角色。德国的公司法规定,来自职工的董事和来自股东的董事的比例与职工和股东的比例相同,并且可视企业规模的大小有所差别。在日本,不成文的规定是:企业内部的职工可以通过竞争而晋升为董事。职工作为企业的一个非常重要的利益相关者进入公司治理领域能够在一定程度上加强对经营者的监督和约束,从而有效地降低由于委托代理问题而产生的代理成本。

(二)银企共同治理(主银行制)

德国和日本的融资结构与英国和美国有一定的区别,前面已经提到,德国和日本企业的融资主要是通过银行借贷这一方式来实现的,债权融资比例高于股权融资比例。在德国和日本,银行和企业的关系是比较复杂的,一方面银行是企业的主要债权人,另一方面银行和企业之间又有大量的相互持股现象。因此,银行在公司治理中同时扮演着债权人和股东的双重角色,这导致了银行和企业之间存在着一种特殊的关系——主银行关系。所谓主银行关系,是指企业选择一家银行作为自己主要的往来银行,从该银行所获得的贷款作为自己主要的资金来源,银行和企业之间互相持股,银行参与到企业的公司治理当中。当企业发生危机的时候,银行为其提供资金以救济该企业;在企业破产的时候,往往由该主银行担当清算的牵头人。企业和主银行的这种关系形成了银企共同治理的公司治理模式,但这种模式也有一定的消极作用,如阻碍了其他股东作为出资人的积极性,同时限制了市场对企业的监督。

银行和企业这种紧密的关系使得银行能够通过各种正式的或非正式的途径获得有关企业生产经营、管理以及财务的信息。因此,在公司所有的股东之中,银行的信息成本是最小的,银行和企业之间的信息不对称程度比其他股东和企业之间的不对称程度要低,因而银行的监督成本可能是最低的。同时债权人身份也促使银行能够更好地监管企业,如使用贷款限制等方式来有效地监控企业的各项活动。因此,在德国和日本,由银行来监督企业的经营者对整个社会来说是最有效的。

(三) 普遍的法人交叉持股现象

在德国和日本，公司之间交叉持股是一个非常普遍的现象。据调查，日本的实业法人当中有相互持股关系的公司所占的比例高达92%，其中，相互持股率超过10%的公司占70.3%。日本的这种交叉持股的方式以财团的形式出现，在这一财团当中，主银行扮演了父亲的角色，财团内部家庭成员的血缘关系和姓氏都是由其决定的，它是一个家庭中（财团）稳定的经济来源，然后再通过综合商社（担当母亲的角色）来"生儿育女"——大量的企业，同时母亲也负有教育孩子的责任——帮助企业融资甚至是销售产品，以及为儿女的外出求学等出谋划策——情报收集，甚至是为嫁娶——企业的合并合资等操心。这种法人交叉持股的模式使得如果一个企业法人对持股或者别的事宜进行抵制，那么这种抵制就会损害相互持股的基础——相互的信赖。因此，大企业法人股东一般不会干预所持有股票公司的生产经营活动，这也导致了经营者的实际支配结构。当法人股东占主导地位时，自然人股东对企业的干预并不能对整个局势产生影响，更不能左右整体发展态势。此外，很多企业作为法人大股东的意图并不是股票增值或者红利收入，而在于加强与所持股票公司之间的业务的稳定性，从而形成稳定的合作伙伴关系，这一点对于建立战略联盟是非常有利的，因为交叉持股容易把联盟企业拧结到同一根绳上，并且寻求联盟长期的生存和发展。

当然，法人相互持股也有一定的局限性，最主要的是增加了彼此之间的依赖性，导致"牵一发而动全身"的结果，即其中一家企业如果出现失误，其他的公司都会受到牵连。所以，任何一家企业的经营者都要对自己公司的经营状况认真负责，否则，当其失误或者失败的后果放大到集团中时，经营者所面临的压力来源就会增多，压力也会越大。事情都是两面的，彼此之间的依赖性也增强了企业之间相互监督的力度、频率和范围，这对提升公司治理水平是有帮助的。由于资本市场的发展和外部监管的放松，日本的主银行制和法人交叉持股正在不断弱化。

三、内部控制主导型公司治理模式的缺陷

以法人交叉持股为显著特征的内部主导型公司治理模式不断受到人们的批评和指责，其缺陷主要表现在以下三个方面：

（一）法人交叉持股违反股份公司的基本原则

在法人交叉持股的情况下，公司所拥有的资本金在形式上是无限的，但是实际上可能并没有筹集到任何的资金，这就是典型的"皮包公司"，公司的资本金仅仅表现为股票交换凭证或者是一种账面游戏，资本充实原则在这里没有生存的土壤。

（二）权利和义务的不对等

作为实际出资人的所有者丧失了支配地位，而经营者却实际上占据着公司的支配权，这一转换过程已经在前文的叙述中讨论过了。

（三）股东大会成为摆设

相互持股的公司之间通常会为了自身的利益而在关键事情上选择相互的支持，股东并不是像外部主导型治理模式那样对经营者进行监督，这就导致了股东大会的"空壳化"，最终成为了满足形式要求的一种摆设，结果就是责任的不到位和内部人控制。股东大会的"空壳化"为经营者谋求私利创造了一个良好的环境，因为经营者控制着企业实际上的剩余财产权。

虽然有这些缺陷，但我们不能否认内部控制主导型公司治理模式的可行性，它是历史的产物，能够适应一定的环境，在特定的环境中比外部控制主导型模式和家族控制主导型模式可能更加具有生命力和活力。

第三节 家族控制主导型公司治理模式

只有家族服务于企业,企业与家族才能同时生存发展;假如企业的运营是以服务于家族为原则,则企业与家族必两败俱伤。

——佚名

所谓家族企业,是指由单个家族或者几个关系紧密的家族掌握公司控制权,并且公司的经营管理直接或者间接地由这一家族或者这几个家族控制的企业。美国著名的家族企业研究学者克林·盖尔希克在《家族企业的繁衍》一书中以企业的生命周期理论为基础,指出家族企业的三级发展模式,如图2-3所示。

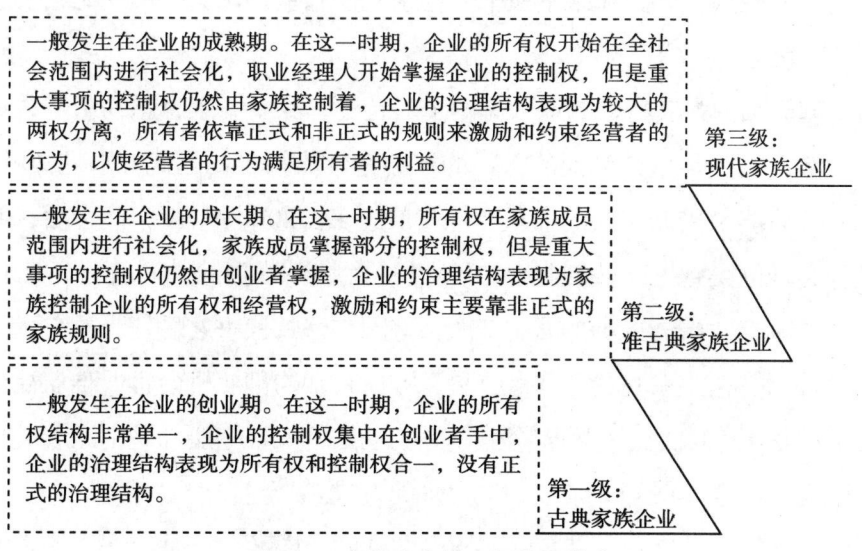

图2-3 家族企业的三级发展模式

家族控制主导型就是家族在公司当中持有相对较多的股权,不仅拥有公司的所有权,而且参与公司经营,家族成员在整个公司的生产运营当中起着非常重要的作用。在家族主导型的治理模式下,资本流动性相对较弱,采用这种治理模式的国家和地区主要有:新加坡、泰国、马来西亚、印度尼西亚、菲律宾、韩国和中国香港等。本节主要阐述韩国和东南亚国家家族企业的公司治理模式。

一、家族控制主导型公司治理模式的产生

韩国和东南亚国家历史上都深受中国传统文化特别是儒家文化的影响,这一点已经被众多历史学家所证实和认同。儒家文化是一种重视"家"的文化,家庭和血缘关系在儒家文化中的地位是非常高的,正所谓"家和万事兴"。同时儒家文化也注重"和"与"仁",主张"和谐"、"仁者爱人"等思想,这些思想对韩国和东南亚国家都具有深远的影响。随着家族观念被企业家带入企业中,企业就具有了家族的特征,从而逐渐形成了以家庭为主体的家族主导型的公司治理模式。因此,儒家文化成为韩国和东南亚国家中家族控制型公司治理模式出现的一个非常重要的原因。韩国和东南亚国家的家族控制型公司治理模式的产生还有各自不同的原因。

对于韩国来说,其特殊的原因有两个:首先,深受儒家思想的影响,重农轻商现象比较严重,从事工商业的人员的社会地位比较低,因此韩国在 20 世纪之前创办企业只能是借助家族的力量才能发展起来。20 世纪 60 年代之后,韩国企业家的社会地位得到提升,创业者的子女纷纷到父辈们所创办的企业中工作,这使得企业的家族性质进一步加强。其次,韩国在韩朝战争之后处于国穷民困的状况,能够提供给企业家的资金非常有限,即使有好的创业机会也很难从社会上募集到足够的资金,因此,在家族企业创办的初始阶段,一般都是由家族成员共同出资,这是家族企业最初资本金的主要来源方式。

对于东南亚国家来说,其特殊的原因包括两个方面:一是移居东南亚的华人受到民族歧视。在东南亚国家独立之前,移居东南亚的华人受到西方殖民统治者的歧视,东南亚国家纷纷独立之后又受到当地土著民族的歧视(或者说是嫉妒),在这样的环境中,家族的团结成为抵御外来歧视的武器。家族企业的创业者纷纷

利用家族的力量来谋求企业的发展并且紧紧地把握公司的控制权，因为当五个手指握成一个拳头的时候，其力量比五个单个的手指要大得多，并且家族成员由于血缘关系也容易形成命运共同体。二是移居东南亚国家的华人的素质普遍高于土著居民。文化素质的差距使得华人在当地具有管理才能上的优势，无法从当地引进到高素质的人才，因此，华人只能采用家族成员来管理自己的企业，逐渐形成了家族控制型的公司治理模式。

二、家族控制主导型公司治理模式的特点

（一）企业的所有权集中在家族成员手中

在韩国和东南亚国家，家族控制家族企业的所有权是一种非常普遍的现象。这种普遍性在小公司中表现得更加充分，在大的家族企业中，集中于家族成员的股权也基本上超过了60%。

在韩国和东南亚家族企业中，家族控制所有权的形式是多种多样的，最主要的形式有以下三种：第一，完全由一个或者多个创始人员控制，待创始人退休之后交由其他的家族成员控制，如子女、配偶、第三代直系亲属或者其他家族成员；第二，企业由创业者与家族外的其他人员或者企业合资成立，但是创业者或者其家族占据控股地位；第三，改造或者公开上市的企业，虽然表面上看起来实现了股权的多元化，但是实际上仍然由某个家族控制着。

（二）企业决策家长化

韩国和东南亚的家族企业中，家族成员主要通过以下两种方式控制企业的经营管理权：一是由有血缘关系的家族成员控制；二是由具有血缘关系或者有亲缘和姻缘关系的家族成员来控制。如韩国的韩进集团，该集团由创始人赵重勋担任会长，他的三个家族成员则都在集团当中担任要职，他的胞弟和内弟分别是韩逸开发公司和韩进股份公司的高层管理者，而长子是大韩航空公司的专务，这三家公司是韩进集团的三大主力公司。

韩国和东南亚的家族企业深受儒家伦理道德思想的影响，所以在作重大决策

时首先都要征求家族中年长者的意见，家族中重大决策如重要的人事任免等都要经过创办人（家长）同意，否则是不能够被施行的；家族中其他成员所作的较为重要的决策也要经过家长的同意，即使公司的经营权已经交到了第二代的手上，这些家长的意见或者批准也是非常重要的。所以说，创始人（家长）在企业当中拥有绝对的权威。

（三）双重的经营者激励和约束机制

家族企业的激励和约束机制是双重的，既有家族利益的激励和约束，又有亲情的激励和约束，这为家族企业的治理带来了独特的优势。第一代创业者的经营多数是为了光宗耀祖，让自己的家庭过上更加充裕的生活，以后的接班人就要让上一代留下来的家业更加发扬光大，并实现资产的保值、增值以及家庭成员关系的稳定和谐。正所谓"创业容易守业难"，家族企业的继任者面临着管理好家族企业的巨大压力。

所以，家族企业与其他企业相比，比较不容易发生机会主义行为。当然，它也有一定的缺点，那就是家族利益和亲情的激励与约束有时会成为一种压力，一旦出现了分歧，很可能会导致家族企业的解体。

（四）人力资源管理的家庭化

儒家的"和谐"和"仁者爱人"的思想融入管理当中，就会形成一种家庭式的人力资源管理氛围。因为这种思想不仅使得家族成员之间互相团结，而且也在管理员工时创造和培育一种和睦的气氛。如韩国的家族企业为员工提供了良好的福利措施，如设有职工医院、托儿所等，让员工能够在生活上更为舒适，同时为员工提供各种培训和进修的机会。这些措施使得企业的管理者对员工有着很好的凝聚力和亲和力，从而减少了员工之间以及员工和企业之间的摩擦与矛盾，为企业的发展和成长提供了人力资源上的保障。

（五）较弱的银行监督

在东南亚的企业当中，来自银行的外部监督较弱，它只是作为家族的系列企业之一，为企业谋取利益，只能服从家族企业的总体利益。家族企业的下属企业通常是相互担保来向银行借款，这种方式也使得银行对于家族企业的监督力度非常弱。在韩国，政府控制着银行，只有在国家宏观经济政策和产业政策范围内的企业才能获得较多的优惠贷款。所以，韩国的很多家族企业是围绕着政府的产业政策导向来经营的，在这样的政策环境中，银行仅仅充当着发放贷款的工具，缺乏对企业的监督和约束。

三、家族控制主导型公司治理模式的优势及其缺陷

根据以上对家族控制主导型公司治理模式的分析，我们可以从中发现家族控制主导型公司治理模式的一些优势。

（一）较低的交易成本

家族治理模式相对于另外两种模式而言，更有利于节约交易成本，主要是因为两权（经营权与所有权）的统一降低了企业的代理成本，由两权分离而引起的很多代理问题不会产生。此外，该模式还降低了运营过程中的决策成本，因为在家族企业中决策的效率很高，家长往往凭借其高度的权威，保证各种决策及时顺利地得到实施。

（二）增强企业的凝聚力

家族治理模式把家族与企业高度地统一起来，使得经营者们（家族成员）把企业作为家族的财产，即在为自己的利益服务，这样往往能激发他们以更高的热情为企业服务。同时，经营者们或多或少存在着血缘关系，他们是整个家族的一份子，他们的利益很大程度上是一致的，能够朝着一个方向努力，方向上的一致极大地增强了家族企业的凝聚力。

（三）更加着眼于企业的长期发展

集所有者与经营者双重身份于一身的家族成员，更加倾向于考虑企业的长远发展，真心实意地为企业的前途而努力，他们不会或很少有短期自利行为。因此，从某种意义上说，家族治理模式更有利于企业的长远发展。

在看到优越性的同时，我们也不得不承认每一种公司治理模式都有其自身固有的缺陷，家族控制主导型公司治理模式也存在一定的缺陷。

首先，用人机制上的"任人唯亲"。虽然家族控制主导型公司治理模式具有一系列的优点，但是其优势的发挥是基于这样的一个基础的——作为管理者的家族成员具备必要的管理才能。如果没有这一良好的基础，则家族成员在家族企业中任职不仅不能为企业带来上述优势，还有可能成为企业风险的根源，有时甚至会导致企业的倒闭，如被社会称为"败家子"的第二代家族成员就可能带来企业的破产。韩国国际财团的倒闭很大程度上是由于家族核心领导团队成员缺乏必要的管理才能所致。当然，我们不能说在家族企业中把血缘关系作为委任要职的依据是有百害而无一利的，关键是要将家族成员依据其能力委任到适当的岗位上去，实现人员和岗位的匹配，同时保证所委任的家族成员具有较高的素质，这样才能保证"任人唯亲"的积极效果。此外，在家族企业中，家长在"任人唯亲"和"任人唯贤"之间也是比较难抉择的，特别是在受儒家文化影响的国家和地区，由于家庭观念比较浓厚，把要职委派给所谓的"外人"，一方面家长不放心，另一方面对于家族成员又会于心不忍，并且还要遭受来自舆论的压力。然而，为了保持企业的持续发展，又有必要从外面引进各种专业的人才，这就造成了"家长"在家人和外部专业人才之间取舍的困境。大多数家族企业的领导者处理这一困境的方法是把核心和机要的岗位留给家族成员特别是直系亲属，如财务总监，而对于非核心的岗位则配备适当数量的外部人员，如一些中层管理岗位。

此外，由于家族企业通常希望保持家族对公司的控制权，故通过股权进行融资的方式就会受到一定的限制，因为在股权比例达到一定程度之后如果继续利用股权进行融资的话会使家族丧失控股权。但仅仅从家族成员中获取用以维持企业成长的资金是有限的，向外借款来筹资就成为必然选择，这样做的一个后果是公司非常容易受到债务市场的影响，1997年的东南亚金融危机就反映了家族治理的这一缺陷。

【案例 2-1】

尹明善的用人之道

重庆力帆控股有限公司的董事长尹明善是一位年龄较大的民营企业家，他主张企业的家族继承方式。他将自己的用人策略定义为"贤亲并举",为了稳定而任人唯亲,为了发展而任人唯贤,两者是相辅相成的,没必要刻意说一个家里人都不用,而且他认为"这种做法最符合中国的实际"。他曾说:"摒弃家族企业还为时过早。无论从经营机制还是管理方式,家族企业在中国现阶段的存在都是可能和必要的。如果把眼界放开,你会发现家族企业的存在是普遍的,如日本的松下集团、泰国的正大集团、美国的杜邦,不都是家族企业吗?中国的家族企业制度还会延续50年,应该保持50年不变。为了企业的发展,力帆必须由我本人或我的家人来管理企业。"

尹明善有一双儿女,儿子现任力帆足球队俱乐部的董事长,女儿则在英国读书。尹明善曾毫不避讳地说:"我是中国人,也逃不了中国人的那些传统观念——把家产传给子女。"

当然,光靠家族成员绝对不行,一个家族内的人才是有限的,而且随着事业的发展,家族成员易产生惰性,同时,没有中和和协调,家族成员之间的摩擦与斗争也不易管理。如果企业坚持任人唯亲,最终的结果可能是"无才"的人得到重用,而人才受到了排挤,这对于企业的发展而言是不利的。尹明善在用人时注意到了这方面的问题,他将"任人唯亲"与"任人唯贤"相结合,安排家族成员掌管重要的部门,如财务部,以维持企业稳定,而对其他岗位的安排则遵循"八分人才、九分使用、十分待遇"的原则,从而有利于人才的充分利用,促进企业的发展。

在公司的核心层中,虽然家族成员所占的比例还不到5%,但是每个家族成员都身居要职。再以财务部为例,虽然总裁和副总裁都是非家族成员,但财务总监是他的太太。外界对他的这种做法有一些微词,但是他并不认为有何不妥,他曾说:"夫妻店,对,我一点儿也没什么可羞愧的。这样挺好,要不然一张支票划走了,你就打官司吧。我还忠告中国的企业界,先把自己的钱捂紧一点儿。你们别那么傻,摒弃家族制,早着呢,除了我们的苦苦打拼之外,我们真的需要好的法律和好的道德。"尹明善这种把家族成员安排在要职的做法,对于维护企业稳定有较大的作用。

当然，家族成员有时也会为了自己的利益而侵害公司的财产。这种做法如果不加制止，或者说没有相应的机制来约束和监督，会严重损害公司的利益并影响公司的稳定和长远发展。尹明善对于那些身处要害部门的家族成员，设置了相关的制度来加以监督和约束。为了防止企业财务出现"黑洞"，他设置了一个保险窗，即保证公司日常运行的基本的公司财产是不允许动的，否则就会动了企业的筋骨，危害到企业的生存。

资料来源：http: //finance.sina.com.cn/leadership/mglqz/2006/02/28/04002377526.shtml.

其次，家族企业更换领导人时有较高的风险性。当被选择的接替人员不能够获得其他家族成员的认同时，家族企业就很可能走向分裂、解体甚至是倒闭。现实中常见的企业倒闭的类型有三种：创业企业的倒闭、盲目增长型企业的倒闭以及忽视环境变化企业的倒闭。如果家族企业的接班人缺乏足够的才能或者对企业内外部环境的变化漠不关心，或者是采取过分高估和急功近利的进攻性策略，那么企业非常容易暴露在倒闭的风险之中。

最后，家族企业的社会化和公开化程度都较低。韩国和东南亚的家族企业，特别是东南亚华人所拥有的家族企业，受到政府较多的限制，这就造成了这些家族企业的社会化程度较低的局面，结果就是家族企业的融资渠道狭窄，权益融资的比例较低。东南亚的华人家族企业通常是高负债经营的，这种高杠杆的运作模式使得企业面临较大的财务亏空风险。韩国企业的负债率水平比东南亚华人家族企业还高，一旦银行不再提供资金，则企业很可能陷入债务危机。

【案例2-2】

国美控制权之争

用长远眼光看，上市公司发展的不可逆转的潮流是摒弃家族管理模式，而建立起现代企业制度的推动力。但这个进程绝不是一帆风顺，而是充满波折的。"前途是光明的，道路是曲折的。"国美的控制权之争就是一个活生生的例子。

在这场争斗中，黄光裕代表的是一种传统的家族式管理作风，陈晓则是现代企业制度中职业经理人的代言人。随着国美从家族式民营企业向现代公司转变，不可避免地会引发这场控制权之争。黄光裕虽一手把国美带大，把国美视为己出，但这个"儿子"已经慢慢成长为上市公司，即已不单单是"儿子"的身份，而是需要承担更多的责任，需要对更多的利益体负责，这些责任是一家企业持久发展、基业常青的根本所在。

职业经理人这一尚处于雏形的中国现代企业制度的优良种子在国美控制权争斗中被推上了尴尬的境地。职业经理人与股东之间的关系是委托代理的关系。作为职业经理人，其最基本的职能是靠自己的知识、能力以及良好的职业道德来经营管理企业，为企业创造更多的利润。在国美的控制权之争中，陈晓的身份是职业经理人，理所当然地应该为股东的利益着想。在黄光裕入狱期间，陈晓带领国美迅速走出危机，为改革国美的治理结构创造了条件。

或许在黄光裕看来，陈晓的一系列行为已经超越了其职业经理人的职责范围。他认为羽翼渐丰的陈晓已经违背了大股东的信托责任。某民企老板曾发表这样的言论："职业经理人再怎么说也是外人。商场如战场，再好的兄弟，也可能会在背后捅一刀。"经此一事，陈晓作为职业经理人，为这一身份冠以"叛徒"、"忘恩负义"、"吃里爬外"等头衔，从这个方面来说，陈晓带给其他家族企业创始人的冲击是巨大的，也许他们会对职业经理人持反对态度，也许在引进职业经理人时会更加小心翼翼，也许会采取更多措施约束和制约职业经理人的行为。

事实上，在这场争斗中，黄光裕争夺控制权的目的在于保护自己一再被稀释的收益权，因为在公司中，控制权是收益权的有力保障和获取收益的有效手段。黄光裕发动争夺战的一个重要原因是我国现行法律体制没有在家族企业转型为公众公司的过程中为其原始创立者提供足够的收益保护，黄光裕感到自己的利益受到了损害。因此，从这个方面来说，黄光裕就类似于"悲情人物"，值得人们同情。这一事件，也使得很多民营企业家开始思考自己的收益由谁来维护以及怎样去维护。

综上所述，在缺乏健康完善的法治环境和良好的商业规则的前提下，期望家族企业向现代企业制度有效转型似乎有些痴人说梦，类似于国美的控制权之争将会继续上演。

资料来源：http://money.163.com/10/0929/11/6HODC3BJ00253B0H.html.

无论是职业经理人的发展、壮大，还是现代公司治理的推行，都离不开一个健全的法律环境的保障，而我国目前的相关不成文的规范是远远不够的，不能为公司治理的各利益相关者的行为提供具体的规范和指导，为此限制了现代公司治理的发展。

第四节 公司治理模式的趋同化

求同存异才能和而不同。

——佚名

无论是外部主导型公司治理模式，还是内部主导型公司治理模式，或者是家族控制主导型公司治理模式，都有其产生的独特历史和文化背景，因此都有其存在的合理性和生存的土壤，在同样的历史和文化环境下也可能存在多种不同的治理模式。

20世纪80年代以来，各国的公司治理模式不断地相互取长补短，趋同化的趋势越来越明显。

一、全球化是治理模式趋同的根本原因

（一）全球金融市场推动

全球公司治理模式趋同的最基本的推动力量是全球金融市场的不断融合。各

国相继放松对金融市场的管制,推行市场经济并加入WTO,借助现代网络通信技术,各国金融市场联系加强,逐步走向统一的国际金融大市场,资本在全球范围内进行配置。投资者越来越意识到国际化的单个投资虽然伴随着更多的风险,但是国际化的证券投资组合却可以获得更高的回报率以及组合之后更低的风险。基于这样的现实,越来越多的基金(如养老基金和专业共同基金)逐步增加其在国际权益资本市场的投资。与此同时,大量非金融机构也意识到投资组合对分散风险的重要作用,对于企业来说,扩大资金来源的范围也可以降低资本成本,因此越来越多的企业开始寻求海外上市或者向海外募集资金,从而使得外国股东和机构投资者的地位得到提升。

投资者和金融工具发行者都希望借助国际市场进行运作,因此对于有关企业的共同的价值观和标准就变得比以前更加重要了。如机构投资者基本上都会设定股东价值的预期目标,要求公司实现这些目标并产生有竞争力的回报,还坚持公司要遵守国际治理准则,管理当局要严格履行自己的义务。由于企业运作的国际化,企业除了要在国内守规经营外,同时还需要遵守国际上的一些准则,调整自己的行为,以便与国际资本市场接轨。

不同公司治理模式判断的一个重要标准就是公司股权结构,而股权结构又取决于公司的融资方式,故可以认为金融市场是影响公司治理模式的直接因素。随着金融市场全球化的发展,各国的融资方式及由此形成的股权结构出现了趋同的现象,公司都在以最有利的方式进行融资和扩展,因此,公司治理模式趋同化的趋势越来越明显。

(二) 全球产品市场的推动

公司治理模式趋同化的另外一个重要原因是全球产品市场的大力推动。首先,由于竞争在国际间的加剧,国际上众多的企业很快意识到如果不对现有的公司治理模式进行改革,企业就很难在全球范围内获得成功。为了获取更高的生产率和利润,在全球化的市场环境中,必须对现有的公司治理进行变革,把更多的利益相关者融入公司治理之中,完善企业与利益相关者之间的互动机制,并对治理结构进行不断的创新。在一个完全垄断或者是寡头垄断的市场中,拥有垄断地位的企业比较容易获得垄断利润。相对于处于竞争环境中的企业来说，垄断企业的生存压力要小得多，不需要对现有的公司治理进行变革也能够维持生计甚至是获得高额的回报。而处于竞争环境中的企业为了在全球获得竞争的优势以及成功，就必须使其公司的治理模式在全球范围内是最有效的，大量的企业这么做的时候就会形成公司治理的国际趋同化现象。其次，供应商角色的转变也对公司治理模式的国际趋同化有一定的推动作用。在信息化的推动下，很多企业在全球范围内寻找最佳的合作伙伴，巩固整个供应链成为很多企业的一个追求。为了稳定与供应链上各成员之间的关系，有必要建立一种能够相互理解的公司治理模式，因此，供应链上各中小企业纷纷向大型企业靠拢，跟随核心大企业进行公司治理模式的变革，使得整个供应链成员的治理模式走向趋同化。

（三）全球范围内对利益相关者理论的接受度提升

公司治理的本质就是使以股东为主体的所有利益相关者的利益总和最大化。股东是公司的第一投资人，公司理所当然地应该为股东利益着想，但其他的利益相关者也对公司做了相应的投资，因此，公司也应该对这些利益相关者负责，在考虑股东利益最大化的同时应该考虑其他利益相关者的利益。利益相关者理论的支持者认为：公司的控制权不应该都在股东的手中，应该更多地考虑利益相关者，让他们拥有一些权利，如职工、债权人、消费者以及公司所在的社区等。把更多的关键利益相关者引入决策层可以让管理层从股东的压力中解放出来。在现实中，利益相关者理论还没有得到普遍的认可，但是，其认可度正在提升，利益相关者共同治理模式是未来的发展趋势。

最后，学习效应也是导致公司治理模式趋同的一个重要原因。在当今这个"地球村"，各国各公司的表现都展现在人们的面前，人们很容易知道自己的不足和别人的长处，于是成功的经验在全球范围内得到了广泛、迅速的传播和应用，人们各自结合自己的特点去吸纳别人的优点，在不断地相互学习中产生了趋同效应。

二、公司治理模式趋同的各国实践

（一）公司治理模式在美国的变化

美国公司治理模式曾经被认为是效率最高的，也是很多学者所支持的，被看做是趋同的标准。不过这种治理模式也存在一定的问题，特别是21世纪初出现的一些美国大公司的财务丑闻，使得人们逐渐注意到这种治理模式的问题。总的说，美国公司治理模式主要存在以下四个方面的问题：一是由于股东较为分散，使得管理层占主导地位，而小股东几乎没有话语权；二是董事会不能独立出来对经营者进行强有力的监督，可能导致道德风险等机会主义行为的发生；三是上市公司的激励机制并没有很好地调动经营者的积极性，却带来了一些负面的作用；四是一些独立中介机构（如会计师事务所、证券分析机构等）缺乏独立性，也不能起到监督的作用。

由于这些问题的存在，美国公司开始采取相关的措施加以解决，如加强董事会的独立性、加强董事会的职业化、提高外部董事在董事会中的比例、完善约束机制、加强公司的信息披露、加强公司经营者的责任以及增强审计的独立性等。特别是美国在2002年7月颁布的《萨博纳斯—奥科斯利法案》反映了美国对于公司治理的改革出现了新的成果。这个法案主要是完善了公司的信息披露机制，明确了上市公司信息披露的义务，而且制定了三个原则，即信息的准确性与可获得性原则、管理责任原则以及独立审计原则，这三个原则使得对公司的有效监管得到进一步的明确和完善。

【案例2-3】

帕玛拉特 vs. 安然：欧美模式的失败？

帕玛拉特（意大利的乳业巨头）与安然虽然都是通过做假账的方式使大量资产流失，但是两者所采用的手段存在一定的区别。相比较而言，安然所采用的手段更加复杂，而帕玛拉特则较为普通和简单。

公司治理

2003年,《福布斯》公布的最具影响力的十大动向排行榜当中,公司治理丑闻榜上有名,而帕玛拉特所闹出的假账丑闻,成为一个非常引人注目的事件。

帕玛拉特和安然事件有许多共同点,如它们都是在10~30年间由一个无名小卒迅速成长为行业内的巨头,并且在事发前都处于上升的状态而使人们没有察觉;都是通过采取做假账的方式;都利用了债券和金融衍生品,设计子公司之间的关联交易等方式。这些共同之处使得人们开始猜测,帕玛拉特是不是就是欧洲版的安然呢?

透过这些表象我们发现,它们幕后的操作手段其实存在很大不同,两者不能混为一谈。安然公司是通过一系列只能靠市场才能决定能否获利的复杂的互换交易来进行远期交易,并且通过编制华丽的财务报表来换取市场对它的信任;在财务和关联交易上通过造假来抬高利润,使得华尔街的预期得到满足。安然公司手下有众多的子公司和信托基金,这些都联合起来掩藏债务,这样公司从高层到底层,层层控股和借债,最终导致了安然公司的破产。而在"帕玛拉特事件"当中,作案手段则简单得多,他们通过在开曼群岛设立投资基金来将公司财产转入自己的家族企业,其利用了开曼群岛税务法律不太完善、避税较为容易的弱点。同时,帕玛拉特还与银行一起搞超级金融,将从银行借来的资金列为投资资金而不是负债,因此并没有在负债表上显示。这样公司的资产被逐渐挪用和掏空,最终破产。

综上可以看出,两者在财务报表上的造假方式是不同的,帕玛拉特绝不是欧洲版的安然,帕玛拉特是资产项目下的一个实体资产的逐渐消失,而安然的虚拟交易则体现在负债部分。

资料来源:刘燕.新浪财经纵横,http: //finance.sina.com.cn/roll/20040107/1157593472.shtml.

安然公司采取的是较为典型的美国公司治理模式,其造假主要是核心管理层通过较为高明的手段来进行,帕玛拉特则是一个家族企业,控股的股东有绝对的话语权,通过整个管理层来转移公司的财产。有些人因为"安然事件"和"帕玛拉特事件"就对欧美模式进行完全的否定,其实这是一种片面的观点,因为没有任何一种公司治理模式是完美无缺的，只能是通过不断的发展来完善，从而克服自身的缺陷。

由于欧洲一些公司采用的是家族主导型的治理模式，所有权掌握在少数人手中，这样做的优点是这些人不用过于理会小股东的短期利益，不必像美国公司的管理者那样时刻关注股市，可以集中精力为企业做出长期规划，所以对于一些潜在的长期利益能有更好的把握。但它也存在一个缺陷，那就是公司的最大股东可能拥有无限大的权力，以致凌驾于公司之上，并可能为了个人的利益而作假，损害公司和中小股东的利益。美国公司则不同，外部力量是约束管理层的主要力量，股权过于分散导致了"搭便车"的行为，造成最后无人监督的局面，从而使得管理层有了作假的机会，安然公司就是一个很好的例证。

通过安然和帕玛拉特的事件，中国企业特别是民营企业可以吸取一些教训：

第一，不要做假账，谎言总是会被揭穿的。中国企业虽然可能不会有像安然那样做假账的高超手段，但是像帕玛拉特那样的通过关联公司来偷盗资产的行为还是时有发生的。

第二，完善公司的治理结构。中国很多企业的治理结构还不太完善，存在着"一人独大"或者"任人唯亲"的现象，需要采取适当的措施来提高公司治理的效率，避免不科学的决策，如大举借债、盲目扩张等。此外，中国正处于经济转型的过程中，法律制度还不够完善，需要平衡大股东和小股东、股东和公司以及股东和董事会之间的利益，防止因力量失衡而导致的作假行为。

第三，在对公司的监管上，加强市场力量、财经媒体和法律手段等方式进行监督，虽然这些也不能完全杜绝公司的造假行为。法律不可能事无巨细，对各种可能发生的行为进行无所不包的规定，所以根本上只能依靠市场本身的力量来进行监督和约束。

（二）公司治理模式在日本的变化

日本公司治理模式的主要特点是：股权高度集中、法人相互持股、主银行干预等，这种治理模式在20世纪90年代以前受到人们的广泛认可，被认为是比美国公司治理模式更为优越的公司治理模式。但是在日本随后出现的经济泡沫和一系列的公司丑闻,并开始出现明显的经济衰退之后,人们开始对这种治理模式产生怀疑。专家学者们从微观领域寻找原因,并最终在一定程度上把上述问题产生的原因归结于公司治理模式的缺陷。日本也注意到了本国公司治理模式的缺陷并开始推行改革,改革的主要内容包括以下两个方面:

1. 调整股权结构

通过相关约束使得企业之间的交叉持股以及金融机构的持股比例得以减少,并引进一些外部的投资者,如养老基金、信托投资公司和人寿保险公司等机构投资者以及国外投资者。

2. 推进董事会制度的改革

主要是限制董事会的规模,让董事会不再有名无实,增强董事的独立性,使董事会具有决策的权力,从而使决策权和业务执行权分离。

从企业内部和外部两个方面看,上述两个方面的改革都起到了明显的作用。从企业内部来讲,推进董事会制度的改革增强了董事会的工作效率,从而增强对经理人的监督与约束;从企业外部来看,调整股权结构使得金融机构和企业之间的关联减少,企业对银行的依赖性也减小,从而达到降低金融风险、增强股权流动的作用,使得外部监控机制得以形成和完善。

(三)公司治理模式在德国的变化

德国具有和日本相似的公司治理模式,随着全球经济形势的发展,也开始推行一些改革来克服本国公司治理模式的一些缺陷,改革的内容主要包括以下四个方面:

1. 放开金融市场管制,并对资本市场的规则以及制度加以改革

德国在1990~1998年颁布的三个金融促进法案对金融体系进行了比较彻底的革新,使得国家金融部门在全球金融服务市场中的竞争力得到增强,这也使得外部治理机制得以完善。

2. 强化公司经营信息的公开和透明程度

让企业的外部小股东更了解公司的经营状况,而内部人的交易行为也受到严格的法律限制,对于证券发行者的信息报告也有较为严格的规定。这些措施使得会计信息的透明度大大增强，也完善了公司的信息披露机制，使得私人投资者更为方便地了解企业信息，降低信息不对称程度。

3. 减小银行对公司治理的影响

德国1998年的法律规定，银行对于一家公司的持股率不得超过5%，否则，就不能履行投票权，从而使得银行对公司治理的影响大大减小。

4. 对公司的所得税法也进行了相应的改革

这样，使大公司和银行不需要对出售长期持有的股份所获得的利润缴税，从而为资本市场注入了新的活力。而德国1998年的法律也规定了公司回购自身10%的股份是合法的，而且允许公司对高层管理人员制定股票期权的激励制度，因此，使得管理人员更加关注公司的长期利益。

（四）公司治理模式在东南亚国家的变化

为了适应变化的经济环境，东南亚国家公司的家族治理模式也开始发生变化。东南亚国家公司治理模式的主要特点是：所有权高度集中，通常是由创业者占有；较高的财务杠杆；信用机构只是附属，不能起到监督的作用；银行规则对于企业来说是无效的。亚洲金融危机爆发以后，许多亚洲公司对于海外资本的依赖性开始增强，因为金融危机使得一些大公司和银行之间的平衡受到破坏，从而不得不将目标转向西方的机构投资者，通过他们来充实自己的资本。所以其公司的治理模式开始更多地考虑全球的经济环境，以满足国际投资者的需求。东南亚国家公司希望建立一种与其他国家相同或者相近的公司治理模式，至少不与其他的公司治理模式冲突。与传统的公司治理模式相比，随着信息化的发展和国际交流的增加以及全球竞争的加剧，传统文化对东南亚国家的影响在逐渐淡化，家族观念也逐渐淡化，公司的治理模式向着更加规范化的方向发展。

上述典型的公司治理模式的变化表明公司治理模式在全球范围内正在向着趋同化的方向发展。当然，趋同化并不等于统一或者说完全一样，只是说公司治理模式会存在许多共同的因素，并且这些共同的因素在数量上呈现递增的趋势。

各国公司治理模式的趋同化过程是一个漫长的历史进程，因为在不同的历史文化背景下发展起来的公司治理模式，需要在不断的全球化进程中进行磨合才能

公司治理

实现最终的趋同。此外，每个国家以及每个企业都对本身的公司治理模式具有路径依赖，不可能在短时间内改变现存的治理模式。公司治理模式只能是在经济、社会和文化的不断交流和统一的过程中不断趋同。

本章小结

科德宝的案例让我们看到了一个家族企业的茁壮发展，看到了其光明的前景，这让有些人摈除掉"家族企业已经落伍"的错误观点。每一种模式都有其存在的原因，都有着自身的优劣，没有百分之百好的治理模式，我们只能说要根据自身所处的状况选择合适的模式。"地球村"的现状使各国、各地区之间的学习借鉴变得相当容易，任何事物都有趋利避害的特性，对于成功的例子，人们总是以最大的激情和最快的速度去学习并结合自身的状况来达到为我所用的目的。在这个快速变化的社会，你是快一步或是慢一步，也许就已经决定了你的生死存亡。基于这样的现实，各种模式间出现相互学习借鉴的现象，从而使得各模式间趋同的状况日益明显。

第三章　股东大会

开篇案例

谁从上市公司放走了"立立电子"们？

对于2008年立立电子IPO（首次公开募股）风波，人们还没有忘怀。现如今，又一个二次上市的样本——通威股份出现了，尽管具体途径从IPO变成了借壳上市，但这类事件所能制造的伤害，无论是对资本市场，还是对广大的投资者，都是不容忽视的。

在某种程度上说，像立立电子和通威股份这样的资本运作"高手"频频出现是情有可原的，并不值得奇怪。因为人都是趋利的，上市公司大股东们为了自己的利益自然是想方设法地去实现目标。平心而论，只要他们的手段和程序符合相关要求，是无可厚非的，最多也只是在道德层面给予谴责。

相对而言，我们无法理解的是，股东大会制度——这个在现代公司治理制度中被设计用来制衡大股东和董事会的制度，为何会频频失灵，甚至丝毫没有起到作用？人们不禁要问，股东大会为何会形同虚设呢？

我们通过通威股份的样本——审议出售永祥股份议案的临时股东大会来探寻其中的原因。据相关公告显示，在此次临时股东大会上，与会的股东及股东代表为124人，其中参与现场表决的有8人，代表公司4.489亿股，占公司总股本的65.29%。而实际上，除了大股东需要回避表决的3.79亿股，参与表决的股份只有7032.45万股，这其中还包含刘氏家族其他成员的2000余万股，故而最终真

公司治理

正由公众投资者参与表决的股份不到5000万股，占公司总股本（6.88亿股）的比例不足8%。我们姑且不管永祥股份的资产质量究竟如何，客观而言，成就通威股份拿回多晶硅资产的重要因素是公众投资者主动放弃了表决权。

通威股份的中小股民放弃表决权并非个案，股东大会鲜有中小股民参加已经成为A股常态，股东大会往往成为大股东自己的"一言堂"。我们有感于这中小股东集体的冷漠和失语：难道投资者们对自己的投资漠不关心？答案是否定的，投资、炒股无非为了挣钱，没有人会跟自己的利益过不去。

资料来源：http://epaper.21cbh.com/html/2011-08/01/content_4114.htm?div=-1.

【案例启示】 中小股东之所以不愿意更多地关注自己在公司中的投资，并且采取漠视的态度来对待股东大会，首先是大多数个人股东没有足够多的股份来影响公司的决策；其次，他们也不想在这方面花费太多的时间，因为这需要个人成本，但是公司的收益却是共享的。这种"搭便车"的想法造成中小股东集体漠视股东大会，最终导致大股东一人说了算的现象出现。

在我们的理解中，股东作为公司的所有者，其对于公司利益的关注，对于公司的发展应该是最重视的，但是事实不是这样。股东们往往没有行使好自己的监督权以及自己手中的投票表决权，而造成股东大会由一个人或几个人操纵的局面。同时，对于经营者也没有起到很好的制约作用，经营者损害股东利益的行为早已屡见不鲜。为了解决这些问题，我们需要了解股东的相关知识以及股东大会的运行机制，这样才能据此提出针对性的解决措施，为公司的更好发展扫清道路。

本章您将了解到：

- 股东权益与债权人权益的异同
- 机构股东与股东积极主义
- 股东大会的运行机制

第一节 股东

股东结构也是生产力。

——佚名

股东是现代公司（股份有限公司和有限责任公司）的所有人，或者叫投资人，即通过出资（这里的资产不仅指资金，还包括各种有形资产和无形资产）而持有公司股份的人（包括自然人和法人）。股东是公司存在的基础，可以说，没有股东，就没有公司。

股东是公司的所有者，依据持有的股份，享有相应的权益。我们所说的权益概念是指当事人依照法律法规所拥有的权利和利益，也就是说，由于当事人付出了某种代价，因此其可以对与自身利益相关的行为施加影响，而且可以依法从该行为结果中获得相应的利益。依法持有某公司股份的人（自然人或者法人）就成为该公司的股东，股东依据其所持有的股份的种类和数量依法享有相应的权利并且承担相应的义务。持有同类股份的股东所拥有的权利是平等的，即享有同样的权利并且承担相同的义务，即通常所说的"同股同权，同股同利"。

一、股东的权利与义务

依据我国《公司法》：股东依据其出资额享有相应的权利，并以其出资额为限对公司承担有限责任，公司的法人财产权则由公司作为法人而享有，公司依法进行自主经营、自负盈亏，依法享有民事权利并且履行民事义务。总之，股东权利是股东基于其对公司的投资而形成的权利。

由定义可知，股东权利需要建立在其对公司的投资基础上，并且股东一旦将资本投入公司，这部分资本的所有权和使用权就发生了转移，变成公司法人财产不可分离的部分，由公司占有和使用。因此，只要股东将资本投入公司，其所有权和使用权就转化成了股东权益，而所有权与使用权这时归公司占有，股东不可以将其所投资本撤回。此外，股东权利的性质由法律法规连同公司章程规定，与股东投资时所涉及的资本的形态无关。如实物投资与专利投资的股东享有相同的权利，而并不会因此造成权利的差异。

（一）股东的权利

1. 监督权和决策权

股东是公司的所有者，但是自身不直接参与公司的经营管理，为了维护股东的权益，法律赋予了其监督和决策的权利。股东所拥有的监督权和决策权是多方面的，以决策权为例，股东大会拥有决定董事会人选以及是否增发新股的权利，可以决定公司的利润分配方案，同时还对公司的合并或者分立等重大事项拥有决定权。在行使表决权时，股东是以其所持有的股份比例来行使的，我们通常所说的"用手投票"就是通过这种方式来实现的。

2. 选举权与被选举权

按照《公司法》的规定，股东享有选举以及被选举为董事会成员、监事会成员的权利。

3. 剩余收益请求权和剩余财产清偿权

按照我国《公司法》的规定，股东依法享有从公司的利润中获得收益的权利，虽然收益的多少很大程度上取决于公司的经营效益和股利分配政策，但股东总是享有分享股利的权利。在分配公司的利润时，公司首先要支付职工工资、税收、债务以及优先股股利等，只有当支付完这些后，还有剩余收益才能以股利的形式对股东进行支付。由于股东的收益后于以上的这些支付，因此称为剩余收益请求权。

剩余收益请求权是基于公司持续经营这一假设前提的，当公司解散清算时，股东依法享有剩余财产的清偿权，这里所谓的剩余财产是指公司在解散时，支付职工工资、税收、债务以及利息、优先股股利等剩下的财产。收益请求权和财产清偿权的"剩余性"在一定程度上加大了股东投资的风险,特别是当公司破产清算时,往往资不抵债,股东基本上不能分享剩余的财产。

4. 优先认购新股的权利

股份有限公司增发新股时,原有股东拥有优先认购所增发的新股的权利。如果多个股东有意认购新股,则按每个股东当时所持有的股份的比例来认购新股。公司增发新股时,容易稀释旧股东的控制权,《公司法》规定旧股东的新增股份优先认购权的主要目的就是:在公司增发新股时能够使普通股东有机会保持自己对公司的控制权,而不会因为公司增发新股而使其对公司的控制权遭到稀释。当然,股东可以根据自己的需要选择放弃这一权利。

5. 转让股票的权利

目前,我国法律规定公司只能发行不可赎回的股票。为了使股东能够将自己所持有的股票转换成现金或者其他的资产,《公司法》规定股东可以依法转让自己所持有的股份。

【拓展阅读】

按照交易程序的不同,金融市场可分为场内市场和场外市场

场内市场——各种证券的交易所,拥有固定的场所,交易按照拍卖市场的程序进行,需要遵守规范的交易规则和规定的交易时间。

场外市场——没有固定的场所,而是由很多持有证券的交易商各自进行,人们在交易商的柜台上买卖证券,交易的价格则由买卖的双方协商确定。

在我国,上市公司的股东可以在场内市场上交易自己的股票,从而实现转让股票的目的,而非上市公司的股东只能在场外进行股票的交易。相对于"用手投票",转让股票的权利为股东"用脚投票"创造了条件和途径。

6. 请求强制解散公司的权利

我国《公司法》规定,公司经营管理发生严重困难,继续存续会使股东利益受到重大损失，通过其他途径不能解决的，持有公司全部股东表决权 10%以上的股东，可以请求人民法院解散公司。

7. 股东代表诉讼权

股东代表诉讼权是指当公司的高层管理者违反法律法规或者公司章程的规定，给公司造成损失，这时如果公司不行使诉讼权，符合条件的股东可以以自己的名义向法院提请诉讼，以维护公司和自己的权益。

《上市公司治理准则》对上市公司的股东权利也有一些规定：

第一，股东作为公司的所有者，享有法律、行政法规和公司章程规定的合法权利。上市公司应建立能够确保股东充分行使权利的公司治理结构。

第二，上市公司的治理结构应确保所有股东，特别是中小股东享有平等地位。股东按其持有的股份享有平等的权利，并承担相应的义务。

第三，股东对法律、行政法规和公司章程规定的公司重大事项，享有知情权和参与权。上市公司应建立和股东沟通的有效渠道。

第四，股东有权按照法律、行政法规的规定，通过民事诉讼或其他法律手段保护其合法权利。股东大会、董事会的决议违反法律、行政法规的规定，侵犯股东合法权益，股东有权依法提起要求停止上述违法行为或侵害行为的诉讼。董事、监事、经理执行职务时违反法律、行政法规或者公司章程的规定，给公司造成损害的，应承担赔偿责任。股东有权要求公司依法提起要求赔偿的诉讼。

(二) 股东的义务

（1）按时足额缴纳所认缴的出资。

（2）公司设立登记后，不得抽回出资。

（3）以其出资额为限对公司承担有限责任。

（4）不得滥用权力损害公司、其他股东以及债权人的利益，应当承担赔偿或公司债务连带责任。

（5）公司章程规定的其他义务，即应当遵守公司章程，履行公司章程规定的义务。

二、股东权益与债权人权益的比较

现代公司制企业生产经营所需要的资金主要有两个来源：一是权益筹资（包括普通股与优先股）；二是债务筹资（此外还有租赁等筹资方式）。由此也形成了两类权益：一是所有者权益；二是债权人权益。虽然股东与债权人的目的都是通过对公司的投资来实现资本的增长，但两者的性质、权利、义务以及法律地位都不一样。股东作为公司的所有者，享有相应的权利，如资产受益、制定重大决策以及选择管理者等。而债权人与公司则是一种契约关系，其对公司的权利主要来源于法律法规和与公司的契约。具体来说，债权人和股东之间的权利差别主要体现在以下三个方面：

（一）债权人和股东在公司中的地位不同

债权人与公司是一种债权—债务关系，他们没有参与公司日常经营管理的权利，因此，也有人将债权人的权益称为"不参与权益"。债权人保证自己权益的方式是通过在借贷契约中规定资金的用途或者提前还贷的条件，或者当自己的权利受到损害时停止进一步提供贷款，必要时还可以采取法律手段。股东作为企业的所有者，则可以通过股东大会参与企业的经营管理，还可以通过实施监督权利来实现参与经营管理的目的，因此，也有人把股东权益称为"参与权益"。

（二）债权人和股东承担的风险和权利的优先等级不同

在风险上，由于利息支付优先于股利支付，因此债权人承担的风险要小于股东。在财产清偿权上，债权人不仅优先于股东，而且是以公司的全部财产为请求对象，股东享有的则是剩余财产的清偿权。此外，当公司清算时，其权益也优先于股东。在收益上，除非公司破产或者清算，债权人的收益不会受公司经营业绩的影响，公司必须到期还本付息，而股东的收益则受公司经营业绩的影响，而且受影响的程度非常大，很多公司在生命周期的前期为了积累资金往往扩大留存收益，以致在公司的发展初期股东收到的股利往往比较少，有时甚至为零。

(三)债务有明确的到期期限,在到期时公司必须还本付息,否则就面临由于资不抵债而导致的企业破产风险

当然,经双方协议,公司也可以在到期日延长债务的期限。对于可转换公司债券,债权人可以选择将自己的债权转换为股权。而股东除了可以卖出股票,其在经营期内不得抽回投资,如果企业是无期限持续经营的,那么股份就没有到期日,除非公司进行破产清算。

三、股东的类型及其比较

股东的类型可以按照不同的方法进行划分,根据持有股票的性质不同,可以分为普通股股东与优先股股东;根据持有股份的份额,可以分为大股东(控股股东)和中小股东;根据持有股票的主体不同,又可以分为个人股东与机构股东。

(一)普通股股东与优先股股东

1. 普通股股东

普通股是最基本、最常见的一种股份,它是公司发行的没有特别权利的股份。通常,公司只会发行一种普通股,并且普通股的股东享有相同的权利,履行同样的义务。普通股股票的票面价值一般由公司章程规定,规定票面金额的主要作用是确定每一股普通股占公司股本总额的比例。在中国,公司发行股票时必须规定票面金额,法律禁止发行无票面金额的股票。

普通股股东的收益取决于两个变量:一是公司的经营业绩;二是公司所实施的股利分配政策。由于其收益很大程度上受公司的经营业绩影响,并且是在职工工资、税收、债务、优先股股利等支付之后才能实现自己的收益,使得普通股股东所承担的风险要比优先股股东、债权人等都大。按照风险与收益对等的原则,公司的重大决策权由普通股股东掌握,普通股的权利大于优先股,并且普通股的收益一般要高于优先股。

2. 优先股股东

目前,我国各公司所发行的股票的性质是:有面值、无记名、不可赎回,即都是普通股，只有少数公司以前按照当时的规定发行过少量的优先股，可以说，我国目前没有优先股的发行。然而我们认为有必要了解一下优先股，因为优先股的自身优势近来越来越受到学者们的关注，特别是金融危机以来。相关的一些研究也都认为中国已具备了发行优先股的条件，也许距离发行优先股的时间不远，因此我们在这里介绍一些优先股的知识。

优先股是相对于普通股来说的，是股份公司发行的在利润分配和财产清算时比普通股具有优先权的股份，这也是它们的根本区别。因此，相对于普通股的股东来说，优先股股东所面临的风险要小些。为了体现风险与收益对等原则，优先股股东一般没有在股东大会上的表决权，同时优先股的报酬率也低于普通股。

优先股与普通股同属于权益资本，不能抽回其投资，只能依法转让或者从股利中收回自己的投资；但又不同于普通股，以至于在很多的财务指标计算当中都要剔除优先股的影响。例如，在计算市盈率时，如果公司拥有优先股，则在计算每股收益的时候需要去除优先股股利的影响。在资本成本（或者说报酬率）和清算财产的请求权上，优先股都介于债务和普通股之间。

除了"两个优先"之外，优先股股东所拥有的权利还有以下特点：首先，优先股有固定的股息，股息率不随公司业绩的好坏而波动，收益比较稳定。其次，优先股一般不参与公司的红利分配，只是拥有固定的股息。最后，优先股持股人只享有知情权、建议权和质询权等，没有表决权，除了涉及与优先股有关的问题之外，优先股股东不能借助表决权参加公司的经营管理。

（二）控股股东与中小股东

这个比较容易理解，从字面意思看，控股股东就是指大股东，拥有公司的控制权的股东。而中小股东相对于大股东而言，他们拥有的股份较少，不能在公司中起到控股的作用。中小股东的大量存在，使得公司的股权分散，控股股东掌握着公司的控制权。

在我国公司中，普遍存在着"一股独大"的现象，大股东操纵着公司的一切，因而有很强的优势和动力为自己的利益服务，甚至不惜损害中小股东的利益。在公司治理问题中，大股东与中小股东之间的问题也是一个典型的问题。我们不能完全否定"一股独大"的现象，但是其存在的一些问题也不能够忽视。大股东拥有公司的大量股份，公司的经营良好与否关系到其切身利益，他们与公司的利益是一致的，也更注重公司的长远发展，是真正关心公司发展的人。因此，大股东有很强的动机和热情去监督管理层是否按照最有利于公司的方式在经营，他们也最接近管理层，更了解公司的经营现状与长远目标。若他们积极实行监督，将是坚强而有力的。同时，"一股独大"有利于提高公司决策的效率，而避免出现太多的声音导致公司决策缓慢而混乱的现象。但是，大股东与中小股东之间的利益又不是完全一致的。相对于中小股东而言，大股东拥有更多的优势，如信息优势、话语权优势等，这样使得中小股东利益受大股东侵害的风险大量存在着。

中小股东包括广大的股民，他们中很大部分是基于投机的心理，并没有管理公司的愿望，因而也不会关心公司的控制权在谁手中，也不会花费成本来监督公司的经营管理活动，当然也不会关心高层管理者的行为是否违背自己的利益。一旦中小股东发现自己在这里无利可图，或者说是风险大于收益，便会采取"用脚投票"的方式，卖出该公司的股票，保证现有的收益，并去寻求下一个有利可图的目标。

这里我们有必要讲一下中小股东中的代表——机构投资者。机构股东与个人股东是对应的，但是由于法律的限制以及其自身的因素，机构股东持有某个公司的股份偏少，也属于中小股东。因此，我们将机构股东看成是中小股东的一种。相对于其他中小股东而言，机构股东更具有优势和动力来监督公司的治理，这对于公司的监督控制很重要，下一节我们将讲述机构股东以及股东积极主义。

第二节　机构股东

机构股东的积极主义行为有助于改善公司的治理。

——佚名

一、机构股东的界定

机构股东是相对于个人股东而言的，主要包括实业企业、证券投资公司、各种基金组织等，可以说凡是自然人以外的一切以团体组织形式出现的投资者都包括在内。机构股东的持股比例受到比较严格的限制，在一个公司中的持股比例不会很高，因此其属于中小股东的一份子。机构股东以往都对公司治理采取消极应对态度，实行的是"用脚投票"方式，这有其渊源。

首先，由于监督一个公司的技能与管理投资并不一样，所以机构投资者不一定擅长这项工作，他们为了分散自己的风险，采取了多元化、分散化投资的策略，这样自己在每个公司中所占的股份比例就较少，参与治理的动机就较弱。

其次，对于机构投资者来说，其目的是使资金流向获利最多的地方。如果机构投资者在一家公司中所占的股份比例过重，为监督管理这家公司付出过多的成本，这往往会增加机构投资者的负担，影响其投资的自由流动性。

再次，基于"搭便车"现象的考虑。对于监督管理层这个公共的事业，任何人的努力与付出所带来的成果都是集体享有的。这会导致依赖心理，寄希望于他人的努力，因此自身缺乏监督的热情与动力。对于机构股东的努力来说，其花费成本带来的有益成果不仅为个人股东、其他机构投资者所分享，更包括他们的竞争对手，这是他们所不期望的，所以机构股东更乐意采取"搭便车"行为。

最后，很多国家颁布了相关的法律法规来限制机构投资者在公司中所占的股份比例，这一规定限制了机构股东参与公司治理的积极性。

以上这些共同导致了机构投资者对于公司治理的消极被动行为，即当其所投资的公司出现问题或者不能符合他们的要求以及与他们的目标存在不一致时，他们不会采取主动的措施来改善公司的治理，而往往通过"用脚投票"的方式来表现自己的不满，即卖出该公司的股票。

二、股东积极主义兴起的背景

当对公司的业绩不满或者对于公司治理有不同的意见时,机构股东不再简单地"用脚投票",而是开始"用手投票",积极地参与到公司治理的过程中,帮助公司出谋划策,改善公司的治理,这就是股东积极主义。20 世纪 80 年代以后,股东积极主义已经演进成为西方证券市场的重要特征。

股东积极主义的兴起有其特定的背景和原因。其中一个重要的原因就是机构投资者在证券市场上的队伍迅速壮大,在市场中所占的份额上升,这大大改变了股票市场的结构,致使"华尔街准则"不再适用。时代背景就是 20 世纪 80 年代出现的股市并购风潮,这股浪潮给机构投资者带来了极大的风险,敌意收购盛行,损害了机构投资者的利益,这时采用"用脚投票"的方式来表达股东对公司的关注变得越来越低效。同时,机构投资者作为委托方与作为代理方的上市公司之间也存在着信息不对称的问题,即两者之间也存在着显著的委托代理问题。

【拓展阅读】

华尔街准则

采用含蓄间接的方式,即买入或卖出公司的股票来表达自己对企业管理层的鼓励或批评,而本身很少直接干预企业的治理。

机构股东为了自身的利益,对上市公司进行关注有其内在的驱动力。

(一)"用脚投票"存在很多弊端

随着机构投资者持有股份的增大,采用"用脚投票"方式越来越显现出投机性的弊端,"用脚投票"的成本在增大。首先,由于机构股东所持的股份日益增大,短时间很难有合适的买主购买其手中的大量股票,即使成功售出,机构投资者在找到下一个投资项目前也需要花费大量的精力与时间,这期间造成了资金的闲置,形成了巨大的机会成本。其次，股票的大量抛售可能引起股票市场的整体下滑，这也将损害到机构股东的利益。最后，股票的售出不一定都是获益的，并且售出之后的损失都是由机构股东来承担，而若能对公司有所作为并使其治理水平上升，从而促进股价上升，对于机构投资者来说是有益的。可以说，公司现状的改善与否，关系到机构股东的切身利益。基于这些考虑，机构股东可能放弃"用脚投票"的低效率方式（因为其除了引起股价的下跌外，不能对高层管理者构成实质的威胁；相反，由于反对力量的消失，可能巩固其地位），进而参与到公司的治理过程当中。

（二）机构股东有能力参与公司治理，并使自己有利可图

机构股东持有公司大量的股票，实力雄厚，有利于克服个人投资者单独行动的弊端，并且在长期的过程中，为了分散风险，都会进行投资组合操作，其拥有了一些可以移植的成功经验和相关专业知识，这样，经验与专业知识的共享就大大减少了机构股东参与公司治理的成本，通过参与公司治理而获得的收益很可能大于参与公司治理的成本。只要收益大于成本，参与公司治理就是有利可图的。同时机构股东在治理过程中一旦发现大股东或高层管理者的自利行为，可以采取适当的对策进行制止，这样可以有效地防范经营者的逆向选择行为和道德风险的发生，从而保证自己的收益和降低不必要的治理成本。

（三）机构投资者之间的竞争也促使其积极参与公司治理

机构投资者的资金来源于社会大众，在这个市场上也存在着激烈的竞争，机构投资者只有通过更有效地为社会大众赢得收益来获得社会大众对其的支持，否则将面临被淘汰的风险，可以说，这是一种被迫的"社会责任感"。机构投资者介入公司治理，是其主动化解投资风险的积极性措施。这样，投资人获得了收益，机构投资者才能获得更多的支持，从而拥有更多的资金来源。

三、股东积极主义对公司治理的有益影响及其存在的问题

（一）股东积极主义的有益影响

机构股东积极地参与到公司的治理过程当中，对于公司的发展而言有很大的

作用，能对公司治理产生诸多有益的作用。

1. 有助于解决"内部人控制"的问题

"内部人控制"直接损害了作为中小投资者之一的机构投资者的利益，从而变相增加了其参与市场经济活动的成本，减少了投资收益。而且机构投资者的投资数额一般都较大，他们因面临巨大的沉没成本而具有很强的参与意识，密切关注着企业的动向和经营业绩，于是他们宁愿忍受"搭便车"现象的存在，也会积极参与到公司的治理中，最终维护自身的利益。机构投资者对公司治理的积极参与，推动了上市公司治理机制的改革，有利于遏制大股东与经营者的自利行为和缓解内部人控制的现象。

2. 间接维护了中小股东的利益

相对于个人股东而言，机构投资者拥有更强的参与公司治理的动机。机构股东的投资一般很大，参与公司治理的动力比较大，而且其自身有参与公司治理的条件。参与公司治理的动力和条件使得机构股东"搭便车"的倾向并不明显，由于参与公司治理是一种公共物品，因此，他们对于公司的监督能够间接减少大股东和经营者损害其他中小股东利益的行为。

之所以说是间接，是因为机构股东的这种积极行为，并不是主观上要去维护其他中小股东的利益，这只是其自利行为的一个结果。"无心插柳柳成荫"，不论机构股东参与公司治理的初衷是什么，这种行为都维护了其他中小股东的利益。机构股东参与到公司治理中，有助于少数大股东间的相互制衡与约束机制的建立，同时，机构股东充当着中小股东的代理人，能够维护中小股东的权益，从而进一步完善公司的治理结构。

3. 有助于加强公司的监督机制

机构投资者在公司治理中以监督人的角色出现，本身并不直接从事或干预经营管理，所以其在加强监督的同时不会破坏公司职能的完整性，可以说是让公司采用了现代的监督型董事会结构。在这种结构下，公司的监控与管理达到了分工与牵制，有利于提高公司的经营效率，保证独立董事作用的发挥，从而实现公司治理水平的提高和管理层自利行为的降低。

机构投资者进行监控的力度与其自身拥有的剩余索取权与剩余控制权有很大的关系，因为他们作为投资人的同时也是代理人，在替自己管理的同时也在替别人管理。这种收益分配权与控制权的对应关系，使机构投资者有足够的利益驱动力来参与到公司治理当中。机构投资者拥有的收益权与控制权越大，其进行监督的驱动力就越大。

4. 促进外部公司治理机制更好地发挥作用

机构投资者的介入，能够促使外部市场机制更有效地发挥作用。对于资本市场而言，能够提高其市场效率，降低监督成本。资本市场的效率与公司治理之间存在这样的关系：效率越高，监督成本越低，公司治理越有效。机构投资者作为市场的中间力量，他们拥有专业的知识、丰富的经验、成功的理论，这些作用于公司治理中的结果是提高了资本市场的效率。对于控制权市场而言，机构投资者的加入，会改变股权太过分散的格局，形成适度集中的股权结构，这有利于控制权市场发挥效用。因为在这种情况下，经营不善的管理者更容易受到惩罚——公司代理权的竞争会促使管理者的更换。

5. 有利于形成机构法人主导型的公司治理

机构投资者的壮大意味着流通股过于分散局面的终结，股权变得相对集中，这有利于形成机构法人主导型的公司治理。机构投资者持有的公司股份与交易规模在日趋增大，因此其在投资决策上会更加慎重，更趋理性，不同于"用脚投票"，他们会积极地介入公司的治理过程当中，从而更好地维护自己的利益。股份比例的增大，使得他们在公司中更有发言权，同时规模的增大使得股份在短期内难以流动以及交易成本的上升，如果在短期内就卖出股份，很容易使交易成本变成沉没成本而无法收回。基于这些考虑以及最大化收益的要求，机构法人倾向于长期持有公司股份并关注公司的长期发展，因此他们会积极地参与到所持股份公司的治理中。他们不同于个人中小股东，放弃"搭便车"行为主要是其有能力和动力去监督企业，努力使监督收益大于监督成本，从而增加自己的收益。

(二) 股东积极主义存在的问题

我们相信在恰当的制度环境下，机构投资者的股东积极主义能够发挥积极的作用，并成长为公司治理的一种有效机制。但是，我们也要看到这种监督机制并不完美，还存在着一些问题，导致消极效果的产生。这也是部分人对股东积极主义持不赞成态度的原因。为了对症下药，下面我们首先找出阻碍股东积极主义发挥作用的因素，这包括主观和客观两方面的因素。

1. 主观因素——机构股东自身的因素

（1）专业能力的不足。机构投资者的专业能力（这里我们特指其监督公司的能力）会影响其在公司治理中作用的发挥。虽然机构投资者的相关能力和丰富的经验对于其参与到公司治理中有很大的帮助，但是我们也不得不承认这两种能力是有较大区别的，机构投资者最擅长的是资本的运营，而不是公司治理，其对公司所实施的监控行为不一定能够达到所期望的效果。在现有的机构投资者中，大多数是证券从业人员，而精通公司治理的管理专家则较少甚至没有。

于是，会存在机构股东花费成本积极参与到公司治理中，却不能达到监控管理层目的的现象，从而使得机构投资者的成本无法从收益中得到补偿。如果机构投资者理性地认清了这点，他们就倾向于"搭便车"或采取"用脚投票"的方式，而不是增加一项成本。

（2）投资经理存在滥用权力的风险。在这里我们要区分机构投资者与投资经理，机构投资者是一个营利性组织，而投资经理是机构投资者的代表，是运用机构投资者的资金进行投资活动的人。我们看到，投资经理也是代理人身份，也就是经理人之于公司的关系。因此在机构投资者中也存在典型的委托代理问题。

投资经理有其自身的利益需求，有时这些需求是与组织的利益相违背的。由于信息的不对称，投资经理的很多行为都得不到有效约束，于是很可能存在投资经理与其所投资公司的高管进行合谋的行为，这时投资经理并不会代表其所在的机构对公司进行监督，也就达不到改善公司治理的效果。可以说，当投资经理出现滥用权力的行为时，机构投资者是花费了成本却得不到想要的结果。

（3）"搭便车"行为。从前面的分析中可以知道，相对于个人中小股东而言，机构投资者"搭便车"的行为倾向要小，但并不代表没有。由于监督公司是一种公共的物品，自己一个人的付出所得却不得不让全体共享，这是公共物品监管的一个通病。人们往往不愿意自己付出努力而寄希望于搭载别人的"便车",最终导致"无人监管"状况的出现。机构投资者虽然更有能力和动力克服"搭便车"的行为,但是由于他们投资于多家公司,对多家公司都积极介入是耗费成本和精力的,是不明智的,有时也是不现实的。对于机构投资者而言,他们往往会在自己投资较多、所占股份较大的公司有股东积极主义的行为,而在其他的公司采用"用脚投票"的方式和实施"搭便车"行为。

2. 客观因素——外部的原因

(1)公司治理机制的不健全。前面我们提过,股东积极主义作用的发挥需要有一个健全机制的配合,也就是说,只有在一个好的机制下,股东积极主义对公司治理的有益影响才能发挥出来,否则其作用可能微乎其微。

目前,实际上拥有健全公司治理机制的公司并不多,公司治理问题还大量存在,如独立董事制度被当做"花瓶"、大股东"一股独大"、"内部人控制"、内部审计制度的缺失等。病态百出的公司治理现状大大限制了机构投资者的股东积极主义行为及其作用。在这样的环境中,机构股东可谓是"胳膊拧不过大腿"。

(2)政府的严格监控与法律的限制。政府的严格监管会限制机构投资者的行动,制约他们参与公司治理的积极性。而且,政府还没有重视机构投资者的作用,有关机构投资者参与公司治理的保障性制度措施还没有到位。同时,很多国家的法律都对机构投资者的持股比例以及参与公司治理行为进行了比较严格的限制,例如,机构投资者的持股比例必须控制在一定的比例之下,过低的比例限制了机构投资者参与公司治理的热情,因为参与的成本可能远大于参与的收益。

随着机构股东的发展,一些国家开始重视其在公司治理中的作用,逐步放宽了对机构股东的限制,但总体上说,对机构股东的控制还过于严格,有关机构股东参与公司治理的法律法规建设还比较落后。对机构股东参与公司治理还有待于进一步的研究和加强。

四、我国的股东积极主义

我国的股东积极主义起步较晚，还是一个较新的现象。目前我国机构投资者的发展还比较有限，远远落后于西方发达国家，中国股票市场的参与主体大部分是个人。

公司治理结构从本质上而言就是一套监督、约束和激励制度安排。目前我国还远未形成强有力的股东监督机制，"一股独大"现象比较普遍，"内部人控制"十分严重，公司的治理机制存在诸多的问题。我国机构股东的换手率过高，这形象地说明了我国的机构股东更倾向于采取"用脚投票"的方式参与到公司治理当中，一旦发现投资于某公司无利可图或者该公司的行为与自己的投资目的不符，就会出售该公司的股票。高的股票换手率是机构投资者漠视上市公司治理的一种表现，限制了机构投资者长期投资理念的培养，不利于其克服"羊群效应"，并以更加理性的姿态来对待投资。

【拓展阅读】

羊群效应

这是一种从众心理或者说跟风行为，在证券市场上，当信息不确定时，投资者易受他人的影响，根据他人的决策而改变自己最初的投资决策的一种群体行为。

为了发挥机构股东的作用，使其通过采取积极干预等办法，进而实现主动参与和改进公司治理，本书中根据现存的诸多障碍以及结合我国的实际，提出了改进机构股东作用机制的几点措施。

（一）政府改变态度

加大对机构股东的重视，并完善相关的法律、法规和政策，引导机构股东积极参与公司治理。这需要放宽机构股东的持股比例，减少对其参与公司治理的限制，同时保障机构股东的合法权益。我们知道，机构股东的持股只有达到了一定的比例，才能对大股东以及管理层起到监督与制衡的作用，才能拥有足够的动力参与到公司治理当中，从而最终发挥机构股东改善公司治理的作用。

（二）完善公司股权结构和治理机制

我国"一股独大"的现象比较普遍，这大大制约了机构股东股东积极主义机制的作用的发挥。我国应进一步强化股权分置改革，增强股票的流动性。

（三）扩大机构投资者的规模

我国机构投资者的数量和规模与发达国家相比还存在较大差距。较大的规模在一定程度上会限制机构投资者的随意进入和退出行为，同时也能够增强他们在公司治理中的话语权，这是他们积极参与公司治理的一个保障和动因。因此，我国应该积极发展机构投资者，在增加机构投资者数量的同时扩大机构投资者的规模，使机构股东在公司治理中发挥更好的作用。

（四）完善我国的资本市场，提高资本市场的有效性

现阶段，相对落后的资本市场制约着资本市场在公司治理当中的作用。因此，在政策上应该建立促进资本市场发育和完善的政策，在市场监管上坚决打击违法违规行为以建立良好的资本市场环境，在制度上进行不断的完善从而保证资本市场有序稳定的运行。

相信随着我国证券市场的成熟壮大，以及相应机制的健全和完善，机构投资者将凭借其雄厚的资金实力，专业的投资分析人才以及信息优势，在改善公司治理方面发挥越来越大的作用。

第三节　股东大会

股东大会是公司的权力机构。

——《公司法》

股东作为出资人，是公司的所有者，理应成为公司的最终决策者。股东们主要是通过在公司内成立股东大会来表达自己的意志，并行使自己的权利。所以，可以说股东大会是在公司内部设立的股东表达意志和行使权利的一个专门机构。公司的重大决策（如公司章程的变更、董事的任免、利润的分配、注册资本金的变更以及公司的解散与合并等）都是需要通过股东大会来决定的，涉及公司经营的一些决策包括投资计划、财务预算等也是由股东大会审议批准的。从地位上来看，股东大会是公司的最高权力机构，对于公司的重大事件，股东大会拥有决定性权利。从理论上讲，构成股东大会的人员是全体股东，但在现实中，并不是所有的股东都会参加股东大会。相对于大股东而言，中小股东参加股东大会的愿望并不强烈。所以代表全体股东的股东大会实质上只是一部分股东参加，法律对于股东大会参与人数和股份比例已做出有关规定。

一、股东大会的职权

我国《公司法》第38条规定，"股东会行使下列职权：
（1）决定公司的经营方针和投资计划；
（2）选举和更换非由职工代表担任的董事、监事，决定有关董事、监事的报酬事项；
（3）审议批准董事会的报告；
（4）审议批准监事会或者监事的报告；
（5）审议批准公司的年度财务预算方案、决算方案；
（6）审议批准公司的利润分配方案和弥补亏损方案；
（7）对公司增加或者减少注册资本作出决议；
（8）对发行公司债券作出决议；
（9）对公司合并、分立、变更公司形式、解散和清算等事项作出决议；
（10）修改公司章程；
（11）公司章程规定的其他职权。

对前款所列事项股东以书面形式一致表示同意的，可以不召开股东会会议，直接作出决定，并由全本股东在决定文件上签名、盖章。"

二、股东大会的类型

根据股东大会的召开时间是否有规律，可以将股东大会分为两种类型：一是年度股东大会；二是临时股东大会。

（一）年度股东大会

《公司法》规定股东大会应该每年召开一次，即年度股东大会。通常，公司的重大事项在一年内不会有太大的变化，因此没有必要每个月或者每个季度都召开股东大会。而且，频繁地召集股东大会会浪费公司的资源，增加相应的成本，这不符合股东的意愿，从成本和收益的角度来讲，也不需要在一年中召开多次股东大会。通常，股份有限公司在每年会计年度终结的6个月内召开年度股东大会。由于年度大会是由《公司法》强制规定召开，因此，一般不对这一会议形式做出具体条件的规定。

（二）临时股东大会

由于一些临时性事件需要股东大会才能决定时（通常是发生了涉及股东重大利益的事件），在年度股东大会召开之后下一次年度股东大会召开之前，依照法律的规定可以召开临时股东大会。

召开临时股东大会需要具备法律规定的一些条件，并不是随意可以召开的。在世界范围内，对临时股东大会的召开条件的法律规定主要有三种形式：一是列举式，即列举能够召开临时股东大会的情境，我国的《公司法》采用这一形式；二是抽象式，不具体列举召开的情境，而是抽象地将决定召开临时股东大会的权力授予有权召集临时股东大会的人；三是结合式，即结合上述两种方式。我国《公司法》第101条规定，"有以下情形之一的，应当在两个月内召开临时股东大会：

（1）董事人数不足本法规定人数或者公司章程所定人数的2/3时；

(2) 公司未弥补的亏损达实收股本总额 1/3 时；

(3) 单独或者合计持有公司 10%以上股份的股东请求时；

(4) 董事会认为必要时；

(5) 监事会提议召开时；

(6) 公司章程规定的其他情形。"

采用抽象式立法方式的国家有德国和日本。德国《股份公司法》第 121 条第 1 款规定："股东大会应当在法律或章程规定的情形下以及在公司的利益需要时召集。"日本《商法典》规定："临时全会于必要时随时召集。"英国则采用结合式，即先规定抽象的召集条件，随后对各种可能出现的重要事项进行列举，让公司有具体的依据，它的具体规定是：股东临时会可于必要时随时召集，尤其是涉及章程变更、公司的转化、限制股份转让的新规则、董事竞业的认可、董事私人交易责任的免除等。

【案例 3-1】
临时股东大会的合法性

2010 年 10 月 7 日，A 上市公司的 3 家股东，不顾多家法人股东的强烈反对和保监会的劝阻，以及司法部门的有关要求，强行违规召开临时股东大会，并在会上通过了所谓的"决议"，包括《A 公司监事会关于对公司财务等相关问题检查的报告》的议案；关于王某不适合担任董事长并由股东大会予以罢免的议案；关于责令董事会立即恢复张某总裁职位的议案；关于选举 1 名副董事长并由其主持公司董事会日常工作的议案；关于员工持股计划进一步明确和规范化的议案；等等。

这种少数股东擅自召开的股东会议无论在程序上、形式上还是在内容上，都严重违背了我国的《公司法》和 A 公司章程的有关规定。在董事长正常履行职务，且前期董事会已开会决定召开临时股东大会的情况下，少数股东仍自行组织召开了临时股东大会，这样做就剥夺了法律赋予董事长及监事会的临时股东大会的召集权。该公司注册地的人民法院已经做出裁定，该会议决议无效。

根据《公司法》第 102 条规定，股东大会会议由董事会召集，董事长主持；

董事长不能履行职务或者不履行职务的，由副董事长主持；副董事长不能履行职务或者不履行职务的，由半数以上董事共同推举一名董事主持。董事会不能履行或者不履行召集股东大会会议职责的，监事会应当及时召集和主持；监事会不召集和主持的，连续 90 日以上单独或者合计持有公司 10%以上股份的股东可以自行召集主持。很显然，3 家少数股东召开的这次所谓股东大会在程序和内容上都是违法的。

资料来源：http://finance.sina.com.cn/money/insurance/bxdt/2008/12/08/20385606708.shtml。

三、股东大会的运行机制

股东大会的运行机制包括：召集与通知、投票表决以及决议的有效性、会议记录，下面我们来逐一地了解。

（一）股东大会的召集与通知

我国《公司法》第 102 条规定，"股东大会会议由董事会召集，董事长主持；董事长不能履行职务或者不履行职务的，由副董事长主持；副董事长不能履行职务或者不履行职务的，由半数以上的董事共同推举一名董事主持。董事会不能履行或者不履行召集股东大会职责的，监事会应当及时召集和主持；监事会不召集和主持的，连续 90 日以上，单独或者合计持有公司 10%以上股份的股东可以自行召集和主持。"

如果董事会觉得有必要召开股东大会，必须按照《公司法》的规定向股东发出相关通知。对于有限责任公司，我国《公司法》第 42 条规定，"召开股东大会，应该于会议召开 15 日前通知全体股东；但是，公司章程另有规定或者全体股东另有约定的除外。"对于股份有限公司，我国《公司法》第 103 条规定，"召开股东大会会议，应当将会议召开的时间、地点和审议的事项于会议召开 20 日前通知各股东；临时股东大会应当于会议召开 15 日前通知各股东；发行无记名股票的，应当于会议召开 30 日前公告会议召开的时间、地点和审议事项"。无记名股票持有人出席股东大会的，应当于会议召开 5 日前至股东大会闭会时将股票交存于公司。

下面我们通过青岛海尔股份有限公司来了解公司关于召集股东大会的具体规定，这有利于我们理解与学习。

【案例 3-2】
青岛海尔股份有限公司召集股东大会的有关规定

独立董事有权向董事会提议召开临时股东大会。对独立董事的提议，董事会应当根据法律、行政法规和公司章程的规定，在收到提议后 10 日内给予同意或不同意召开的书面反馈意见。董事会同意召开临时股东大会的，应在作出董事会决议后的 5 日内发布召开临时股东大会的通知；董事会不同意召开临时股东大会的，须说明理由并予以公告。

监事会有权以书面形式向董事会提议召开临时股东大会。对监事会的提案，董事会应当根据法律、行政法规和公司章程的规定，在收到提案后 10 日内提出同意或不同意召开的书面反馈意见。董事会同意召开临时股东大会的，应在作出董事会决议后的 5 日内发布召开临时股东大会的通知，通知中若对原提议存有变更，应事先征得监事会的同意。董事会不同意召开临时股东大会的，或者在收到提案后 10 日内未做出反馈的，视董事会不能履行或者不履行召集临时股东大会职责，监事会可自行召集和主持。

单独或者合计持有公司 10% 以上股份的股东有权以书面形式向董事会请求召开临时股东大会。对相关股东的请求，董事会应当根据法律、行政法规和公司章程的规定，在收到请求后 10 日内提出同意或不同意召开的书面反馈意见。董事会同意召开临时股东大会的，应在作出董事会决议后的 5 日内发布召开临时股东大会的通知，通知中若对原请求存有变更，应事先征得相关股东的同意。董事会不同意召开临时股东大会的，或者在收到请求后 10 日内未做出反馈的，单独或者合计持有公司 10% 以上股份的股东有权以书面形式向监事会提议召开临时股东大会。监事会同意召开临时股东大会的，应在收到提议后 5 日内发布召开临时股东大会的通知，通知中若对原提议存有变更，应事先征得相关股东的同意。

监事会未在规定期限内发布召开临时股东大会通知的，视监事会不召集和主持临时股东大会，连续90日以上单独或者合计持有公司10%以上股份的股东可以自行召集和主持。

监事会或股东决定自行召集临时股东大会的，须书面通知董事会，并向中国证监会青岛监管局和上海证券交易所备案。在临时股东大会决议公告前，召集股东持股比例不得低于10%。召集股东应在发布临时股东大会通知及股东大会决议公告时，向中国证监会青岛监管局和上海证券交易所提交有关证明材料。

董事会和董事会秘书对于监事会或股东自行召集的临时股东大会应予以配合。董事会应提供股权登记日的股东名册。

监事会或股东自行召集的临时股东大会，会议所必需的费用由公司承担。

资料来源：http://www.cfi.net.cn/p2010/06/26000335.html。

（二）股东大会的投票表决制度以及决议的有效性

股东大会通常是采用一股一票的投票表决制度，也就是说股票的持有量决定了表决权的大小。这种投票表决制度的缺陷是容易导致大股东"一人独大"的局面，为大股东操纵股东大会提供了条件。为了克服这一缺陷，有些公司对表决权做了最高上限的特殊限制。如果股东有特殊情况不能参与投票，那么，股东可以开具书面的授权委托书请代理人来参与投票。代理人将授权委托书提交给公司，可以在授权的范围内行使相应的表决权。

为了保证股东大会在选择董事时更加公平合理，各国采取了相应的办法使股东大会不受大股东的操纵，从而保障中小股东的利益。例如，美国发明了一种累积投票制度，这种制度规定：如果公司要选举两名以上的董事，那么公司的每一股不是代表一票，而是与董事人数相同的票数，因此，每一股东所拥有的表决权是其所拥有股份与待选董事人数的乘积，结果就是扩大了中小股东的权利，从而可以对大股东形成制衡。如果中小股东联合起来将投票权集中在一起，例如，将表决权集中投给一个或者几个董事候选人，那么中小股东就有可能选举出对自己有益的董事，这样做的好处就是能够在一定程度上制衡大股东在股东大会上过大的表决权。我国《公司法》第106条规定："股东大会选举董事、监事，可以依照公司章程的规定或者股东大会的决议，实行累积投票制，即股东大会选举董事或者监事时，每一股份拥有与应选董事或者监事人数相同的表决权，股东拥有的表决权可以集中使用。"

【案例3-3】

五粮液集团中小股东的无奈

2001年2月，"堂吉诃德战风车"的一幕在五粮液集团的股东代表大会上上演。在此次的股东大会上，中小股东们试图阻止由第一大股东（占3/4的股权）所操纵的分配方案。在持续两个多小时的大会过程中，与会的中小股东及其代表与大股东进行了激烈的争论。但最终，在种种质询声中，年度分配方案几乎是强制性地表决通过了，赞成与反对的股份分别为3.6亿和0，弃权的中小股东所持有的股份高达283万多股。

部分中小股东委托君之创投资咨询公司代为在股东大会上投票，由于它所提的意见没有被股东大会采纳，因此放弃了表决权以示他们对五粮液集团的抗议。另有一些股东没有等到投票就已离开。如此高的弃权数量述说的不仅仅是股民的抗议，也向社会大众传达了中国广大中小股东的那些无奈。

在此之前，五粮液股份有限公司历来就有第一绩优股的美誉，在股民中有较好的口碑，公司2000年度也取得了骄人的业绩。

表3-1 截至2000年底五粮液集团财务报表披露的一些信息

单位：元

每股净利润	每股净资产	净资产收益率	未分配利润	平均每股未分配利润	每股公积金
1.6	6.6	24.09%	13.5亿	2.83	2.17

然而，五粮液集团当年的分配方案却是不进行分配，也不进行公积金的股本转增。更让广大中小股东气愤的是，五粮液集团随后还宣布了按每10股配售2股（每股25元）的配股方案。

广大中小股东对这一分配方案极其不满,他们委托君之创咨询公司代为出席2001年2月20日的五粮液集团股东大会,并授权君之创咨询公司行使股东权利。但是从上面我们看到,由于第一大股东所占股份高达75%,即使是联合所有的其他股东也无法和第一大股东相抗衡,但是他们仍然没有轻言放弃,采取了一系列的策略,希望能够说服董事会。可最终结果还是让他们失望透顶,他们采用弃权的方式来宣泄自己的不满。

五粮液集团效益虽好,但是对于这些中小股民来说就如同养了一头只吃草不产奶的牛一样,让中小股民等得花都谢了。

资料来源:http://finance.sina.com.cn/s/37685.html.

五粮液集团之所以成为焦点是因为它完全有能力分配利润,但是却没有分配,这对中小股东来说是一种漠视,是一种典型的由"一股独大"而引起的问题。

吴敬琏指出,中国目前"一股独大"的现象仍然非常严重,并且很多是国有股"一股独大",第一大股东和第二大股东所持股份的差距也非常大,同时他支持:"这种情况不利于维护中小股东权益,也不利于公司治理结构的有效运作。因此应当继续执行国有股减持计划,解决'一股独大'的股权结构问题。"

并非股东大会所有的决议都是有效的,这中间可能存在不合理或者不合法的现象。为了使股东大会的决议体现多数股东的意愿,《公司法》规定股东大会的参与人数必须要达到法定的数量,否则其决议无效。我国《公司法》第104条规定,股东大会作出决议,必须经出席会议的股东所持表决权过半数通过。但是,股东大会作出修改公司章程、增加或者减少注册资本的决议,以及公司合并、分立、解散或者变更公司形式的决议,必须经出席会议的股东所持表决权的2/3以上通过。

(三)股东大会的会议记录制度

我国《公司法》规定股东大会实行会议记录制度。对于有限责任公司,《公司法》第42条规定,股东会应当对所议事项的决定做成会议记录,出席会议的股东应当在会议记录上签名。对于股份有限公司,我国《公司法》第108条规定:

"股东大会应当对所议事项的决议做成会议记录,主持人、出席会议的董事应当在会议记录上签名。会议记录应当与出席股东的签名册及代理出席的委托书一并保存。"会议记录制度的目的是提供给未出席的股东或者未来的新股东查阅。同时,有关股东大会的文件资料也可以作为今后决策的重要参考资料。

本章小结

从立立电子的例子中,我们看到了中小股东的集体冷漠,这些使公司治理结构中的三权(决策控制权、经营管理权和监督权)机制失衡,从而导致了许多问题的产生。中小股东对于公司经营管理的冷漠有其内在原因或者根源所在,为了提高公司治理的有效性,我们应找到解决这个问题的机制使股东大会能够更好地发挥作用,这个机制要能够有效地解决大股东"一股独大"而造成的问题,同时又要让众多中小股东摆脱"搭便车"的行为。

机构股东的发展壮大提供了解决这一问题的一个有效方法,但是我们也要看到作为中小股东一份子的机构股东,其也具有中小股东的一些消极特征,只是相对而言,机构股东更有优势和动力去克服这些特征。随着机构股东的发展壮大以及持股比例的上升,机构股东将会以更加积极的态度关注公司的发展并参与到公司治理过程当中。我们需要充分地利用机构股东的这些优势,同时制定措施帮助其扫清障碍,这样才能使机构股东的股东积极主义在改善公司治理上发挥更多的作用。

第四章 董事会

开篇案例

从"0票反对"中看董事会

2008年6月28日,兴业银行召开董事会,15名董事(其中一位为委托表决)参加,此次会议就15项议案进行表决。结果是这15项议案均零反对、零弃权!

这种不可思议的一致性或许会引起投资人的担忧:5名独立董事都成为名副其实的"花瓶"了吗?董事会的制衡机制是不是出了问题?还是意味着一些董事的失职?

事实上,兴业银行是被纳入上证公司治理指数样本股的上市公司,以规范的制度和创新的管理著称,被认为是业内最具成长性的商业银行之一。兴业银行有着良好的公司治理模式,并且在董事会制度方面进行了诸多有益的探索与创新。

1. 设立执行委员会

2004年,兴业银行成为我国国内银行中首家设立董事会执行委员会的银行,该执行委员会由5人组成,其中前两大股东推荐的董事各1名、管理层董事3名,而监事会主席和董事会秘书列席。执行委员会每年至少召开四次会议。董事会执行委员会行使的职责主要包括:研究并制定银行的中长期发展战略、审议重大兼并、收购和投融资方案以及提出需经董事会讨论决定的重大问题的建议和方案等。可以说,执行委员会在一定程度上就是"执行"的董事会。

通过设立执行委员会可以避免频繁地召开会议来研究重大问题，解决了银行的日常决策问题，并且保证决策的集体领导和科学性。

2. 民主决策机制

兴业银行实行民主决策机制，充分尊重每个董事的意见。在决策理念上，董事会需要一种"圆桌精神"，即民主决策、平等参与。兴业银行民主决策机制的建立是有一个过程的，2004年收购佛山商行是一个标志性事件。这个事件不仅在当时引发了市场轰动效应，更触动了兴业银行去完善董事会建设。兴业银行"掌门人"高建平对董事会运作的一项基本理念是：当议案存在较多分歧时，不强行、急着去表决，而是待完善并达成共识后再投票。在这一运作方式下，每个董事的意见都得到充分尊重，大家可以尽情地发表意见，为公司的发展出谋划策。

3. 对独立董事进行广泛征集、差额提名

现在国内上市公司的普遍做法是由大股东、公司自己提名独立董事并进行等额选举。而兴业银行出于完善独立董事选聘机制、更好地发挥独立董事作用的考虑，在2007年首次尝试实行独立董事差额提名机制。只要满足了独立董事提名的条件，都可以向董事会推荐独立董事人选。

兴业银行现在的5名独立董事中，除了个别是主管部门推荐的专家外，绝大部分是通过互联网等渠道找寻的，如巴曙松先生。

4. 多项措施严控风险

众所周知，银行在本质上就是经营风险的行业，对风险的有效控制是银行生存和发展的重中之重，这考验着董事会的智慧与能力。出于对风险控制的重视，兴业银行在2001年就开始按照国际会计准则来编制财务报表，并聘请安永（四大国际所之一）进行审计。2004年兴业银行设立董事会风险管理委员会，并于2007年提出风险容忍度指标方案，引导全行资源及资本的配置，这在国内业界是首创。此外，兴业银行授信管理自成体系，如建立区域审批中心、上收分支行授信审批权限、实行审贷分离管理体制等。截止到2007年末，兴业银行的不良贷款比率为1.15%，居国内上市银行最好水平。

资料来源：李亚等.民营企业公司治理实务与案例 [M].北京：中国发展出版社,2009.

【案例启示】董事会的建设良好与否直接关系到其能否发挥自身的作用以及多大程度的发挥，继而对一个企业的成长起着至关重要的作用。从兴业银行的"0票反对"中我们看到了一个运营良好的董事会，其所采取的一些创新方法值得学习和借鉴，本章我们将讲述有关董事会的知识。

董事会是公司治理结构的一个重要组成部分，代表着所有者（股东）进行重大决策和管理，同时它又起着一个桥梁的作用，连接着股东与经理人，将两者的信息进行上传下达。所以董事会的作用对于公司来说至关重要，它充当着股东大会的执行者和经理层的监督人双重角色，股东们的权益能否得到维护以及经理人能否按照最大化公司利益的原则行动在很大程度上取决于董事会的作为。

在现实中，对于董事的监督往往是不力的，权力过高导致其腐败，董事违规已不是什么新现象，独立董事制度应运而生。独立董事相对于非独立董事而言，具有更高的独立性，同时还能够对公司其他董事形成监督和约束。

本章您将了解到：
- 董事的类型及其选任
- 董事会在实践中存在的不足
- 独立董事制度建立的必要性

第一节　董事

第一，我是看别人看不到的地方；第二，算别人算不清的账；第三，管别人不管的事情。我认为董事长就做这三件事。

——冯仑

一、董事及其权利与义务

(一) 董事

董事是由股东大会选举产生的,其可以是自然人,也可以是法人(一家公司作为法人可以成为另外一家公司的董事)。当法人作为董事时,这家法人企业就是该公司的董事企业。但我们知道法人是不能行使相关权利的,其需要依靠具体的自然人作为代表,从而代表法人企业行使董事的权利。

最初,只有股东才有资格选举成为董事。但是到了现代,董事的条件开始放宽,股东身份不再是成为董事的必要条件,如独立董事。这种变化的发生有其原因:如果只从股东中选举董事,就难以满足公司经营运作所需的专业知识和技术的要求,以致不能很好地履行相应的职能,此外,非股东成员可以作为一种相对独立的力量进行决策,这样不仅能使决策更加公正客观,而且能够缓解股东之间的摩擦。

(二) 董事的权利

董事通过加入董事会并参加董事会议来行使自己的权利,董事会的权限决定了董事的权限。董事的权利主要有以下几个方面:①对公司内部的经营管理权,具体表现为在董事会会议时,对于一些重大决策能够发表意见(即赞成和反对)的权利;还可以根据需要提议召开临时董事会。②对于公司外部有代表公司的权利,主要包括:作为公司的代表向政府主管机关申请进行设立、修改章程、发行新股和债券、对各项登记进行变更、合并或者解散等。③公司章程所规定的其他权利,这是一个弹性规定,使公司能够根据自己的特殊情况合理地给董事配置权利。

(三) 董事的义务

1.《公司法》中对董事义务的规定

(1) 董事、监事、高级管理人员应当遵守法律、行政法规和公司章程,对公司负有忠实义务和勤勉义务。

（2）董事、监事、高级管理人员不得利用职权收受贿赂或者其他非法收入，不得侵占公司的财产。

（3）股东会或者股东大会要求董事、监事、高级管理人员列席会议的，董事、监事、高级管理人员应当列席并接受股东的质询。

（4）董事、高级管理人员应当如实向监事会或者不设监事会的有限责任公司的监事提供有关情况和资料，不得妨碍监事会或者监事行使职权。

（5）董事应当对董事会的决议承担责任。董事会的决议违反法律、行政法规或者公司章程、股东大会决议，致使公司遭受严重损失的，参与决议的董事对公司负赔偿责任。但经证明在表决时曾表明异议并记载于会议记录的，该董事可以免除责任。

《公司法》第149条还规定，"董事、高级管理人员不得有下列行为：

（1）挪用公司资金；

（2）将公司资金以其个人名义或者以其他个人名义开立账户存储；

（3）违反公司章程的规定，未经股东会、股东大会或者董事会同意，将公司资金借贷给他人或者以公司财产为他人提供担保；

（4）违反公司章程的规定或者未经股东会、股东大会同意，与本公司订立合同或者进行交易；

（5）未经股东会或者股东大会同意，利用职务便利为自己或者他人谋取属于公司的商业机会，自营或者为他人经营与所任职公司同类的业务（'竞业禁止'）；

（6）接受他人与公司交易的佣金归为己有；

（7）擅自披露公司秘密；

（8）违反对公司忠实义务的其他行为。"

2.《公司法》对董事违反法律之后的规定

（1）董事、高级管理人员违反前款规定所得的收入应当归公司所有。

（2）董事、监事、高级管理人员执行公司职务时违反法律、行政法规或者公司章程的规定，给公司造成损失的，应当承担赔偿责任。对于董事、高级管理人员，有限责任公司的股东、股份有限公司连续180日以上单独或者合计持有公

1%以上股份的股东，可以书面请求监事会或者不设监事会的有限责任公司的监事向人民法院提起诉讼；对于监事，前述股东可以书面请求董事会或者不设董事会的有限责任公司的执行董事向人民法院提起诉讼。

设监事会、不设监事会的有限责任公司的监事，或者董事会、执行董事收到前款规定的股东书面请求后拒绝提起诉讼，或者自收到请求之日起30日内未提起诉讼，或者情况紧急、不立即提起诉讼将会使公司利益受到难以弥补的损害的，前款规定的股东有权为了公司的利益以自己的名义直接向人民法院提起诉讼。

（3）董事、高级管理人员违反法律、行政法规或者公司章程的规定，损害股东利益的，股东可以向人民法院提起诉讼。

3.《上市公司治理准则》对上市公司董事义务的规定

（1）董事应根据公司和全体股东的最大利益，忠实、诚信、勤勉地履行职责。

（2）董事应保证有足够的时间和精力履行其应尽的职责。

（3）董事应以认真负责的态度出席董事会，对所议事项表达明确的意见。董事确实无法亲自出席董事会的，可以书面形式委托其他董事按委托人的意愿代为投票，委托人应独立承担法律责任。

（4）董事应遵守有关法律、法规及公司章程的规定，严格遵守其公开作出的承诺。

（5）董事应积极参加有关培训，以了解作为董事的权利、义务和责任，熟悉有关法律法规，掌握作为董事应具备的相关知识。

（6）董事会决议违犯法律、法规和公司章程的规定，致使公司遭受损失的，参与决议的董事对公司承担赔偿责任。但经证明在表决时曾表明异议并记载于会议记录的董事除外。

（7）经股东大会批准，上市公司可以为董事购买责任保险。但董事因违犯法律法规和公司章程规定而导致的责任除外。

二、董事的选任

(一) 董事的任职资格

《公司法》第 147 条规定,"有下列情形之一的,不得担任公司的董事、监事、高级管理人员:

(1) 无民事行为能力或者限制民事行为能力;

(2) 因贪污、贿赂、侵占财产、挪用财产或者破坏社会主义市场经济秩序,被判处刑罚,执行期满未逾 5 年,或者因犯罪被剥夺政治权利,执行期满未逾 5 年;

(3) 担任破产清算的公司、企业的董事或者厂长、经理,对该公司、企业的破产负有个人责任的,自该公司、企业破产清算完结之日起未逾 3 年;

(4) 担任因违法被吊销营业执照、责令关闭的公司、企业的法定代表人,并负有个人责任的,自该公司、企业被吊销营业执照之日起未逾 3 年;

(5) 个人所负数额较大的债务到期未清偿。"

公司违反前款规定选举、委派董事、监事或者聘任高级管理人员的,该选举、委派或者聘任无效。

对于独立董事,除了要满足上述规定之外,《上市公司治理准则》和《关于在上市公司建立独立董事制度的指导意见》(以下简称《指导意见》) 对独立董事的任职资格有更加严格的规定。

(二) 董事的任免程序

《上市公司治理准则》对上市公司董事的任免程序做了比较详细的规定,总体来说,上市公司应在公司章程中规定规范、透明的董事选聘程序,保证董事选聘公开、公平、公正、独立,具体程序如图 4-1 所示。

此外,《公司法》规定董事任期由公司章程规定,但每届任期不得超过 3 年。董事任期届满,连选可以连任。董事任期届满未及时改选,或者董事在任期内辞职导致董事会成员低于法定人数的,在改选出的董事就任前,原董事仍应当依照

① 披露候选人资料	上市公司应在股东大会召开前披露董事候选人的详细资料,保证股东在投票时对候选人有足够的了解
② 候选人承诺	董事候选人应在股东大会召开之前做出书面承诺,同意接受提名,承诺公开披露的董事候选人的资料真实、完整并保证当选后切实履行董事职责
③ 选举	在董事的选举过程中,应充分反映中小股东的意见。股东大会在董事选举中应积极推行累积投票制度。控股股东控股比例在30%以上的上市公司,应当采用累积投票制。采用累积投票制度的上市公司应在公司章程里规定该制度的实施细则
④ 签订合同,明确具体	上市公司应和董事签订聘任合同,明确公司和董事之间的权利义务、董事的任期、董事违反法律法规和公司章程的责任以及公司因故提前解除合同的补偿等内容

图 4-1 上市公司董事的任免程序

法律、行政法规和公司章程的规定,履行董事职务。

三、董事的类别

董事的类别可以分为执行董事与非执行董事、内部董事与外部董事以及独立的非执行董事。

(一)执行董事与非执行董事

执行董事是指那些成为董事会执行委员会成员的董事。董事是根据《公司法》和公司的相应章程选举产生的,他们根据股东的信托来履行相应的职能;而作为执行董事,除了要履行董事所具有的职能外,还要履行执行委员会成员所具有的责任,即要在董事会闭会期间执行董事会的决策。执行委员会是董事会下属的一个专门委员会。委员会的成员有公司的高层管理人员,也有董事,所以它在成员上与公司的董事会是有交叉的。此外,执行委员会作为董事会下属的一个常务机构,能够起到董事会与高层管理者之间的桥梁作用,使得两者能够更好地沟通。

那些不担任执行委员会中职务的董事称为非执行董事。一般非执行董事包括三类人员:一是其他公司的执行人员;二是从社会中聘用的一些相关专家,包括经济学家、财务专家、法律专家和技术专家等;三是机构投资者。

公司在董事会中设置一定数量的非执行董事是有其特定目的的。我们可以设想一下：董事会的成员全部是执行董事。那么结果呢？显然董事会就变成了一个执行委员会，在政策执行的过程中就进入了一个无人监督的状态。而设置非执行董事就可以改变这种状况，他们可以成为制衡机制的一部分，起到监督的作用，防止执行董事把公司的财产转为自己的私有财产。

当然，非执行董事也不能保证真正的独立（除了独立的非执行董事外），他们会受到各种因素的影响。如一名经理在某个公司退休之后，被任命为非执行董事，那么这名经理在公司的经历会对现在的行为产生很大影响。再比如，一些和重要的客户、供应商、财务咨询公司以及银行等机构有密切关系的非执行董事也会受到这些机构的影响，从而不可能做到完全的客观和独立。

为了增强非执行董事的独立性，纽约股票交易所特地要求所有上市公司的董事会中都要设立一个与公司管理阶层独立的审计委员会，以监督这些非执行董事。

（二）内部董事与外部董事

对以上执行董事与非执行董事的分类，美国的提法是内部董事与外部董事。在美国，内部董事是指除董事身份外，还在公司内部任职的董事，而外部董事仅有董事身份而不在公司内部担任其他职务。以上两种提法又不完全对等，执行董事一定是内部董事，但内部董事并不一定是执行董事，只有那些在执行委员会担任职务的内部董事才可称为执行董事。

美国证券交易委员会规定了几类外部董事，这些董事是与公司有"重要关系"的，主要包括：①受雇于公司，或者在最近两年受雇于公司的人；②最近（一般为两年以内）在公司任职的官员和一些高级执行人员的直系亲属；③在最近的两个财政年度里面，向公司做出的商业支付金额或者从组织中得到的商业性支付乘以权益资本份额超过20万美元的，在公司创办的一些商业组织当中享有一定量的权益资本或者拥有投票权的；④在公司创办的工商业组织当中担任高层的管理者，或者从该组织当中获得的商业性支付超过了组织总收入的5%（或20万美元）的；⑤在一家为公司在近两年内提供主要法律咨询的律师事务所有专有职务的。

(三) 独立的非执行董事

非执行董事中具有独立性和能够进行客观行事的董事称为独立的非执行董事，也称为"独立的外部董事"，简称独立董事。《指导意见》中指出，"上市公司独立董事是指不在公司担任除董事外的其他职务，并与其所受聘的上市公司及其主要股东不存在可能妨碍其进行独立客观判断关系的董事"。由此可见，想要成为独立董事，必须保证两个条件，缺一不可，不然不能称之为合格的或者说能很好地履行自己职责的独立董事：一是要保证独立性；二是具备相应的专业知识。独立性能够保障监督，能够使决策更具客观性。而相关的专业知识则是独立董事参与相关决策等所必需的，而不仅仅只是摆设，如能够阅读、理解公司的财务报表，懂得《公司法》的相关内容等。我们将在"独立董事制度"一节中对这一制度进行专门的介绍。

第二节 董事会

董事会应该懂事。

———佚名

一、董事会概述

董事会由股东大会选举产生，它是公司法人财产的所有者，拥有对财产的使用权和处置权。作为公司法人的经营决策和执行业务的常设机构，同时又是企业内最高权力机构的代表，它的职责主要是：经股东大会的授权，对公司的投资方向及其他重大问题做出战略决策，并对股东大会负责。

董事会在性质上不同于股东大会，股东大会是公司的最高权力机构，是最高的和最后的决策控制者,而董事会是公司经营管理的最高决策机构。董事会接受股东大会的委托负责公司法人的战略和资产经营,并在必要的时候撤换不称职的高层管理人员。

目前,各国董事会存在的形式有多种,典型的形式有三种:一是双层董事会,在这种董事会中,管理职能和监督职能分开,如德国、荷兰、韩国等,同时存在理事会和监事会;二是单层董事会,执行管理职能的董事和执行监督职能的董事组合在一个董事会中,如美国、英国、加拿大、意大利、比利时、瑞典、瑞士等(往往要求有较高比例的独立董事);三是二元体制,法律不要求必须有非执行董事或监事会,如日本、法国、丹麦等。

二、董事会的职能和职权

董事会作为公司法人财产权的行使主体,其职能主要表现在决策和监督两个方面:一方面,董事会是公司的最高决策机构,负责对公司的重大战略进行决策和关系公司发展的重大方案的急性审批;另一方面,董事会处于股东与高层管理人员中间,受股东大会的委托从事法人财产的经营,但具体的日常经营管理又是委托给高层管理人员进行的。因此,从某种程度上来说,董事会还有选择、评价和监督高层管理者的职能。在不同的董事会结构模式中,董事会的这两大职能是由不同的机构或部门来完成的。

在实际工作中,董事会的具体职能是:

第一,参与公司战略制定,并对现有战略进行审议,如公司的发展规划、增长率、技术研究开发以及风险控制等都属于公司战略的内容。

第二,参与公司具体政策的制定,包括行政人事管理、财务、生产经营、市场开发以及产品销售等方面的具体决策。

第三,高级管理人员的任免及其业绩的评价与监督。通过对这些高层管理人员的监督与约束,防止他们滥用权力,以权谋私。

第四,对于自己所指定的战略、具体政策等的决定和实施,承担相应的法律责任，而且要对股东和其他投资者负责。

为了完成以上职能，董事会必须拥有一系列职权，按照我国《公司法》第47条规定，"董事会对股东会负责，行使下列职权：

（1）召集股东会会议，并向股东会报告工作；

（2）执行股东会的决议；

（3）决定公司的经营计划和投资方案；

（4）制订公司的年度财务预算方案、决算方案；

（5）制订公司的利润分配方案和弥补亏损方案；

（6）制订公司增加或者减少注册资本以及发行公司债券的方案；

（7）制订公司合并、分立、解散或者变更公司形式的方案；

（8）决定公司内部管理机构的设置；

（9）决定聘任或者解聘公司经理及其报酬事项，并根据经理的提名决定聘任或者解聘公司副经理、财务负责人及其报酬事项；

（10）制定公司的基本管理制度；

（11）公司章程规定的其他职权。"

【案例4-1】

中信银行董事会的职责

根据中信银行2009年年报，中信银行董事会是中信银行的决策机构，该董事会由15名董事组成，其中2名执行董事，8名非执行董事，5名独立非执行董事。中信银行董事会的职责主要包括以下方面：

（1）召集股东大会会议，并向股东大会报告工作；

（2）决定本行的发展战略、经营计划以及投资方案；

（3）制订本行的年度财务预算方案和决算方案；

（4）制订本行的利润分配方案和弥补亏损方案；

（5）遵循《公司章程》的规定并在股东大会授权的范围内决定本行的重大事件，如重大投资、重大资产的处置方案以及其他重大事项方案；

（6）制订本行增加或者减少注册资本以及发行公司债券或者其他有价证券及上市的方案；

（7）制订合并、分立、解散、清算或者变更公司形式的方案；

（8）制订回购本行股票的方案；

（9）聘任或者解聘本行行长及董事会秘书，并决定其薪酬和奖惩相关事项；

（10）根据行长提名，聘任或解聘副行长、行长助理及董事会任命的其他高级管理人员，并决定其薪酬和奖惩相关事项；

（11）提请股东大会聘任或解聘会计师事务所；

（12）审议并制定关联交易管理制度，审议批准或者授权董事会下设的审计与关联交易控制委员会批准关联交易（依法应当由股东大会审议批准的关联交易除外）；

（13）行使法律、行政法规、规章或《公司章程》规定以及股东大会授予的其他职权。

资料来源：http://www.cfi.net.cn/p2010/04/29 001197.html.

三、董事会的召集和主持

（一）常规董事会的召集和主持

我国《公司法》规定，董事会每年度至少召开两次会议，每次会议应当于会议召开 10 日前通知全体董事和监事。董事会会议应有过半数的董事出席方可举行。在会议召集和主持上，董事会会议由董事长召集和主持；董事长不能履行职务或者不履行职务的，由副董事长召集和主持；副董事长不能履行职务或者不履行职务的，由半数以上董事共同推举一名董事召集和主持（见图 4-2）。

（二）临时董事会的召集和主持

《公司法》中指出，代表 1/10 以上表决权的股东、1/3 以上董事或者监事会，可以提议召开董事会临时会议。董事长应当自接到提议后 10 日内，召集和主持董

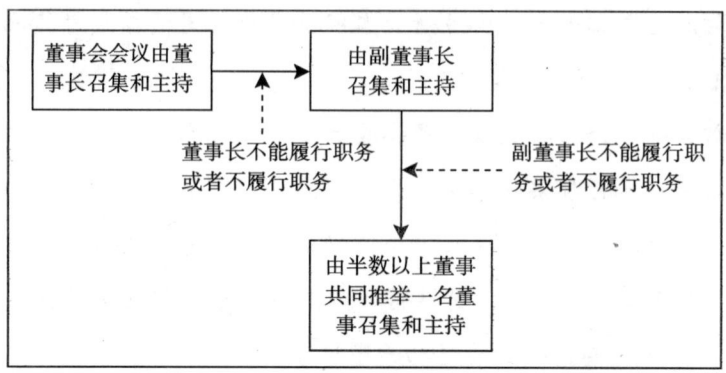

图 4-2　我国《公司法》有关董事会召集和主持的规定

事会会议。董事会召开临时会议，可以另定召集董事会的通知方式和通知时限。

四、董事会的议事方式和表决程序

（一）《公司法》的规定

董事会的议事方式和表决程序，除《公司法》有规定的外，由公司章程规定。董事会应当把所议事项的决定做成会议记录，出席会议的董事应当在会议记录上签名。董事会作出决议，必须经全体董事的过半数通过。董事会决议的表决，实行一人一票。

董事会会议，应由董事本人出席；董事因故不能出席，可以书面委托其他董事代为出席，委托书中应载明授权范围。

（二）《上市公司治理准则》对上市公司的规定

（1）上市公司应在公司章程中规定规范的董事会议事规则，确保董事会高效运作和科学决策。

（2）董事会应定期召开会议，并根据需要及时召开临时会议。董事会会议应有事先拟定的议题。

（3）上市公司董事会会议应严格按照规定的程序进行。董事会应按规定的时间事先通知所有董事，并提供足够的资料，包括会议议题的相关背景材料和有助于董事理解公司业务进展的信息和数据。当2名或2名以上独立董事认为资料不充分或论证不明确时,可联名以书面形式向董事会提出延期召开董事会会议或延期审议该事项,董事会应予以采纳。

(4)董事会会议记录应完整、真实。董事会秘书对会议所议事项要认真组织记录和整理。出席会议的董事、董事会秘书和记录人应在会议记录上签名。董事会会议记录应作为公司重要档案妥善保存,以作为日后明确董事责任的重要依据。

(5)董事会授权董事长在董事会闭会期间行使董事会部分职权的,上市公司应在公司章程中明确规定授权原则和授权内容,授权内容应当明确、具体。凡涉及公司重大利益的事项应由董事会集体决策。

五、董事会在实践中的不足

在董事会的实际操作过程当中,其制度也是有缺陷的,具体表现在以下几个方面:

首先,在现实的企业生产经营管理当中,公司的董事会往往会被内部人员所控制,或者是董事会和经理人员的相互勾结。《公司法》中指出公司董事会可以决定由董事会成员兼任经理,在这样的情况下,作为监督者的董事会和被监督者的经理人员就合二为一,董事会很难在监督上起作用,监督失灵是在所难免的。

其次,董事会作为法定的股东代理人,既存在利用信息不对称来牺牲股东利益从而追求自身利益最大化的倾向,也存在过分强调股东利益,特别是大股东利益,而忽视中小股东和其他利益相关者利益的现象。

最后,作为公司民主的一种形式,董事会要么形同虚设,成为总经理的陪衬、摆设或荣誉,要么束缚了经理人员的手脚,降低了工作效率。

第三节 独立董事制度

上市公司应该按照有关规定建立独立董事制度。

——《上市公司治理准则》

一、在我国实施独立董事制度的必要性

（一）理论上的必要性

董事会成员以及经理人员等高层管理者的行为如何能够更好地被监督和制约，从而更好地保护以股东为主体的利益相关者的利益？这是贯穿公司治理始终的一个问题。两权分离使得内部人控制问题变得非常突出，资本市场和经理人人才市场等外部治理机制无法有效地对内部人进行制衡，强化内部治理成为解决内部人控制问题的一条有效途径，独立董事制度在这样的背景下诞生。

（二）实践上的必要性

从公司治理制衡机制看，我国采用董事会、监事会并存的模式，我国《公司法》规定上市公司必须要设置董事会和监事会，并且两者不能够相互任免和控制。但是，在实际上，董事会的权利要远远大于监事会的有限监督权，监事会既没有经济上的独立性，也没有足够的监督权来对董事会和经理人员进行有效监督，《公司法》赋予监事会的权利基本上停留在形式上，因此监事会的独立性值得怀疑。

从公司治理实践看，由于监事会实践监督的缺位，我国的公司治理结构类似于英美的单层治理结构，然而我国却又缺乏完善的支撑这一结构的独立董事制度。因此，在实践中，我国缺乏一个完善的制衡机制来保障董事以及经理人员履行法律法规以及公司章程所规定的义务。

从国有企业改革看,我国国有企业改革走了两个极端:一是换汤不换药,形式上改了,可实际上仍然由"相关部门"控制,经理人员没有自主权;二是过度地"放权让利",经理人员拥有极大的权力,所有者缺失导致无法对经理人员进行有效的监督,"内部人控制"现象严重,董事会被架空,公司权力的天平向经理人员倾斜。

在我国公司中引入独立董事制度既是理论上的要求,也是企业实践的要求,对打破"内部人控制"局面、平衡公司权力天平、完善公司治理结构等有重要的意义。

二、独立董事的选任

(一)独立董事的任职资格

独立董事的任职资格是指担任某个公司独立董事的基本条件,从这些条件的性质出发,我们可以将这些条件分为积极条件和消极条件。积极条件即担任独立董事应该具备的资格条件,消极条件是指不能够担任独立董事的情况。

1. 积极条件

《指导意见》中指出,独立董事应当具备与其行使职权相适应的任职条件,担任独立董事应当符合下列基本条件:

(1)根据法律、行政法规及其他有关规定,具备担任上市公司董事的资格;

(2)具有本《指导意见》所要求的独立性;

(3)具备上市公司运作的基本知识,熟悉相关法律、行政法规、规章及规则;

(4)具有五年以上法律、经济或者其他履行独立董事职责所必需的工作经验;

(5)公司章程规定的其他条件。

2. 消极条件

对于消极条件,我国《公司法》和《指导意见》采用的是列举法来说明哪些情况不能够担任公司的独立董事。

(1)我国《公司法》对董事任职资格的消极规定同样适用于独立董事,在前面已经列举,这里不再赘述。

(2)《指导意见》对独立董事任职资格的消极规定。

《指导意见》指出，独立董事必须具有独立性，下列人员不得担任独立董事：

①在上市公司或者其附属企业任职的人员及其直系亲属（直系亲属是指配偶、父母、子女等）和主要社会关系（主要社会关系是指兄弟姐妹、岳父母、儿媳女婿、兄弟姐妹的配偶、配偶的兄弟姐妹等）；

②直接或间接持有上市公司已发行股份1%以上或者是上市公司前10名股东中的自然人股东及其直系亲属；

③在直接或间接持有上市公司已发行股份5%以上的股东单位或者在上市公司前五名股东单位任职的人员及其直系亲属；

④最近一年内曾经具有前三项所列举情形的人员；

⑤为上市公司或者其附属企业提供财务、法律、咨询等服务的人员；

⑥公司章程规定的其他人员；

⑦中国证监会认定的其他人员。

（二）独立董事的任免程序

《指导意见》中对独立董事的任免程序做出了比较详细的规定，如图4-3所示。

三、我国独立董事的职权和义务

（一）独立董事的职权

独立董事也属于董事，《指导意见》指出，为了充分发挥独立董事的作用，独立董事除应当具有《公司法》和其他相关法律法规赋予董事的职权外，上市公司还应当赋予独立董事以下特别职权：

（1）重大关联交易（指上市公司拟与关联人达成的总额高于300万元或高于上市公司最近经审计净资产值的5%的关联交易）应由独立董事认可后，提交董事会讨论；独立董事做出判断前，可以聘请中介机构出具独立财务顾问报告，作为其判断的依据。

（2）向董事会提议聘用或解聘会计师事务所。

① 提名的资格	上市公司董事会、监事会、单独或者合并持有上市公司已发行股份1%以上的股东可以提出独立董事候选人，并经股东大会选举决定
② 征得被提名人的同意	独立董事的提名人在提名前应当征得被提名人的同意。提名人应当充分了解被提名人职业、学历、职称、详细的工作经历等情况，并对其担任独立董事的资格和独立性发表意见，被提名人应当就其本人与上市公司之间不存在任何影响其独立客观判断的关系发表公开声明
③ 报送被提名人材料	在选举独立董事的股东大会召开前，上市公司应将所有被提名人的有关材料同时报送中国证监会、公司所在地中国证监会派出机构和公司股票挂牌交易的证券交易所。上市公司董事会对被提名人的有关情况有异议的，应同时报送董事会书面意见
④ 资格审核	中国证监会在15个工作日内对独立董事的任职资格和独立性进行审核。对中国证监会持有异议的被提名人，可作为公司董事候选人，但不作为独立董事候选人
⑤ 选举	在召开股东大会选举独立董事时，上市公司董事会应对独立董事候选人是否被中国证监会提出异议的情况进行说明
⑥ 连选连任	独立董事每届任期与该上市公司其他董事任期相同，任期届满，连选可以连任，但是连任时间不得超过6年
⑦ 撤换和辞职	（1）撤换和免职。独立董事连续3次未亲自出席董事会会议的，由董事会提请股东大会予以撤换 除出现上述情况及《公司法》中规定的不得担任董事的情形外，独立董事任期届满前不得无故被免职。提前免职的，上市公司应将其作为特别披露事项予以披露，被免职的独立董事认为公司的免职理由不当的，可以做出公开的声明 （2）辞职。独立董事在任期届满前可以提出辞职。独立董事辞职应向董事会提交书面辞职报告，对任何与其辞职有关或其认为有必要引起公司股东和债权人注意的情况进行说明 如因独立董事辞职导致公司董事会中独立董事所占的比例低于本《指导意见》规定的最低要求时，该独立董事的辞职报告应当在下任独立董事填补其缺额后生效

图 4-3 独立董事的任免程序

（3）向董事会提请召开临时股东大会。

（4）提议召开董事会。

（5）独立聘请外部审计机构和咨询机构。

（6）可以在股东大会召开前公开向股东征集投票权。

对于上述职权的行使，《指导意见》也有一定的规定：首先，独立董事行使上述职权应当取得全体独立董事的1/2以上同意；其次，如上述提议未被采纳或上述职权不能正常行使，上市公司应将有关情况予以披露。

为了保障独立董事能够有效地行使上述职权，《指导意见》规定，上市公司应当为独立董事提供必要的条件，包括：

（1）上市公司应当保证独立董事享有与其他董事同等的知情权。凡须经董事会决策的事项，上市公司必须按法定的时间提前通知独立董事并同时提供足够的资料，独立董事认为资料不充分的，可以要求补充。当2名或2名以上独立董事认为资料不充分或论证不明确时，可联名书面向董事会提出延期召开董事会会议或延期审议该事项，董事会应予以采纳。

上市公司向独立董事提供的资料，上市公司及独立董事本人应当至少保存5年。

（2）上市公司应提供独立董事履行职责所必需的工作条件。上市公司董事会秘书应积极为独立董事履行职责提供协助，如介绍情况、提供材料等。独立董事发表的独立意见、提案及书面说明应当公告的，董事会秘书应及时到证券交易所办理公告事宜。

（3）独立董事行使职权时，上市公司有关人员应当积极配合，不得拒绝、阻碍或隐瞒，不得干预其独立行使职权。

（4）独立董事聘请中介机构的费用及其他行使职权时所需的费用由上市公司承担。

（5）上市公司应当给予独立董事适当的津贴。津贴的标准应当由董事会制订预案，股东大会审议通过，并在公司年报中进行披露。

除上述津贴外，独立董事不应从该上市公司及其主要股东或有利害关系的机构和人员取得额外的、未予披露的其他利益。

（6）上市公司可以建立必要的独立董事责任保险制度，以降低独立董事正常履行职责可能引致的风险。

（二）独立董事的义务

1.《上市公司治理准则》的规定

《上市公司治理准则》第50条规定，独立董事对公司及全体股东负有诚信与勤勉义务。独立董事应按照相关法律、法规、公司章程的要求，认真履行职责，维护公司整体利益，尤其要关注中小股东的合法权益不受损害。独立董事应独立履行职责，不受公司主要股东、实际控制人以及其他与上市公司存在利害关系的单位或个人的影响。

2.《指导意见》规定

（1）独立董事对上市公司及全体股东负有诚信与勤勉义务。独立董事应当按照相关法律法规、《指导意见》和公司章程的要求，认真履行职责，维护公司整体利益，尤其要关注中小股东的合法权益不受损害。独立董事应当独立履行职责，不受上市公司主要股东、实际控制人或者其他与上市公司存在利害关系的单位或个人的影响。独立董事原则上最多在5家上市公司兼任独立董事，并确保有足够的时间和精力有效地履行独立董事的职责。

（2）独立董事及拟担任独立董事的人士应当按照中国证监会的要求，参加中国证监会及其授权机构所组织的培训。

（3）独立董事除履行上述职责外，还应当对以下事项向董事会或股东大会发表独立意见（同意；保留意见及其理由；反对意见及其理由；无法发表意见及其障碍）：

①提名、任免董事；②聘任或解聘高级管理人员；③公司董事、高级管理人员的薪酬；④上市公司的股东、实际控制人及其关联企业对上市公司现有或新发生的总额高于300万元或高于上市公司最近经审计净资产值的5%的借款或其他资金往来，以及公司是否采取有效措施回收欠款；⑤独立董事认为可能损害中小股东权益的事项；⑥公司章程规定的其他事项。

【案例4-2】

郑百文事件——独立董事在做什么？

郑百文原先是一个国有企业，主营百货和文化用品的批发。1996年4月，经过中国证监会批准，郑百文荣获两个"第一"的殊荣——郑州市第一家上市的企业和河南省第一家商业股票的上市公司。从郑百文对外披露的信息来看，在1986~1996年的这10年之间，郑百文是一家盈利能力非常强的公司，销售收入和利润分别增长45倍和36倍，其中1996年的销售收入达到41亿元。若单从这些数字来说，郑百文当时在同行业中是佼佼者。

然而，在这华丽的数字背后却有着巨大的隐患。在一夜之间，"郑百文神话"成为"郑百文事件"。就在郑百文被举荐为中国改革典型的第二年，郑百文创下了中国股市亏损新高，每股净亏损高达2.54元。具有讽刺意味的是就在前一年，郑百文还对外披露了每股盈利 0.0448 元的消息。1999 年，郑百文净亏损高达 9.8 亿元，再创沪市亏损新高。

郑百文早先之所以取得如此快速的发展，一个重要的原因是当时被誉为"郑百文经验精华"的"工、贸、银"资金运营模式。这种模式的基础是一种三角信用关系——郑百文、长虹和中国建设银行郑州分行。郑百文以零支付购进长虹的产品；而由中国建设银行郑州分行给长虹开出 6 个月的承兑汇票代替郑百文支付购货款项；郑百文出售长虹的产品之后再对中国建设银行郑州分行进行还款。

郑百文的亏损并不是一两年的事情，"郑百文事件"也不是一两年形成的。在事件暴露之前，郑百文常常用"扭亏为盈"的把式——通过把欠条以应收账款的名目做成企业的盈利。由于账目混乱，真实性、完整性和充分性都得不到保证，原先负责为郑百文出具审计意见的两家会计师事务所连续两年（1998 年和 1999 年）拒绝为其出具审计意见。当郑百文在 1998 年终于驻足不前、举步维艰的时候，公司的高层领导者依然要把财务报表做成盈利，但是脓疮已经大到溃烂的地步了，郑百文亏损的消息终于被披露出来。

综观整个事件，郑百文的独立董事在其中发挥着怎样的作用呢？

据《大河报》报道，郑百文事件被曝光以后，证监会对董事长李福干、副董事长卢一德以及其他董事做出了相应的处罚。作为郑百文独立董事的陆家豪却不停喊冤并对证监会提起行政诉讼，这一案件引起了人们的广泛关注。

陆家豪自 1995 年 1 月至 2001 年担任郑百文第三、第四届董事会董事。陆家豪称自己曾与李福干约定不参与公司的经营与管理，不在郑百文领取任何报酬。

"我独立于公司的管理层，把自己的角色定位于一个顾问性质的荣誉性角色，这与现在的条例和法规对独立董事的界定是完全不同的。"陆家豪在接到处罚书之后提出了异议，但是证监会坚持原有判决。因为考虑到陆家豪作为独立董事，需要对董事会决议通过的有关上市申报材料和年度报告的真实性及完整性负责，就算他没有领取工资报酬、没有参与公司经营管理，也不能因此免于处罚。

资料来源：http://cba.cueb.edu.cn/jpkc/gszl/%B0%B8%C0%FD9.htm。

四、对独立董事制度的批评

当一些人热衷于积极地宣传独立董事制度的优越性时,一些人也对这一制度提出了尖锐的批评。

(一)独立董事并不能够做到真正的独立

一方面,独立董事更多地通过其他高层管理者(主要是总经理)的眼睛去看待与公司有关的问题,因为他们对问题进行评价时需要一定的信息作为判断的基础,而这些信息基本上来自公司高层管理者。另一方面,很多公司的董事长与总经理是同一人担任,独立董事的任免也可能更多地体现了董事长的意愿。此外,对独立董事缺乏科学合理的激励机制也导致独立董事缺乏独立性,他们并没有被激励去按照股东利益最大化的原则行事。

(二)独立董事往往缺乏足够的时间和精力来行使职权

独立董事往往身兼多职,因此他们没有足够多的时间和精力来搜集相关信息,在此基础上做出的评价和判断的客观独立性值得怀疑。此外,公司经营的专业化、复杂性程度不断提升,独立董事没有足够的时间对公司业务进行深入的了解,他们更多地倾向于基于经验、常识对问题进行的认识和评价,其科学性可想而知。

(三)谁来监督独立董事

实际上,独立董事并不对任何人、任何机构负责,对他们的监督和制约成为一大问题。

现实生活中,独立董事往往被当做"花瓶"或者是为了满足法律法规要求而设立的闲职,在饱受称赞的同时也颇受非议。

【案例4-3】
"难产"的年报——独立董事对公司年报的否决

A公司是一家电力公司,其股票于1993年在上海证券交易所上市。2003年,由于独立董事履行职责受到公司的阻挠而造成公司年报的"难产"。

当 A 公司在 2003 年要求独立董事对公司的财务状况出具独立董事意见时，公司的两名独立董事认为公司的一些行为和状况存有争议，如关联交易行为、负债情况，因此以公司的名义与某会计师事务所签订了《审计业务约定书》，聘请该事务所对公司的财务状况进行专项审计。但是这一行为却遭到了公司的拒绝。公司方认为，独立董事聘请会计师事务所对公司的财务进行专项审计属于公司的重大事项，应该报有关政府部门审批。两位独立董事无法接受这样的理由，认为在出具独立董事意见时，如果存在质疑，独立董事有权聘请会计师事务所进行专项审计。

由于上述事件，公司 2003 年的年报在董事会中无法形成统一的意见，两位独立董事在董事会上对年报中的一些议案投了弃权票，结果是公司的年报无法按期公布，公布的时间只好依法进行延期。

我们知道，当公司要求独立董事对公司财务状况出具独立董事意见时，如果独立董事对年报的某一个或者某些事项存在质疑，有权聘请专业人员对公司的年报进行专项审计，以独立地行使自己的权力。只要在合理的范围内就完全没有必要报有关部门批准，公司也应该积极地配合专项审计行为。A 公司独立董事聘请专业人员对公司年报中的一些事项进行专项审计正体现了独立董事的职责，A 公司没有理由拒绝提供配合。但是《审计业务约定书》的协议双方却存在一些错误，会计师事务所是由独立董事聘请，而不是该公司。因此，独立董事以公司的名义来与会计师事务所签订协议实属不当，混淆了三者的法律关系。该协议的双方应该是两位独立董事和会计师事务所，协议的内容也由独立董事和会计师事务所协商决定，不需要征求公司的同意，也不需要与公司商议。

上面的案例反映了一个比较普遍的现象：独立董事的作用缺失严重，"花瓶"属性很浓。不管是主观原因（独立董事没有积极履行相应的职责）还是客观原因（独立董事的工作受阻），都导致独立董事的工作形式化，没有起到其应有的作用，尤其是其监督的职责。独立董事制度是解决股东与经理人之间问题的有效方法，但前提是要保证其能够得到有效的实施。现在需要做的是制定相关的制度，保证独立董事能够积极地履行职责并拥有权利来扫清其工作道路上的障碍。

资料来源：于东智. 公司治理 [M]. 北京：人民出版社，2005.

五、独立董事制度在我国实践中的不足

我国独立董事制度带有明显的政府主导色彩,中国证券监督管理委员会制定的《指导意见》对上市公司独立董事制度做了非常详细的说明和强制性规定。相比之下,西方国家对上市公司独立董事制度的规定却没有如此详细,造成这种区别的主要原因是建立独立董事制度、完善公司治理机制的原动力差别。在西方国家,建立独立董事制度、完善公司治理机制的原动力来源于市场和公司本身,政府部门和交易所对独立董事制度只做基本性的规范要求。由于受到来自市场的压力,公司所指定的公司治理标准往往高于政府部门和交易所的规定。而在中国,企业本身对改善公司治理并没有强烈的需求,建立独立董事制度、完善公司治理机制的原动力来源于政府,企业仅仅是在被动地遵守政府部门所制定的规则,因此政府必须要制定详细的独立董事等公司治理机制来对企业进行约束,从而达到提升我国公司治理水平的目的。因此证券监督管理委员会制定详细的《指导意见》是非常有必要的,是符合我国实际的一项措施。

过于宽松地对关联关系和时间的限制使我国的独立董事陷入了"形似神不似"的尴尬境地。首先,在关联关系的规定上,主要针对大股东进行了限制,在与公司有关联关系的企业限制上,仅仅局限于为上市公司或者其附属企业提供财务、法律、咨询等服务的人员,并没有列举其他利益相关者,如一些有商业利益往来的企业。其次,在时间限制上,仅仅限制在1年之内。与国外对独立董事任职资格要求相比,我国对独立董事任职资格的要求还不够严格和严密。

独立董事在董事会中的比例过低。独立董事发挥作用的基础是能够在董事会中有一定的话语权,因此,如果独立董事在董事会中所占比例过低,就会阻碍独立董事制度优越性的发挥。《指导意见》规定,各境内上市公司应当按照本指导意见的要求修改公司章程,聘任适当人员担任独立董事,其中至少包括一名会计专业人士(会计专业人士是指具有高级职称或注册会计师资格的人士)。在2002年6月30日前,董事会成员中应当至少包括2名独立董事;在2003年6月30日

前，上市公司董事会成员中应当至少包括 1/3 独立董事。这一比例远远低于西方发达国家，偏低的比例阻碍了独立董事制度在公司治理中的作用。

第四节　董事会的结构

合理的董事会结构能够提升公司的效益。

——佚名

一、董事会的规模和知识结构

合理的规模能够保证董事会工作的效率以及决策的科学性，人员太少不利于决策的科学性以及权力的制衡，人员太多则影响工作效率。《上市公司治理准则》对董事会的规模有模糊的规定，即董事会的人数及人员构成应符合有关法律、法规的要求，确保董事会能够进行富有成效的讨论，做出科学、迅速和谨慎的决策。

《公司法》规定，有限责任公司设董事会，其成员为 3~13 人；股东人数较少或者规模较小的有限责任公司，可以设一名执行董事，不设董事会。执行董事可以兼任公司经理。股份有限公司设董事会，其成员为 5~19 人。董事会成员中可以（不是必须）有公司职工代表。董事会中的职工代表由公司职工通过职工代表大会、职工大会或者其他形式的民主选举产生。

什么样的董事会规模才是最有效的呢？大量学者对这一问题进行了研究，并识别出以下基本因素：

第一，企业的规模。公司规模越大，公司的生产范围就越大，其复杂程度也越高，进行重大决策时所需要的知识和信息量必然越高，因此需要更多具有专业知识和技能的董事。

第二，CEO 的偏好。为了能够更好地掌控董事会，CEO 通常会采取增加或者减少董事会人数的做法来完成对董事会的控制。

第三，董事会内部机构的设置。董事会内部机构设置得越多越细，需要的人数就会越多。

第四，兼并收购也会影响董事会的规模。通常，兼并收购初期，董事会的规模比较大，随着企业向前发展，股权很可能向某个人或者某些人集中，董事会的规模也可能会相应地减少。

合理的知识结构能够在董事会讨论中提供来自不同背景的知识和思想，从而增强董事会决策的科学性，因此在董事会中应该要有一定比例的具备专门知识的人员，如精通财会的董事，同时也要有一定比例的具备其他知识的人员。《上市公司治理准则》规定董事会应具备合理的专业结构，其成员应具备履行职务所必需的知识、技能和素质。近年来，为了能够增强董事会议事时的思维碰撞，董事会中来自不同专业背景的董事人数有所增加。

二、董事会的内部结构——专门委员会

为了实现决策的专业化和科学化，以保证董事会在复杂的经济环境下决策的合理性，现代企业一般会在董事会下设置一些专业委员会，专门负责某一方面的决策。

《上市公司治理准则》中规定上市公司董事会可以按照股东大会的有关决议，设立战略、审计、提名、薪酬与考核等专门委员会。专门委员会成员全部由董事组成，其中审计委员会、提名委员会、薪酬委员会与考核委员会中独立董事应占多数并担任召集人，审计委员会中至少应有一名独立董事是会计专业人士（见图 4-4）。

（一）战略委员会

战略委员会的主要职责是对公司的长期发展战略和重大投资决策进行研究并提出建议。

公司治理

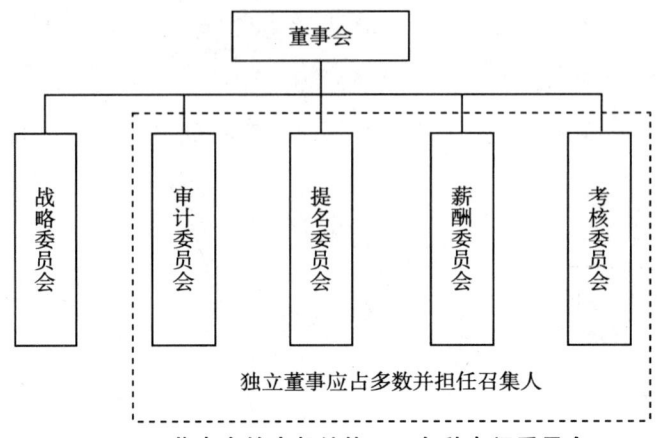

图 4-4　董事会的内部结构——各种专门委员会

（二）审计委员会

审计委员会的主要职责是：

（1）提议聘请或更换外部审计机构。

（2）监督公司的内部审计制度及其实施。

（3）负责内部审计与外部审计之间的沟通。

（4）审核公司的财务信息及其披露。

（5）审查公司的内控制度。

（三）提名委员会

提名委员会的主要职责是：

（1）研究董事、经理人员的选择标准和程序并提出建议。

（2）广泛搜寻合格的董事和经理人员的人选。

（3）对董事候选人和经理人选进行审查并提出建议。

（四）薪酬委员会与考核委员会

薪酬委员会与考核委员会的主要职责是：

（1）研究董事与经理人员考核的标准，对其进行考核并提出建议。

（2）研究和审查董事、高级管理人员的薪酬政策与方案。

此外，董事会中还可能设置执行委员会作为董事会的常务机构，也是公司最高层的经营与管理机构，是董事会与经理人员的接口。执行委员会的主要职责是：

依据董事会对公司战略发展的规划和政策，对公司运营中的重大事宜进行决策；对公司经营与管理业务的组织与实施负责；对各部门和各分支机构之间的工作进行统一指挥，同时做好协调工作；对公司年度预算报告及决算的申报与执行全面负责；对公司的总体运营风险进行监控等。① 执行委员会主要由执行董事组成。

【案例 4-4】

中信银行的公司治理结构

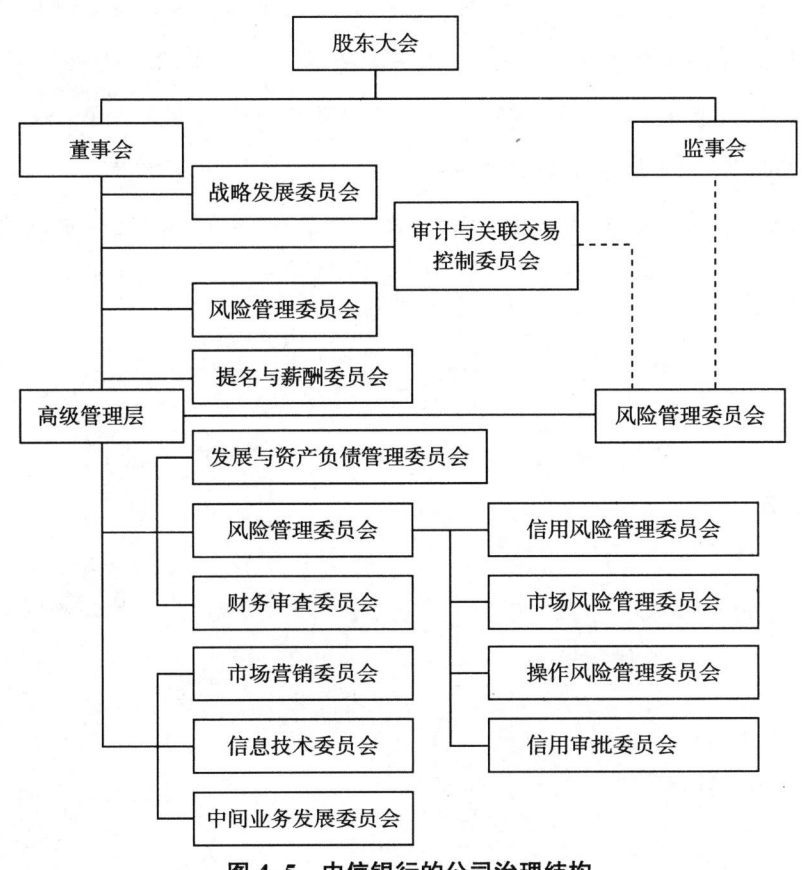

图 4-5 中信银行的公司治理结构

资料来源：http://www.cfi.net.cn/p20100429 001197.html.

---

① http://finance.sina.com.cn/roll/2004/07/16/1005875051.shtml.

本章小结

董事会在公司治理中的作用是不容忽视的，它直接关系到公司治理问题的解决。但是，我们也应该看到董事会本身又是至高权力与重大作用的集合体，如果缺乏对董事会的制衡，其违规行为或是得不到有效制约，或是会对公司产生极大的危害。因此，对于董事会，强调董事会权利的同时也应该关注对董事会的监督和制约。为了增强董事会决策的科学性以及对董事等高层管理者的监督，独立董事制度应运而生。从理论上说，独立董事制度具有较高的实用价值，但实际中往往被当做满足法律最低要求的"花瓶"，故需要建立一套机制来保障独立董事制度优越性的发挥。第五章中我们将了解监事会的相关内容，这是除了独立董事以外的对于董事会与经理人的必不可少的监督机制，监事会与独立董事的有效结合能够使公司的监督机制更好地发挥作用。

第五章 监事会

开篇案例

从商业贿赂潮看监事作为

近年来,商业贿赂事件频频出现在我们的视野之中,这其中包括很多知名的企业。

1. 西门子贿赂丑闻

2006年11月,德国西门子特大贿赂案开始逐渐曝光,流入黑账户的欧元高达两亿。从这开始,西门子深陷"贿赂门事件"的泥淖中,随后是西门子的数名高管被捕。西门子监事会主席冯必乐、总裁柯菲德由于丑闻也相继离职。

德国、瑞士、意大利、希腊、美国等国家先后陷入西门子"贿赂门事件"中。即使是中国区——先前被认定是"净土"的地方,也被指认其有近一半业务涉及贿赂。随后的调查表明,西门子的贿赂案涉案资金已超过10亿欧元。而西门子就此事件起诉了11名前高管。

新上任的西门子全球总裁罗旭德声明:他主政下的西门子要彻底摆脱"贿赂门"后遗症。但这次的商业贿赂丑闻牵连甚广、影响重大,已经严重损害了这家百年企业的信誉。

2. 家乐福反腐风暴

2007年8月,家乐福掀起了其在华历史上规模最大的反腐行动,家乐福8名经理级员工(属于北京城市采购中心及7家门店生鲜处)被警方正式拘留,随后，其他区域的一些门店生鲜处负责人也被撤职，部分员工遭到处理。

家乐福中国总部以邮件、通告的形式向全国各个地区通报了一些已被查处的内部腐败事件。家乐福将反腐不断升级，开通了面向所有供应商的24小时的投诉热线，并对内部员工开展了反腐培训。"总部的决心很大，反腐败已经确立为今年的工作重点。"据一位家乐福内部人士透露。

充分放权、缺乏内部监控的门店管理为腐败的滋生留下了空间。类似家乐福这样有知名度的大型超市，收受供应商的贿赂似乎已成为商业流通领域的"常态"，业内都心照不宣。"只要零售商和供应商之间的关系是不平等的，在零售企业占据强势地位的情况下，供应商必然会为了自己的利益而想出各种办法。故而，家乐福能否从根本上铲除贿赂，只能持观望态度。"

资料来源：http://finance.sina.com.cn/focus/xmzhl/index.shtml；http://finance.sina.com.cn/focus/jlfshm/index.shtml。

【案例启示】商业贿赂如此盛行，不禁使人们深思：难道就没有相应的制度来制衡这些行为吗？公司的监督制度不能发挥作用了吗？或许导致行贿受贿的原因有很多，但是我们从公司治理的角度看，监事会具有不可推卸的责任。监事的责任是监督公司的董事以及经理人的行为是否按照正确的最大化公司利益的方式进行，监督公司的业务活动以及其他活动是否都在合法合理的范围内。以上案例具有代表性，通过这些案例我们可以以小窥大：监事的监督作用在公司治理中并没有得到有效发挥。监事大多采取"无为而治"的方式，同时自身也存在与董事和经理人合谋损害公司利益的现象。针对监事的这些行为，我们有必要采取改进措施，从而更好地发挥监事的监督作用。

监事会作为公司中的三会（股东大会、董事会、监事会）之一，行使的是公司的监督权，监督公司的各项工作是否按照合法合理的方式在进行，监督公司的董事和经理人是否尽忠尽职及其行为的合法性等。监事会是公司的"把关者"，其作用的有效发挥与否对于公司来说至关重要。

> **本章您将了解到：**
> ● 监事会的主要特点
> ● 三种主要的监事会模式
> ● 监事与独立董事的尴尬

第一节　监事与监事会

没有有效的监督，就不会有满意的工作绩效。

——约翰·洛克

监事会（监事）是公司治理结构不可缺少的一部分，它是顺应公司监督的需要而产生的，为了防止职权的滥用，保证公司正常有序的经营以及公司各项决策的科学性并得到切实有效的执行。监事会是股东大会领导下的监察机构，也是公司的最高监督机构。它受股东大会的委托，对股东大会负责，负责对董事、经理人等高层管理者进行监督，保障公司的有效运营，从而维护公司及以股东为主体的利益相关者的合法权益。

一、监事

监事是公司监事会的成员，一般由公司的股东大会选举产生，对股东大会负责，代表股东行使公司的监督权，执行对公司业务以及董事和经理人的监督。监事对于保障公司经营管理的正常有序以及董事和经理人行为的合理合法性有重要的作用。

监事一般是由公司的股东担任或者由股东大会选举产生，出于监事会和监事独立的需要，公司的董事会成员以及经理人等高层管理者不得担任监事。独立性是监督工作的生命和前提，只有保持独立，才能客观公正地做出判断，监督才能不受到牵制，监督的作用才能有效地发挥出来。

（一）监事的任职资格

《公司法》第147条规定了监事的任职资格，有下列情形之一的，不得担任公司的监事，已经被任命的要立即解除：

（1）无民事行为能力或者限制民事行为能力。

（2）因贪污、贿赂、侵占财产、挪用财产或者破坏社会主义市场经济秩序，被判处刑罚，执行期满未逾5年，或者因犯罪被剥夺政治权利，执行期满未逾5年。

（3）担任破产清算的公司、企业的董事或者厂长、经理，对该公司、企业的破产负有个人责任的，自该公司、企业破产清算完结之日起未逾3年。

（4）担任因违法被吊销营业执照、责令关闭的公司、企业的法定代表人，并负有个人责任的，自该公司、企业被吊销营业执照之日起未逾3年。

（5）个人所负数额较大的债务到期未清偿。

同时还规定，董事、经理等高级管理人员不得兼任监事。

（二）监事的任免、比例及任期

《公司法》规定，监事会应当包括股东代表和适当比例的公司职工代表，其中职工代表的比例不得低于1/3，具体比例由公司章程规定。监事会中的职工代表由公司职工通过职工代表大会、职工大会或者其他形式民主选举产生。

监事的任期每届为3年。监事任期届满，连选可以连任。监事任期届满未及时改选，或者监事在任期内辞职导致监事会成员低于法定人数的，在改选出的监事就任前，原监事仍应当依照法律、行政法规和公司章程的规定，履行监事职务。

1. 有限责任公司

有限责任公司设监事会，其成员不得少于3人。股东人数较少或者规模较小的有限责任公司，可以设1~2名监事，不设监事会。监事会设主席1人，由全体监事过半数选举产生。监事会主席召集和主持监事会会议；监事会主席不能履行职务或者不履行职务的，由半数以上监事共同推举1名监事召集和主持监事会会议。

2. 股份有限公司

股份有限公司必须设置监事会，其成员不得少于3人。监事会设主席1人，可以设副主席。监事会主席和副主席由全体监事过半数选举产生。监事会主席召集和主持监事会会议；监事会主席不能履行职务或者不履行职务的，由监事会副主席召集和主持监事会会议；监事会副主席不能履行职务或者不履行职务的，由半数以上监事共同推举一名监事召集和主持监事会会议。

二、监事会

监事会，又称监察委员会，是股份公司必备的法定监督机关。监事会接受股东大会的领导，是其下设置的与董事会并列的组织，主要行使的是对董事会和高级管理人员的监督权。

我们首先了解股东大会、董事会和监事会之间的关系。股东大会是最高权力机构，而董事会和监事会都是受股东大会委托并对其负责的，在我国的法律中，二者是并立的，只是各自职能的不同。三会的区别在于：股东大会是出资者所有权主体，代表全体出资者行使出资者所有权；董事会是法人财产权主体，代表法人行使法人财产权；监事会是出资者监督权主体，代表全体出资者对董事和其他高层管理者进行监督。

(一) 监事会的性质

监事会的权力来源于股东大会，监事会的出资者监督权是出资者所有权的延伸。监事会作为出资者监督权的主体有以下几个特点，即监事会本身所具有的性质：

1. 监事会具有完全的独立性

监事会完全独立地行使出资者监督权，在行使监督权时不受公司其他机构和人员的干预。独立性是监事会有效行使出资者监督权的前提。为了保证监事会的这种独立性，董事、经理人和财务负责人等不得兼任监事。

2. 监事个人行使监督职权具有平等性

法律规定，所有监事的监督检查权都是平等无差别的，监事会主席和其他人都不得阻挠或妨碍。这种平等性有利于每一个监事充分掌握公司的信息，从而为实现有效监督创造条件。这是监事会与董事会运行的一大区别：董事会作为决策机构，实行的是集体议事、少数服从多数的原则。

3. 监事会具有法定性

监事会作为公司的必备的法定监督机关，其与被监督对象的关系具有法定性。这主要包括：监事会行使监督权是法定的，不以监事和被监督对象的接受为条件，即两者的行为都具有法律义务的性质；监事会的监督是对已存在行为的鉴定和矫正，而不是确认权利或义务；监事会具有法定的职权等。

4. 监事会构成的复合性

理论上，监事会应该由股东组成，因为其是代表出资者进行监督的；事实上，监事会的构成具有复合性，其成员还包括公司职工、社会专家等。职工比较熟悉企业的具体情况，同时这是出于维护职工利益的考虑；社会专家则拥有专业知识和丰富的经验。他们的参与有利于提高监督的效率、公正性、科学性和有效性。

（二）监事会的权利与义务

监事会作为出资者监督权主体，主要是行使监督权，对公司的经营管理及其有关事项进行监督，而不参与公司的具体业务，也不干预董事会正常行使职权。按照我国《公司法》规定，监事会、不设监事会的公司的监事行使下列职权：

（1）检查公司财务。

（2）对董事、高级管理人员执行公司职务的行为进行监督，对违反法律、行政法规、公司章程或者股东会决议的董事、高级管理人员提出罢免的建议。

（3）当董事、高级管理人员的行为损害公司的利益时，要求董事、高级管理人员予以纠正。

（4）提议召开临时股东会会议，在董事会不履行本法规定的召集和主持股东会会议职责时召集和主持股东会会议。

（5）向股东会会议提出提案。

（6）依照《公司法》第152条的规定，对董事、高级管理人员提起诉讼。

（7）公司章程规定的其他职权。

【拓展阅读】

股东的提出质询

《公司法》第151条　股东会或者股东大会要求董事、监事、高级管理人员列席会议的，董事、监事、高级管理人员应当列席并接受股东的质询。

董事、高级管理人员应当如实向监事会或者不设监事会的有限责任公司的监事提供有关情况和资料，不得妨碍监事会或者监事行使职权。

《公司法》第152条　董事、高级管理人员有本法第150条规定的情形的，有限责任公司的股东、股份有限公司连续180日以上单独或者合计持有公司1%以上股份的股东，可以书面请求监事会或者不设监事会的有限责任公司的监事向人民法院提起诉讼；监事有本法第150条规定的情形的，前述股东可以书面请求董事会或者不设董事会的有限责任公司的执行董事向人民法院提起诉讼。

监事会、不设监事会的有限责任公司的监事，或者董事会、执行董事收到前款规定的股东书面请求后拒绝提起诉讼，或者自收到请求之日起30日内未提起诉讼，或者情况紧急、不立即提起诉讼将会使公司利益受到难以弥补的损害的，前款规定的股东有权为了公司的利益以自己的名义直接向人民法院提起诉讼。

他人侵犯公司合法权益，给公司造成损失的，本条第一款规定的股东可以依照前两款的规定向人民法院提起诉讼。

按照权责对等的原则，在享有权利的同时，监事会也要履行一定的义务，这主要包括：履行监督职责；不得以权谋私；不得收受贿赂或者利用职权获得其他非法收入；不得泄露公司秘密，依照法律法规或得到股东大会许可的情况除外；监事在执行公司职务时违反法律法规或者公司章程的有关规定，也要承担相应的责任，给公司造成损失的，要承担赔偿责任。

三、新《公司法》中关于监事会的改进

我国 2006 年 1 月 1 日开始实行的新的《公司法》相对于 1993 年的《公司法》来说，有了较大的修改，其中关于监事会内容的修改是亮点之一。在法律中，关于上市公司监事会制度的规定更加科学合理和清晰明确。

新《公司法》中关于监事会相关制度的改进主要包括以下几个方面：①监事的选举采用累积投票制；②规定了监事会的最少人数以及职工代表的比例；③增加了新的职权：罢免提议权、特别召集权、提案权、公司诉讼代表权、调查权、质询和建议权等；④对监事的任职资格进行了界定，同时明确了监事的义务，规定监事会行使职权的保障措施以及对监事会的议事规则进行了相关的规定。

这次改进对于监事会制度具有重要的意义，这包括：突出了监事会的地位和作用，进一步完善了我国的公司治理结构，明确了监事会的相关内容，使其可操作性提高。这次完善，有利于监事会工作的开展并落实，使其工作有法可循，提高了监事会工作的有效性，同时也体现了对监事会工作的重视，开始认清监事会的重要性。

但是我们也要看到，这次关于监事会的法律改善也还存在有待改进的地方，如关于监事的报酬与激励机制仍然欠缺、监事独立性仍有待加强以及监事会的保障措施还有待完善等。

第二节　监事会的不同模式

监督重在制度，没有制度就没有约束力。

——佚名

一、美国公司的监事会

美国公司实行的是单层董事会制度，其监督职能并不是通过设立完全独立的监事会来履行，而是由内部审计委员会（董事会内部设立的一个相对独立的委员会）来履行该职能。内部审计委员会是美国公司董事会的重要组成部分，其成员因为是董事会成员而有权参加董事会会议并享有相关的权利，但它又具有相对的独立性，主管监督工作。股票交易所对公开上市公司内部审计委员会有一定的要求，即应当在董事会下设立全部由外部独立董事组成的内部审计委员会来执行监督审核职能。

美国公司内部审计委员会的职责主要可归纳为以下七个方面：

（1）为全体董事成员提供帮助，使他们能够充分理解本企业的内部监控制度、财务相关政策和制度以及企业的伦理和道义责任。

（2）对企业将要发布的年度财务报表或其他财务报表进行监督和审核。

（3）对外部审计员进行选择并指定，同时确定他们的监察范围以及费用事项。

（4）对外部审计员提供的专业服务进行审批。

（5）对独立会计师进行提名并指定，之后报请股东大会批准。

（6）针对管理层对独立会计师以及内部审计员所发现的问题或所提建议的反馈及修正状况进行检查。

（7）促进全体董事、内部审计员、独立会计师以及财务人员之间有效顺畅的交流。

美国公司内部审计委员会的成员，其同时又是董事会成员，在履行监督职能的同时又参加企业的经营决策，故这样的"监事会"只具备相对独立性。因此，在美国的公司治理结构中，缺乏完全独立的监督机构来行使监督职能。针对美国公司内部监督存在的这种明显的不足，企业可以通过外部的一个非常有效的监督机制——"恶意收购"来进行弥补。"恶意收购"是指当一个企业表现欠佳，面临经营不善的状况时，其他企业就有可能收购其股东的股份，当收购到足够大的份额并成为该企业最大股东的时候，收购方就有权召开临时股东大会以及改组董事会，企业相继就会被接管。这里的"恶意收购"，就是指企业外部治理结构中的控制权市场机制（这方面的内容将在外部治理中详细介绍）。当这种情况发生时，现有董事会和经理人都可能被撤换。事实上，美国公司通常同时依靠内部监督（内部审计委员会）和外部监督（"恶意收购"）来保证对企业的有效监督。

【拓展阅读】

控制权市场

控制权市场又称为公司接管市场，是指通过收集或购买公司的股票、投票代理权达到拥有控制权，从而实现接管和更换公司管理层的目的。

二、日本公司的监事会

日本公司的监督机制不同于美国的监督机制，其主要是通过独任监察人制度来行使公司的监督权。而互派代表进入对方的董事会是日本公司早期的监督手段，这时企业的股东主要是其他法人和银行，以及企业集团内部的相互持股。特别是银行，由于它同时是企业的股东和贷款人，故它监督企业的积极性较高，影响也较大。银行的监督是日本公司治理中的重要一环，发挥着不可替代的作用。

企业间相互持股并互派经营者来担任对方的董事，看起来虽然是非常合理，但是这样做的最终结果却是相互信任或者相互敷衍，而不是相互监督。所以，相互持股企业之间的相互监督效果是很小的，一般需要借助于银行对企业的监督作用。日本为了弥补这个缺陷，同时实行了独任监察人制度，这个制度构成了日本特色的监督机制，该制度的主要内容有：

（一）公司设立监察人，专门负责公司的监督职能

不同监察人之间的权利和义务是相对独立的。大公司的监察人一般既可以进行业务监察，又可以进行会计监察。也有些大公司另设会计监察人，专门负责公司的会计监察职能，会计监察人具有在股东大会上发表与其他监察人不同意见的权利，而且与其他监察人之间是有相互连带责任的。

（二）保障和强化监察人的独立性

日本在1993年修订了《商法》，在企业当中引入了公司外部监察人和监察会的制度。公司外部监察人制度指的是大公司的监察人当中至少有一名在就任前的5年内没有在该公司或者其子公司担任董事或者高层管理人员。这个制度起到了强化监察人的独立性和公正性的作用。监察会制度则是为了提高监察人工作的效率而建立的监察人会，它是由全体监察人组成的。不过，监察人会并不会损害监察人的独立性，它只是一个起协调性作用的组织，它所产生的决议并不能够限制监察人的个别活动。也就是说，如果监察人会所产生的决议对于监察人行使监督权造成了阻碍，那么监察人完全可以忽略这个决议而自主行动，只是监察人需要向监察人会提交自己执行职务情况的报告，而监察人会根据这个报告，将监察结果制作成监察报告书。

三、德国公司的监事会

德国公司的治理机构是较为独特的，采用的是双层董事会制度——监督董事

会和管理董事会。监督董事会是由股东大会选举的,管理董事会成员则由监督董事会公开招聘组成。管理理事会的主要职责是对企业的日常经营活动进行管理,这和美国公司中的高级管理人员是类似的。监督董事会主要是代表股东行使对理事会的监督权,它不直接参与公司的经营管理。德国公司监督董事会的独特之处主要表现在职能和组成两个方面。

(一)德国公司监督董事会,主要行使决策与评价监督两大职能

这与美国的管理董事会具有类似的职能。决策职能是指监督董事会担负着制定公司经营决策的重任,这使得德国公司的监督董事会成为了公司的最高决策机构;评价监督职能是指德国公司监督董事会承担评价与监督理事会及其成员工作的职责。

德国公司监督董事会的这两大职能具体表现在:①监督董事会通过决议来决定公司重大事务,采取投票表决的方式决议,一般要求绝大多数通过。在超过2000人的公司中,当出现赞成的票数和反对的票数相等的时候,监督董事会主席就拥有独特的权利,即拥有两票的表决权。②监督董事会持有对管理董事会成员的任免权。③管理董事会成员的报酬也是由监事会来决定的。④管理董事会及其成员的工作评价与考核也是由监事会来进行的。⑤监督董事会负责监督理事会的工作。

(二)德国公司的监督董事会的独特性体现在其职能与董事会相类似和组成上

在德国公司监督董事会中,股东监督董事与雇员监督董事人数各半,这充分体现了德国公司治理中的民主管理特点。具体来说,当雇员人数不足1万人时,股东监督董事与雇员监督董事的比例为6:6;当雇员人数在1万~2万人时,股东监督董事与雇员监督董事的比例为8:8;当雇员人数超过2万人的企业中,股东监督董事与雇员监督董事的比例为10:10(全部是1:1)。

监督董事会主席的独特权利也是德国监督董事会的一个独特之处:监督董事会主席在特定情况下拥有两票的表决权。监督董事会成员一般是通过以下过程产生的:在监督董事会会议上由全体监督董事选举监督董事长和副监督董事长,得票数占全体人数的2/3以上才能够当选,否则就需要进行第二次选举。监督董事

会主席是由股东代表方面担任,而副主席是由雇员代表方面担任。

对于德国公司的监督董事会,我们看到其在很大程度上体现了民主决策的特征:股东代表和职工代表同比例参与到公司的决策中。于是一些学者赞成德国模式,然而,我们也有忧心之处,对于这种类似于管理董事会的监督董事会,谁来对其行使监督的职能呢?类似于监事会的机构在哪里呢?

各国公司的监督董事会模式各有所长,各有所短,我们要做的不是盲目选用其中的一种,而是结合自己的实际,取长补短。这点在我国的监督董事会制度中得到体现,我国不能笼统地说采用的是哪国的模式,而是一种有自己特色的监督董事会制度。下节的内容将讲述我国公司的监督董事会。

第三节 我国公司的监事会

权力行使到哪里,监督就做到哪里。

——佚名

一、我国公司监事会的现状

我国公司治理结构确立的理论基础是"三权分立与制衡"的原则,采用的是二元并列模式,即监事会与董事会并列设置,共同对股东大会负责,从而形成公司治理结构中股东大会、董事会、监事会三者之间的相互制衡,三者分别是公司的权力机关、执行机关和监督机关。监事会是代表股东大会对董事会与经理人等高层管理者进行监督。

按照我国《公司法》的规定,董事会与监事会是并列的,二者分别行使决策权和监督权。可是事实并非如此,在我国的公司治理实践中,监事会的地位一直处于弱方，得不到公司内部以及社会的重视。在很多情况下，监事会在公司中要么发不出声音，要么与董事和经理人合谋损害公司以及其他利益相关者的利益，其监督的作用没有得到应有的发挥，更谈不上是公司的"把关者"。这种状况的产生有着深刻的历史背景。

我国很多大型公司是由原国有完全控股的企业改制而来，受计划经济体制的影响，在我国，"一股独大"的现象普遍，同时存在董事与经理人重叠的现象，于是公司的控制权与管理权实质上掌握在董事会的手中，而监事会则沦为董事会的附庸，其监督职权成为一种摆设，不能在公司治理中起到应有的作用。故有学者认为我国实际上是一元治理模式，即只有董事会这一元。董事会的独大容易滋生很多的问题：公司掌握在极少数人手中，他们有很强的动机为了自己的利益而去损害公司及其他利益相关者的利益，监事会的权利缺失进一步放纵这种行为。新的《公司法》中规定了监事的产生采用累积投票的方式，但是由于我国上市公司中股权过于集中，导致其效果微乎其微。

二、我国公司监事会存在的问题及解决方法

（一）存在的问题

从法律上说，为了加强对董事以及经理人的监督，我国监事会在设置上是与董事会平行的，但是在实际中的效果却并不理想，主要有以下几点原因或者可以说是我国监事会存在的几点问题。

1. 监事会的地位和作用被忽视

在我国，监事会的地位普遍存在被弱化的现象，很多公司的监事会实质上是置于董事会之下的，这不利于监事行使监督的职权。在日常工作中，监事会的监督作用也常常被忽视，他们的工作得不到有效的保障。此外，监事会没有自己的常设办事机构，这样使得其工作不能得到有效、持续的开展，也无法深入了解和掌握公司的第一手资料，与管理层之间存在着严重的信息不对称现象，他们获得的很多信息都经过了管理层润色，这些信息对于监督的实际价值并不高。同时，

监事会没有固定的经费来源，没有财力保障的监督，就意味着监事在监督时很可能需要自己花费成本，这时我们不能期望他们有积极性来行使监督的权利。

2. 监事会工作缺乏独立性

由于我国上市公司股权比较集中，"一股独大"现象比较普遍，"内部人控制"倾向明显。监事的任免很大程度上被大股东控制着，产生的监事与大股东之间存在着千丝万缕的联系，这时，监事的监督就成了"自己人监督自己人"或"领钱人监督发钱人"，这种情况下独立性是难以保证的。同时，监事会在日常工作中，其经费是来自管理层的，缺乏经济来源的监事会在经费上受到管理层的束缚，因此他们很难开展实质性的监督工作。

3. 监事的专业素质有待提高

从整体上看，我国公司的监事的专业素质普遍偏低，而董事以及经理人都是比较专业的经营管理人才，不专业的监督者监督专业的被监督者，监督效果可想而知。

4. 专职监事不足，监督效率值得怀疑

专职监事与兼职监事的比例严重不协调，监事会中比例较大的是兼职监事，这些监事拥有自己的本职工作，能够花费在监事这个角色上的精力就严重不足了，同时又受到本职工作中的人情世故的制约，独立性也值得怀疑。既缺乏时间、精力又缺乏独立性的兼职监事基本上形同虚设，以致监督工作效率低下。

5. 监事的激励约束机制不完善

《公司法》中虽然规定了监事的报酬制度，但是缺乏评估标准，同时监事的薪酬也相对较低，监事的薪酬不但掌握在管理层手中，其行使监督权的费用也是由他们控制。这些都限制了监事进行监督的积极性。

同时监事本身也存在很大的道德风险，理性的监事很可能出于私利而与管理层合谋或者讹诈管理层，或者利用自己的监督权阻碍管理层的正常工作……这时监事的监督或成为管理层的幌子，或成为其正常工作的阻碍。另外，《公司法》中并没有对监事渎职行为应承担的责任进行规定，造成了监事或置身事外，对任何事都漠不关心，或利用职权损害公司的利益。

【案例 5-1】

镜子的故事

森林里有一面小镜子，小动物们喜欢每天跑到它的面前检查自己的仪容。有一天，小白兔来到镜子面前，镜子里马上显现出一只脏兮兮的小花兔。小镜子对兔子说：脏死了，赶快去洗洗。但是小白兔很纳闷：自己明明很干净啊，刚刚才洗过的。接着燕子飞过来了，小镜子一看，马上指责说：怎么这么不爱干净啊？燕子很奇怪：自己明明穿着新买的燕尾服啊。后来是梅花鹿、小松鼠等，大家都遇到了相同的情况：自己明明很干净整洁，但在镜子看来却是不干净的。于是大家一起来找镜子理论，才发现原来镜子本身有很多污点，所以每个人站在镜子面前都是不干净的。

在这则小故事中，小镜子在鉴证别人的时候，必须首先保证自己能够客观公正地做出评价，自己的标准与观点都是错误的，又怎能去监督别人呢？我们从小镜子引申到监事，监事在做事时，必须首先正其身，然后才能更好地履行自己的职责。

（二）解决的方法

针对以上存在的诸多问题，我们可以从以下几个方面来改进监事的工作，提高其监督的有效性，达到完善公司治理结构的目的，以保障我国公司的有效运行。

1. 推进股权改革，大力发展机构投资者

"一股独大"造成的内部人控制是监事会监督失效的一个根源。为了解决这一问题，我们需要针对内部人控制采取措施。国家应推进股权改革，逐步降低大股东（我国主要是国有股）的持股比例，同时积极发展机构投资者，与大股东形成一定的制衡，这对于解决内部人控制这一问题很有帮助。机构投资者的具体内容在第三章已经提及，这里就不再赘述。

2. 在监事的选聘上，注重对素质的考量

监事要履行好职责，需要一定的专业素质和道德素质作为保障，这样才能保

障监督工作的有效性。在选任监事时，需要结合公司对监事的素质要求，聘请外部专家来担任监事，因为他们除了有很高的专业素质和丰富的经验外，还能保持更高的独立性（当然与公司或相关人员有利益关系的除外）。对于公司的内部人员，除了要考量其专业素质外，还需要关注内部人员的道德修养，在加强专业培训的同时注重道德品质的提升。

3. 保障监事会的地位，提高监事的独立性

独立性是监督的生命，缺乏独立性的监事会是名存实亡的，对于改善公司治理起不到其应有的作用。因此，提高和强化监事会的独立性至关重要。在公司结构设计以及人员选择上，保障监事会与董事会的并列地位，同时保证职工代表以及社会专家在监事会中的比例（在专家的选聘上要结合回避制度）。这样，监事会在公司中处于较高的位置，来自董事以及经理人的制约就会大大减少，其工作的开展对于职工来说具有权威性，能够得到支持与保障，使监督工作顺利地开展。

保障独立性的同时，我们也要把握适度原则。监事会的职责是监督，而不能参与到公司的日常经营管理中，我们在强调一方的同时，往往很容易走另一个极端，即监事会可能成为"太平洋警察"，什么都要"插上一脚"，由于时间和精力的限制，这不仅不利于监事会监督职能的执行，也不利于企业的日常经营管理活动。因此，在强调独立性的同时，要明确监事会的本职工作。这样，监事会与董事会、经理人才能各司其职，公司才能得以正常有效的运行。

4. 完善监事会的职权，并使其具体化

对于监事会的职权，《公司法》中的相关规定比较宽泛，公司在制定公司章程时应对这些规定进行具体化，以方便监事会工作的开展。此外，监事行使职权的形式也要具体化。

在职权上，需要保证三个方面——财务检查权、会议列席权、公司代表权（在公司与董事发生冲突时，为避免公司利益的受损，这时监事有权代表公司），具体的规定能够保证监事会监督工作的顺利开展。监事行使职权方面可以实行监督程序的日常化，如建立财务报表的定期及时报送制度、监事会决议执行情况的记录制度、监事会参与重大会议的制度等。

5. 建立有效的激励机制和约束机制

建立监事的激励机制有助于促使监事积极地行使自己的职权。可通过以下措施来增强对监事的激励：明确监事会与董事会平行的地位，从而使监事感受到自己工作的价值以及受尊重感。在薪酬设计上，提高监事的薪资水平，建立监事绩效考核体系制约监事的"搭便车"行为，并设立一定的绩效工资。同时要建立监事的保障机制，防止监事在任期内无故被罢免。另外，监事的工作要有相应经费的支持，可以为监事开展工作建立专门的基金，从而增强监事的独立性。

约束机制方面，建立监事的责任追究制度。我们知道，很多监事"无为而治"的一个重要原因就是对其工作缺乏必要的约束，即使他们没有履行好自己的职责也不会受到处罚，因此需要建立一套针对监事的责任追究制度。此外，为了防止监事滥用职权，确保监督权能够在公司治理中发挥更加优越的作用，也需要强化监事的责任追究制度。当发现监事不履行义务或者滥用权力时，立即启动责任追究制度。

三、监事与独立董事的尴尬——双重监督机制

独立董事在我国公司治理中扮演着双重角色：一是董事的决策角色；二是监事的监督角色。因此，独立董事制度的引入是对监事制度的补充，从理论上来说能够增强企业内部的监督力量。

然而，事实上独立董事制度往往被看做是"花瓶制度"，并且与监事会制度并行，造成了双重监督机制的尴尬局面，最终两方的监督作用都被削弱。具有监督性质的两个机构的职能重叠，提高了监督的成本却降低了监督的效率性，可谓是"1+1<1"。于是有的学者提出要废除监事会或者独立董事的观点，或支持将两者合一的观点。

监事会与独立董事制度都是必不可少的，虽然存在一些矛盾，但是两者是能够共存的，通过协调两种机制可以达到"1+1>2"的效果。监事会与独立董事制度存在互补性，这是二者能够共存的根本原因。第一，在监督性质上，监

事会属于结果监督,是一种事后监督;而独立董事的监督属于过程监督,通过行使表决权能够直接对公司的决策过程进行有效的监督。第二,在监督职能上,虽然监事会与独立董事之间存在重叠的地方,但是二者也有很多互补之处,监事会没有监督的地方有独立董事在工作,而独立董事不能作用的地方有监事会的存在。这样可以很好地保障监督的全面性,完善好公司的监督系统。

为了协调这两种机制,我们首先需要了解两者相互冲突之处。根据《公司法》中有关监事会和独立董事的规定,通过比较,我们会发现两者的重叠主要包括财务监督、对董事和经理人的监督以及提议召开临时股东大会的权利。这种重叠既有可能形成双重监督,也有可能造成"搭便车"的心理或者相互推诿最后无人监督的局面,从而造成监督机制在实际上的缺失,还可能伴随着权利的两立,监事与独立董事之间出现矛盾与冲突,可能出现谁也不服谁,甚至在工作上相互设阻碍的现象。

为了很好地解决监事与独立董事之间的问题,保障公司监督制度的有效运行,我们需要采取适当的措施使两者能相互补充、相互协作。首先,清晰界定两者的监督职权,使各有侧重,避免职权的重叠,使监事会和独立董事在监督上各司其职,集中自己的优势行使好各自的监督权。其次,加强监事与独立董事的日常交流沟通,并建立相应的沟通机制,使独立董事和监事能够相互共享信息,避免冲突与矛盾。

本章小结

在开篇案例中,我们看到公司治理的问题是各国各公司普遍存在的。设立监事会的目的就是为了制衡董事和经理人等高层管理者,使他们的行为能够受到有效的制约和监督。设想一下,如果缺乏这样的制约机制,掌握着信息优势的理性的高层管理者在利益面前很可能"肆无忌惮",股东与其他利益相关者的利益就更得不到保障。

公司治理

　　监事会是公司治理的重要组成部分，其本身并不多余，对于监事会不能有效发挥作用的问题，其解决的关键在于保障监事会能够积极、独立并有效地行使自己的监督职权。纵观监事会的相关内容，我们了解到监事会在公司治理中作用的发挥受到很多因素的制约，各公司应致力于帮助监事会铲除其道路上的障碍，这样才能真正做到三权制衡，从而实现改善公司治理的目的。

第六章 经理人

开篇案例

没有约束的权力是可怕的

上帝在草原上放了两群羊,一群在东,一群在西。上帝同时还给羊群两种天敌,一种是狮子,一种是狼。上帝对羊群说:"如果你们选择狼,就只给一只,但任它随意咬你们。如果你们选择狮子,就给两头,你们可以在两头狮子中任选一头,可以随时更换,但不能饿死任何一头狮子。而且,一旦选择就不能更改。"如果你也在羊群中,你会如何选择呢?很容易做出选择吗?好吧,先记住自己的选择,接着看故事吧!

东边的羊群选择了狼,它们的想法很简单:狮子比狼更为凶猛,而且还有两头。而西边的羊群选择了狮子,它们认为虽然狮子更为凶猛,但是自己有选择权。

狼进入东边的羊群后,就开始吃羊。狼相对比较瘦小,几天才吃得了一只羊。西边的羊群挑选了一头狮子,另一头则留在上帝那里。狮子不但更凶猛,而且食量惊人,羊群天天都被追杀,惊恐万分。羊群赶紧请上帝换一头狮子。不料,这头狮子因为被困住,正饥饿万分,它比先前的那只狮子咬得更加疯狂。西边羊群的数量相对于东边来说,急剧减少。

东边的羊群暗自庆幸自己选对了天敌,并嘲笑西边的羊群毫无眼光。此时西边的羊群也是非常后悔,但是苦于无法更改。两头狮子同样凶残,换哪一头都比东边的羊群悲惨得多,于是西边的羊群索性不换了,任一头狮子变得脑肥体壮,而另一头饿得精瘦。眼看那头瘦狮子快要饿死了，羊群才将其更换。

这头瘦狮子经过长期的饥饿后，悟出了一个道理：自己虽然是兽中之王，整个羊群都不是对手，但是自己的命运却操纵在羊群手中，羊群随时可以把自己送走，让自己饱受饥饿之苦，而且还可能饿死。想通这点之后，瘦狮子开始对羊群特别客气，只挑选死羊和病羊来吃。羊群非常高兴，有一些羊甚至提议固定要瘦狮子，不再去换那只肥狮子了。这时有一只老羊提醒："瘦狮子是怕我们把它送回去才对我们这么好的。如果肥狮子饿死了，我们没有了选择的余地，瘦狮子就会恢复它的本性。"羊群都觉得有道理，于是又换回了那头肥狮子。此时，肥狮子由于饥饿只剩下皮包骨，它也懂得了先前瘦狮子悟出的道理。于是为了能待得久一点，也开始千方百计地讨好羊群。不但为羊群寻找水源和草场，而且还为了保护羊群不被狼骚扰而去攻击那头狼。西边的羊群终于过上了自由自在的生活；相反，东边羊群的处境就越来越悲惨了：狼由于没有竞争对手，而且羊群也无法更换它，就越来越胡作非为，每天都要咬死数十只羊。更糟糕的是，由于它敌不过西边的狮子，为了讨好狮子，狼向狮子定期贡奉从东边羊群中挑选出的肥羊。于是，现在就剩下东边的羊在心中后悔："早知今日，还不如选狮子呢！"

资料来源：刘彦文，张晓红. 公司治理 [M]. 北京：清华大学出版社，2010.

【案例启示】 你明白这个故事了吗？你当初的选择是否需要改变呢？在这个故事中，你是否发现天敌——狮子与狼就相当于企业中的经理人呢？如果没有对狮子或狼（公司的经理人）加以限制，其对于公司的股东（羊群）是会产生极大危害的，由于两者的利益存在不一致，狮子与狼极有可能凭借自身的优势，而去损害羊群的利益。在现实生活中，这种经理人与股东之间的委托代理问题是普遍存在的，产生的原因可以归于两者信息的不对称与利益的不一致。

本章您将了解到：
- 经理人的自利行为
- 对经理人采用的主要激励方式
- 经理人的三种约束机制

第一节　经理人概述

尽管责任有时使人厌烦，但不履行责任，只能是懦夫，不折不扣的废物。

——刘易斯

委托代理问题是公司治理的一个典型问题，指委托人与代理人之间由于信息的不对称以及利益的不一致而造成的一系列问题，主要指代理人没有按照最大化委托人利益的方式行事而损害委托人利益的行为。具体到经理人与股东，由于经理人相对股东而言拥有信息优势，出于自利和理性的考虑，经理人可能会为了自身的利益而损害股东的利益，存在着逆向选择行为和道德风险。

一、经理人的性质与职责

经理人是受董事会的委托，实质上是受企业所有者的委托来管理企业的，其主要负责企业的日常经营以及执行相关的决策。与三大会议机关——股东大会、董事会、监事会不同的是，经理人由个人来担任。我们既可以把经理人看做是具体执行董事会决议的执行机关，又可以把它看做是一种职位。在一个企业中，经理人受雇于董事会，在董事会和监事会（或者监事）的监督下以及在董事会的授权范围内负责企业的日常经营和管理，履行相应的职责，董事会决定经理人的聘任和解聘。

从公司治理方面看，股东（所有者）和经理人这两者之间存在典型的委托代理关系，其中代理成本由三个部分构成：作为代理方的经理人，其决策可能与股东权益最大化的决策之间存在不一致性，这种不一致性会导致股东利益的受损，而这些损失就成为代理成本的一部分；股东为了监督经理人也需要付出一定的监督费用，这些监督费用成为代理成本的另一部分；同时，在很多企业中，为了保证经理人损害股东利益之后股东能够获得赔偿，经理人需要支付一定的保证金，这构成了代理成本的第三个部分。

我国《公司法》规定，经理人在董事会授权范围内行使下列职权：①主持公司的生产经营管理工作，组织实施董事会决议；②组织实施公司年度经营计划和投资方案；③拟订公司内部管理机构设置方案；④拟定公司的基本管理制度；⑤制定公司的具体规章；⑥提请聘任或者解聘公司副经理人、财务负责人；⑦决定聘任或者解聘除应由董事会决定聘任或者解聘以外的负责管理人员；⑧董事会授予的其他职权。公司章程对经理职权另有规定的，从其规定。经理人列席董事会会议。

权利和义务是对等的，履行一定的义务要以一定的权利为保证，享受一定的权利也要履行相应的义务。董事会委托经理人对企业进行日常的生产经营管理活动时赋予经理人一定的权利，但是经理人只能在董事会的授权范围内行使这些权利，而且必须要履行公司章程以及国家法律规定的一系列义务。概括来讲，经理人的主要义务或者职责是：最大化所有者的价值。按照《公司法》的规定，经理人应当遵守法律、行政法规和公司章程，对公司负有忠实义务和勤勉义务。不得利用职权收受贿赂或其他非法收入，不得侵占公司的财产。同时，《公司法》还规定了经理人不得出现的一些行为，在本书第四章已经列出，这里不再赘述。

二、经理人的聘任与解聘

经理人是公司的日常经营者，他们的能力与素质直接关系到企业的发展，有时甚至关系着企业的生死存亡，"管理万能论"认为：好的管理者成就一个企业，而差的管理者则埋葬一个企业。虽然"管理万能论"有失偏颇，但是我们不能否认经理人对于公司生存与发展的重要性，而且在一定的情况下，经理人的作为确实也决定着公司的兴衰与存亡，特别是公司在面临重大危机的时候，经理人的决策与魄力是至关重要的。

【拓展阅读】

管理万能论

一个组织的管理者对这个组织的成败起着决定性作用，管理者的素质决定了组织的素质。组织成功，即是管理者的功劳；组织失败，即是管理者的责任。

既然经理人如此重要，那么公司在对其进行聘任或解聘时就应该遵守审慎的原则，否则很有可能聘任到一个能力一般的经理人，或者说解聘掉一个很有能力的经理人，两者都会给公司造成巨大的损失。

【案例6-1】
狮子领导的羊群与羊领导的狮群

从前在两个国度之间发生了一场战争，甲国的统领是一只狮子，带领着一群羊士兵；而乙国则是一只羊挂帅，领导着一群狮子。两国对垒时，甲国的狮子统领站在最前面，英姿勃发、信心满满，它领导的羊士兵们看到自己的统领满怀信心，也都激情高涨；而乙国的羊统领看到对方的狮子那样斗志高昂、孔武有力，顿时就有些畏缩，再看它身后的部队，个个都是满怀斗志，就更害怕了。羊统领心想：自己肯定不是它的对手，而且看它的军队士气如虹，一定是做了充分的准备，也许还有陷阱或者是更多的援军等着它来送死。于是，当甲国的狮子发起进攻时，乙国的羊却带着它领导的狮子们当了逃兵，狼狈而去。

按照常理而言，"一群狮子+一只羊"的实力绝对大大地超过了"一只狮子+一群羊"，但是结局却恰恰相反。对于理解领导者重要性的人来说，这个结局应该在他们的意料之中。一个好的领导者对于公司来说是极其重要的，他能够起到表率作用，通过自身的作为和魅力影响他的团队，并能够发掘成员的潜力，使每个成员都能够更有效率的工作并出色的完成团队任务。因此，对一个团队来说，选择一个好的领导者至关重要。

资料来源：http: //bbs.chinafm.org/archiver/tid-36205.html.

　　经理人的聘任是经理人运行机制的首要环节，对公司来说也是非常重要的一个环节。根据我国《公司法》的规定，由董事会来完成经理人的聘任工作。在具体的聘任过程中，董事会以投票、多数赞成的形式决定是否聘用某个经理人，一旦决定聘用某个经理人就与其签订合约，确定其与企业的契约关系。

　　由于经理人对企业的生存和发展非常重要，其决策和行为都关系着企业未来的发展，因此，在选聘经理人的过程中，应该特别考虑应聘者的素质和能力，因为这两个关键性因素是判定经理人执行能力高低的重要标准，并且直接关系着企业的短期和长期业绩。素质是一个集合的概念，包括心理、生理、品质、知识等方面。能力也是一个集合的概念，作为企业的经理人，不仅要具备与企业有关的专业能力，更应该具备一些宏观把握的能力，如财务分析能力、应变能力、应对危机的能力、把握行业发展的能力、战略分析能力等。在甄选经理人的过程中要非常仔细和认真，这需要制定适当的考察方法和体系，因为一个合适的、拥有高素质和能力的经理人往往能带领企业走得更好更远；相反，则有可能导致企业的失败。当然，当我们发现某经理人不再合适时，应当及时解雇他，防止公司遭受更大的损失。

　　董事会不仅负责选聘经理人，同时还在必要的时候对经理人进行解聘。例如，当董事会不满意经理人的经营业绩时，可能就会认为这个经理人不再适合本企业的发展需要，这时董事会成员就可以召开董事会会议，在会议上决定是否继续留用该经理人。此外，监事会在监督经理人的经营活动中，如果发现某个或者几个经理人存在违反公司章程或者法律法规行为的时候，监事会首先有权要求他们停止这样的行为，当监事会的这种请求权不能够制止经理人的行为时就可以向董事会报告并且建议董事会解聘经理人。这种解聘制度能够在一定程度上抑制代理问题给企业和股东带来的损害，因为一个经理人如果被某个公司解聘就会在经理人人才市场上留下不好的印象和评价，这会影响到他的身价以及再就业。因此，经理人为了避免被强制性地解雇，一般都会努力地去最大化所有者的利益，在此基础上追求自身利益的最大化。

三、经理人的自利行为——机会主义

当经理人为了自己的利益做出有违公司利益最大化目标的行为时，我们称其为经理人的自利行为，或者说机会主义行为，这主要是由于信息不对称和利益不一致造成的。

资金来源的大众化造就了现代公司的一个最大的特点——两权分离，即公司的所有权和控制权相互分离，这也是公司制企业与合伙制企业、业主制企业的根本性区别。在两权分离的情况下，代理问题的产生是自然而然的事情，其中最典型的代理关系就是经理人代理董事会（或者说是股东大会）进行日常的生产经营。代理问题产生的本质是，在理性条件下，由于经理人有自己的利益考虑，在经营管理企业时，很可能为了自己的利益而产生机会主义行为，从而损害股东和其他利益相关者的利益。

机会主义倾向是符合经济人人格的，拥有损人利己、投机取巧意向是自私自利的经济人的特征。实施机会主义行为是需要承担风险的，实施者可能从中获得收益，也可能招致巨大的损失，但经济人不可能因为这不确定出现的不良后果而不去实施机会主义行为。机会主义倾向可分为事前机会主义和事后机会主义，它们分别指逆向选择和道德风险。所以，我们可以说逆向选择与道德风险是经理人自利行为的两个表现。

所谓"逆向选择"，就是指市场上由于信息不对称而造成的一种扭曲的资源配置现象。这往往存在于二手市场、保险市场等，典型的现象就是柠檬市场效应，即"劣货驱逐良货"。逆向选择存在于达成契约前，由于信息的不对称，一方利用自己的信息优势使对方不利，从而使得市场交易的过程偏离对方的期望，这种交易如果达成就会使一方获利而另一方受损。"逆向选择"是不合理的制度安排下市场资源配置失效的现象，因为其不能满足帕累托标准（帕累托标准是对社会资源配置状态的一种评价，就是至少有一人获利，而没有一人受损的状态），信息劣势一方的利益很明显地受到了侵害。

【拓展阅读】

柠檬市场

柠檬市场又称次品市场，是指在信息不对称的市场中，好的产品往往面临淘汰，而劣等品逐渐蔓延，最终占领市场的现象。

20世纪80年代，西方经济学家提出了"道德风险"的概念，即"从事经济活动的人在最大限度地增进自身效用的同时做出不利于他人的行动"。简单地说，道德风险即是指在契约达成之后，一方利用自身拥有的信息优势，不履约或者不认真履约的行为。从委托代理角度看，就是代理人在签订协议后，做出有损委托人利益的事，而由于信息的不对称性，代理人的这种行为并不一定会受到惩罚。道德风险不同于日常所说的道德水平低下，它与人们的道德水准没有必然的关系，从经济人的角度看，它是符合理性假设的，因为这是一种市场参与者追求自身利益最大化的行为。

逆向选择与道德风险作为代理人的自利行为，在市场经济中，都是普遍存在的，产生的条件都是信息不对称以及利益的不一致，它们的区别在于：一个产生于签订契约之前，而另一个在签订契约之后。除了加强信息的沟通，减少信息不对称，以及促使两者的利益趋于一致外，我们应该有针对性地解决这两类问题：在逆向选择问题中，委托人在签订契约时不知道代理人的能力到底如何，但是能够观察到代理人的行为，因此，委托人的任务是设计出一个获取代理人有效信息的机制。在道德风险问题中，委托人主要是在签订契约后不能观察到代理人的行为，因此，委托人的任务是设计出一个促使代理人选择最有利于委托人利益的行为机制。

综上所述，委托人为了有效地解决与代理人之间的问题，尽量减少代理问题产生的代理成本，需要设计一套合理的机制来维护自身的利益，"胡萝卜加大棒"

的变形机制是现代公司的典型做法——设立一系列针对经理人的激励机制和约束机制，使经理人致力于最大化公司价值。"胡萝卜加大棒"显示的是解决所有者与经理人之间代理问题的两种方法，即激励与监督（或约束）。三会对管理者都有监督的作用，这在本书的前面章节中有提到，本章接下来的两节就将重点讲述经理人的激励机制和约束机制。

第二节　经理人的激励机制

奖励什么，就会得到什么。

——米契尔·拉伯福

经理人的激励机制是解决管理者与所有者之间代理问题的一个有效机制，即所有者通过建立一套激励机制有效地激发管理者采取适当的行为，从而最终实现所有者利益最大化的目标。

在设计经理人的激励机制时，常用的做法是进行报酬方式的优化组合，从而形成合理的报酬结构。这需要坚持一些基本的原则：①物质激励与精神激励相结合。物质是保障，精神需求是基于物质上的更高层次的需求。对于经理人来说，他们的物质需求往往已得到满足，这时应更重视精神上的激励。当然物质激励也不能忽视，因为现在很多时候高的物质享受已经是一种身份和地位的象征，与精神享受分不开了。②正激励与负激励配合使用，即上文中提到的"胡萝卜加大棒"，在奖励经理人的同时给予其一定的限制。给经理人制定相应的惩罚往往比单单的奖赏更能让经理人的行为符合要求。③长短期激励相结合。这里主要是讲不能忽视长期激励，这样才能有效地防止经理人的短期化行为损害到公司的利益。④注重差异化和个性化。每个人的需求都是不同的，企业在制定激励措施时首先要了解到这种差异，才能以此制定出合适且有效的措施，从而达到更好的激励效果。

经理人和所有者的代理问题产生的根源在于,在理性的条件下,两者目标函数具有不一致性,激励机制就是要把经理人的个人目标尽量地向所有者目标靠近,使其经营行为能最大限度地符合所有者的利益。因此,对经理人进行激励的最主要的办法就是尽量地把经理人追求自身利益最大化的目标转化为最大化所有者的利益。在现代企业中,对经理人采用的激励方式主要有以下几种:

一、薪酬激励

高层管理人员的报酬方式是多种多样的,不仅有固定薪金、奖金、股票及股票期权,还有退休金计划等。总的说,固定薪金具有稳定、可靠、无风险的优点,可以保证基本的生活,但是这种激励方式又缺乏灵活性,并且激励的效果不佳。奖金和股票与公司的经营业绩紧密相关,存在着不确定性,但是只要经理人努力工作,并使企业取得良好的业绩,就能获得更多的奖金和股票收入,因此这种方法的激励作用更加明显,个人的收获与其付出相挂钩。退休金计划也有助于激励经理人谋求企业的长期发展。下面,我们主要讨论年薪制与期权制。

(一) 年薪制

年薪制是现在西方发达国家中企业经理人的一种普遍的薪酬制度。这种制度中,经理人的薪酬是以年来衡量的,它由两部分构成:一部分是固定收入(基本薪酬);另一部分是风险收入。决定经理人基本薪酬的主要因素有:本企业的规模、企业的历史薪酬情况、地区薪酬水平、行业薪酬状况等。基本薪酬是一种无风险的收入,不会因企业经营状况的改变而改变,因此,基本薪酬的基本作用是保障经理人的基本生活需要。相对于没有风险的基本薪酬来说,风险收入更多地取决于经理人自身的努力程度,除了诸如2008年的金融危机等整体经济状况下滑的影响外,一个企业经营状况的好坏在很大程度上取决于经理人的努力程度(在管理者万能论中企业的经营好坏完全取决于管理者)。因此,当经理人努力为企业创造价值时,如果企业的经营绩效有所提升,企业就支付给他们更高的风险收入；反之，则给予较低的风险收入甚至零风险收入。故可以看到，风险收入所起的作用是激励经理人最大限度地提高企业的经营效率和业绩，为企业及其股东价值最大化而努力工作。

在很多企业中，实行年薪制的同时还实行一种叫做"风险基金"的制度，在这种制度下，经理人需要向企业缴纳一定数量（一般由公司章程规定）的风险抵押金，这些抵押金的主要作用是补偿由于经理人的过失或者经营不善而由股东承担的损失。风险基金制度使经理人在股东财富受到损害时也会面临着财产的损失，使得经理人与股东"同坐一条船"，成为一条绳上的"蚂蚱"，一损俱损。风险基金旨在用这样的压力来迫使经理人为企业所有者的利益最大化而努力工作。

年薪制既是一种激励制度，同时也会给经理人带来约束力量，因此，年薪制成为国际上激励经理人的通行做法，其具有以下优点：首先，由于企业的生产和财务周期都以"年"为单位，这样企业经理人的工作成果能够在年薪制中得到较好的体现；由于其建立在企业的经济效益之上，故企业经理人的薪酬也是企业经营绩效的一个很好的反映。其次，年薪制是一种以人为本的薪酬激励制度，考虑经理人在企业中的特殊地位，实行年薪制能够体现出这些人力资本的重要性。最后，年薪制是一种"权、责、利"相统一的激励制度，既体现了企业所有者的权利，又体现了经理人的责任和利益，把经理人的努力程度以及收入水平和企业的经营绩效联系起来，并且能够在具体的实施当中起到约束的作用。

年薪制是一把"双刃剑"，它的不利的一面主要是由于"年"这一度量单位造成的。在实行年薪制的企业当中，企业经理人的薪酬主要是以年为结算的时间单位，依据的是企业当年的经营状况。这时矛盾就出现了：经理人员追求的是一年当中的企业的经营绩效的提升，这会造成其决策和行为的短视；而所有者追求的则是企业的长足发展，他们的目光是长远的。用经营者短期的行为来满足所有者长期的发展要求是不合理、不科学的。总的来说，年薪制助长了经营人员的短期化的行为，不利于企业的持续发展。期权制正好能够弥补这一不足。

（二）期权制

在很多企业中，都把股票期权制当做激励经理人的一种辅助手段，即赠送一些本企业的股权给经理人或者规定经理人必须要购买多少本企业的股权,并且对这些股权进行一系列的限制,如规定经理人在离开本企业之后多少年才可以把这部分股权拿到市场上去交易。由于经理人所掌握的这些股票的价值在一定程度上是取决于他们在位时的经营状况,经营状况不佳也会使他们自身的利益遭受损失,因此期权制可以增强经理人的长期化行为,约束他们的短期行为,使企业能够持续的发展,在经理人交替的过程中不会出现较大的落差。

归纳起来,对经理人实行股票期权制度的作用有四个方面:首先也是最主要的是可以激励经理人的长期行为,预防其行为的短期化;其次,由于现金对企业非常重要,实行股票期权可以节省用于激励经理人的现金支出;再次,降低所有者和经理人之间的代理成本;最后,股票期权是企业保留人才的一种有效的方法。拥有股权使经理人成了企业主人的一份子,有利于激发其主人翁精神,使其更加努力及愿意留在企业工作。

在这里,我们有必要区分一下针对经理人的股票期权激励和我们通常所说的股票期权,两者名字相似但是实质不一样。通常所说的股票期权是一种金融衍生产品,能够在证券市场上进行交易和流通,其风险性较大,流动性较强,人们在购买时受到了投机心理的很大影响。而针对经理人的股票期权则是一种激励机制,根据未来的经营状况决定期权拥有者是否可以获利。

【案例6-2】
中石化高级管理人员的薪酬制度

中石化高级管理人员(CEO、CFO、副总裁、董事会秘书以及董事会和监事会成员、各职能部门的第一负责人、各分公司的负责人)的薪酬由三部分组成:基本薪酬、业绩奖金和股票增值期权。

(1)基本薪酬。在中石化公司中,上一年度员工的平均薪酬和公司内部的基础系数,这两个要素决定高级管理人员的基本薪酬,即由这两者相乘得出。其中,高级管理人员所处职称的级别决定了其基础系数。

(2)业绩奖金。中石化公司高级管理人员的业绩奖金也是由两个因素相乘得到，这两个因素分别是人员所处职称的级别以及其考核系数。其中，考核系数取决于被考核的人员的综合考核指标完成的情况。

（3）股票增值期权。公司根据高级管理人员的业绩情况授予其相应的股票期权数量，在规定的期限内，当中石化的股票价格超过股票期权授予的价格时，高级管理人员就可以获得相应的现金。高级管理人员绩效指标完成的情况决定了其被授予的股票期权的数量和行权时被给予的现金的数量。采用股票增值期权有其优越性，当企业的经营业绩较好时，其股票价格一般都会上升，在不实质性占有或者转让公司股票的情况下，高级管理人员也能从中获得激励性的报酬，即直接从股票的升值中获得现金。

资料来源：http://www.nglssl.com/Article/ArticleShow.asp?ArticleID=10522。

【案例6-3】
西门子监事会成员的薪酬

西门子监事会成员的薪酬综合考虑公司的规模、分配政策、成员的职责、公司的业务状况和绩效等，由公司的监事会和理事会提议，并交由年度股东大会批准。监事会成员的薪酬由三部分组成：固定薪酬、浮动薪酬（根据年度红利而定）和长期薪酬（基于股市价格）。其中，监事会主席和代理主席的薪酬分别是普通监事会成员的2倍和1.5倍，同时，分别额外补贴100%和50%给审计委员会主席和审计委员会其他成员。此外，监事会主席配有一位秘书和一辆公车。

2004年度，监事会成员的固定薪酬是6000欧元。浮动薪酬以每股红利0.2欧元为基数，每超过0.05可以获得3500欧元的奖励。西门子公司每个成员的浮动薪酬在2004年是73500欧元（当年每股红利是1.25欧元）。此外，每个监事会成员可获得1500份股票增值权赠予，与西门子公司股票期权同期行权，2004年收益是6810欧元。于是，该年度，其一般监事的报酬是86310（6000+73500+6810）欧元。

资料来源：http://www.chinavalue.net/Finance/Blog/2009-09-11/202595.aspx。

二、经营控制权激励

在产权理论中,对一个企业的控制权可以分为经营控制权和剩余控制权。经营控制权是指那些能够事先在契约中明确的控制权,包括权力的使用方式、权力的时限以及权力的范围等。在企业的日常生产经营和管理当中,经理人为了履行特定的职责,必须要有一定的权力作为保证。企业的所有者通过董事会或者其他机构授予经理人一定的权力,即经营控制权,这部分权力集中体现在公司的章程当中,其中最主要的是决策权。同时公司章程或者契约也规定了其他权力,这些权力往往能够为经理人带来除物质报酬以外的激励,使其能够拥有职位特权,最典型的就是享受职务消费,如豪华办公室、公费观光旅游等。

经营控制权的激励和下面的剩余控制权激励一样,是一种权力的激励,对于管理者来说,能够自主决定很多事情,同时能够享受到较高级别的待遇,这是能够起到激励作用的。可以通过需求理论来理解这种激励,当较低层次的需求满足之后,就不再有激励的作用,这时只有通过满足高层次需求才会有激励作用。对于经理人来说,他们的物质方面一般已得到满足,此时高层次的需求对他们才会产生激励的作用,对于权力的追求可以说是一种尊重和自我实现的需求的体现。

三、剩余控制权激励

剩余控制权是指那些不能够事先在契约中清晰界定的控制权,从理论上来说,剩余控制权是由企业的所有者占有的,但是在信息不对称的前提下,经理人可能会通过机会主义行为而攫取部分企业的剩余控制权。故有的学者认为:公司治理问题的出现主要是由于所有者和经理人在剩余控制权上的不一致性,因此,公司治理的核心是对剩余控制权的合理分配和控制。

如果契约是完全的话,那么就不存在剩余控制权,但在现实中,由于信息不对称，契约都是不完全的，并且剩余控制权很可能被企业的实际经营者（经理人）所攫取。利用剩余控制权对企业的经营者（经理人）进行激励就是名正言顺地让企业的经营者（经理人）享有部分或者全部的剩余控制权。建立剩余控制权的激励制度就是要在企业的所有者和经理人之间合理地分配剩余控制权，即事先不能在契约中规定的那部分权利。

四、声誉或荣誉激励

对荣誉的追求是一种尊重和自我实现的需求，也可以说是经理人对成就的需求，按照需求来进行激励是现代"以人为本"管理思想的重要体现。在一个企业中，处于不同管理层次的人员的需求是不一样的，即使是处于同一层次的人员的需求也是不同的。整体上来说，企业的经理人对精神上的需求大于物质上的需求，因为他们的薪酬水平足以使他们拥有一个良好的物质基础，也就是说他们的物质需求基本上已经得到满足。按照需求理论，得到满足了的需求的激励效果已经不明显，只有更高层次的精神上的需求才具有好的激励作用。因此，激励经理人不仅仅需要在物质上进行激励，精神上的激励也是非常重要的。

企业的经理人一般都是职业经理人，他们往往非常重视自己未来的长期和持续发展，其中，个人声誉和荣誉扮演着非常重要的角色。良好的职业声誉以及荣誉不仅能够保证职业经理人的持续发展，满足他们的社会尊重以及自我实现的需求，同时还可以为他们带来不断增长的货币收入。因此，企业应该合理地设计声誉或者荣誉的精神激励机制。

五、知识激励

知识结构及其丰富化程度与企业经理人的素质和能力有直接的联系。现代社会是一个信息爆炸的社会，在知识领域原地踏步的经理人容易落后，而经理人知识的落后在很大程度上就代表着企业的落后，"落后就要挨打"的教训在这里同样适用。因此，虽然对经理人进行知识的更新换代和优化升级需要投入大量的资源，但是由于他们地位的特殊性，这些投入都是非常必要的，同时，这也是对经理人的一种有效的激励措施。为了企业的健康持续的发展，企业应该对经理人进行不断的充电，丰富他们的知识，优化他们的知识结构。现在很多高校开设总裁班、高级经理人班、经理人班等来满足企业的这一需求。总之，对经理人进行知识激励不仅仅有利于企业的需要，同时也是经理人自身发展的需要，能够提高他们职业生涯发展的潜力，因此，这一激励措施的价值是非常高的，激励效果也具有长期性。

第三节　经理人的约束机制

> 对于经理人，我们不能用工作所具有的权力来界定他们的工作，而只能用这项工作的责任来界定。
>
> ——佚名

在一个企业中，激励和约束总是像一对同卵双胞胎一样，密不可分。经理人在享受一系列激励机制的同时也会受到所有者设立的一系列约束机制的限制，以保证权力被正确地使用和维护所有者的利益。在企业中，形成经理人约束机制的力量主要来自三个方面：企业所有者、市场和法律法规。

一、来自企业所有者的约束

在一个公司中，通常是股东委托董事会，董事会又委托经理人对公司进行经营管理（见图 6-1），因此我们可以把股东认定为是最终的委托人，来自所有者的约束也就是指来自企业股东的约束。

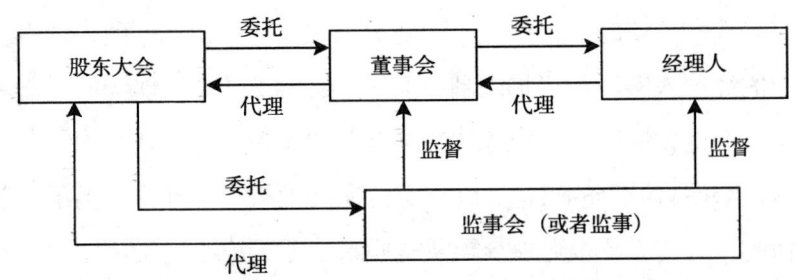

图 6-1　现代公司制企业中的委托代理关系及治理结构

如图 6-1 所示，所有者对经理人的约束主要是通过企业的法人治理结构来实现的。股东大会拥有对公司事项的最终决策权；董事会成员由股东大会选举产生并对股东大会负责；经理人由董事会选聘，其职责是企业的日常经营管理。股东通过其代理人——董事会来实现对经理人的约束。

来自所有者的约束集中表现在公司章程和董事会对经理人的限制，董事会以及监事会对经理人的评价和监督也可以看做是来自所有者的约束，并且董事会拥有解雇经理人的权利。

当然，股东也有可能自己去监督经理人，但是，由于这种监督具有公共产品的性质，没有从事监督的股东也可以免费地享受其他股东监督所带来的效益，从而容易出现"搭便车"的现象，这就削弱了股东监督经理人的欲望。因此，除了拥有企业大比例股份的股东有兴趣或者欲望对经理人进行监督以外，很多中小股东都不愿意进行监督或者监督的欲望非常弱。

二、来自市场（竞争）的约束

从上面的分析可以看出，企业所有者的约束建立在所有者对监督的兴趣和欲望上，没有监督兴趣和欲望的所有者则搭了实际进行了监督的所有者的"便车"，不论这些没监督兴趣和欲望的所有者主观上是不是这样想的。

如果各个股东联合起来对企业进行监督的成本比较低，那这种监督在企业中所起的作用是非常大的。但是实际上，联合各个股东的成本是非常高的，特别是在公众持股占大多数（甚至股权极度分散）的企业中，大部分的股东对于监督经营者是没有兴趣和欲望的。企业的实际情况也往往与理论不一致，理论上认为董事会对企业的经理人实行监督和控制，但是在实际工作中可能形成经营者操纵董事会的现象，在这种情况下，作为"过路客"的股东常常对企业的经营管理失去监督的兴趣，即使有监督的兴趣，其监督的实际效果也不理想。出于分散风险或者投机的目的，有些股东很可能今天买进股票，明天就卖出股票，这种做法进一步地削弱了股东监督企业的欲望，因为他们追求的是短期的收益而不是企业长期的成长。因此，代理问题的解决不能仅仅依靠来自企业所有者的约束，市场的约束力量体现出了其作用。

对企业经理人形成约束的市场力量有三个：产品市场、经理人人才市场和控制权市场。这些内容将在外部公司治理（第八章）中重点讲述。

三、来自国家法律的约束

法律是维护市场经济正常运行的公平、有效的制度。现代市场经济的实质是法治经济，只有在完善的法律保障下才有可能形成完善的市场经济体系。随着我国法治进程的加快和不断深入，来自国家法律的约束力将变得更加规范和强大。

【案例 6-4】

青岛海尔股份有限公司董事会关于首期股票期权激励计划

一、股票期权的授予条件及董事会对授予条件满足的情况说明

按照公司《首期股票期权激励计划》的规定，在同时满足下列条件的情况下，激励对象可以获得股票期权：

1. 公司未发生如下任一情形

（1）最近一个会计年度的财务报告被注册会计师出具否定意见或者出具无法表示意见的审计报告。

（2）最近一年内被中国证监会予以行政处罚。

（3）中国证监会认定的其他情形。

2. 激励对象未发生如下任一情形

（1）最近3年内被证券交易所公开批评或宣布为不适当人选。

（2）最近3年内被中国证监会予以行政处罚。

（3）不符合《公司法》规定的担任公司董事、监事和高级管理人员。

鉴于公司和本次激励对象均未出现以上情形，故本次所有的激励对象均满足股票期权的授予条件。

二、公司首次授权情况概述

1. 公司本次授予激励对象1743万份股票期权，占公司总股本的1.302%，具体情况如表6-1所示

表6-1 青岛海尔股份有限公司董事会关于首期股票期权激励计划授予情况

编号	姓名	职务	期权数量（万份）	占授予总量比例（%）	标的股票占总股本比例（%）
1	杨绵绵	董事长	225	12.909	0.168
2	梁海山	副董事长、总经理	158	9.065	0.118
3	崔少华	副董事长	68	3.901	0.051
4	谭丽霞	董事	68	3.901	0.051
5	周利民	董事	68	3.901	0.051
6	金道谟	副总经理	46	2.639	0.034
7	洪晓明	财务总监	28	1.606	0.021
8	明国珍	副总经理、董事长秘书	28	1.606	0.021
9	公司及公司核心技术（业务）人员（40）人		1054	60.470	0.787
	合计		1743	100	1.302

2. 激励对象行权所获得的股票期权的禁售期

（1）激励对象为公司董事和高级管理人员的，其在任职期间内，每年可转让的股份的上限是其所持有公司股份总数的25%；而其在离职半年内，不得转让所持有的公司股份。

（2）激励对象为公司董事和高级管理人员的，若其在买入公司股票后6个月

内又卖出，或者在卖出后 6 个月内又买入，其由此所获收益归公司所有，由公司董事会收回。

(3) 在本次股票期权激励计划的有效期内，若《公司法》中关于公司董事和高级管理人员持有股份转让的有关规定发生了改变，则这部分激励对象的转让公司股票的行为应当符合修改后的《公司法》和本公司《公司章程》的规定。

3. 行权价

首期股票期权的行权价格为 10.88 元。

资料来源：http://www.cnstock.com/paper_new/html/2009-10/29/content_71609244.htm。

本章小结

公司治理问题从很大程度上说，就是如何促使代理人能够尽心尽力地为公司服务而不做出损害公司的行为，因此，研究经理人的行为是相当重要的。本章的开篇案例中，我们就看到了如果对于经理人没有一定的约束，为了使自己享受到最大利益，他们的行为将会在很大程度上偏离公司的目标，而且由于经理人在公司中的重大地位和作用，他们的这些行为对于公司来说，有时是致命的。故对于公司来说，首先是选择适合的经理人，这需要综合考察其素质和能力；其次就是想办法对经理人进行有效的激励和约束，使其行为符合公司利益最大化的目标。

第七章 公司内部审计

开篇案例

尴尬的独立董事

伊利股份是一家主营牛奶制品的生产和销售的上市公司。2004年4月,其两名独立董事(俞伯伟与王斌)对公司国债投资和管理层收购提出异议;2004年6月15日,他们与郭晓川(伊利的独立董事)一起递交《独立董事声明》,提出聘请独立审计机构对公司的国债交易进行审计的要求。这些行为引起了伊利股份的恐慌,次日(6月16日),公司召开临时董事会,宣布免除俞伯伟的独立董事职务。

伊利股份对于罢免俞伯伟独立董事职务的解释是,俞伯伟在公司与上海承祥商务有限公司(法人代表是俞伯伟的近亲)的三宗咨询项目(总额达510万元)中,没有按相关规定向伊利股份进行报告并履行相应的回避义务,这与他作为公司的独立董事应具备的独立性是相互冲突的。而俞伯伟则对临时董事会的决议表示质疑,认为其除了不公正,也违背了相关法律的规定。俞伯伟提出自己从1999年开始为伊利股份做咨询业务,但2002年担任伊利股份的独立董事后,就不直接参与相关的业务了,董事会以此为理由而罢免他的职务是不能令人信服的。俞伯伟认为真正的原因是自己质疑公司国债投资项目。但作为独立董事,这是自己的职责所在,自己的权利应该得到尊重和保护。

双方冲突的焦点在于国债投资项目。伊利股份曾于2004年3月9日发布公告，称根据公司四届四次董事会的决议及公司内部审批程序，公司进行总额约3亿元的国债投资。而公司的3名独立董事在3月9日的公告之前，对国债投资一事毫不知情。伊利进行的此巨额国债投资属于非理性和非正常的投资，直接威胁到股东，特别是中小股东的权益。独立董事在5月26日的董事会上，对此提出质疑，但并没有得到公司管理层的合理解释。

在6月29日的股东大会上，三位独立董事再次向公司提出对国债投资等问题聘请中介机构进行审计的要求。8月3日，公司召开临时股东大会，伊利的独立董事事件有了最终结果，会议以占出席会议有效表决股份总数85.76%的票数罢免俞伯伟的独立董事职务，同时王斌主动提出辞职。他称感觉到在伊利担任独立董事的风险太大，不论作为与否都要承担风险。

资料来源：李维安，牛建波. CEO公司治理 [M]. 北京：北京大学出版社, 2011.

【案例启示】 伊利的独立董事风波虽然以独立董事的罢免和辞职结束，但是这个事件远不止于此，它所代表的"独立董事的失败"引起了社会各界对于独立董事问题的深思。作为公司内部审计的一部分，独立董事在公司内扮演着重要的角色，在伊利案例中，我们看到独立董事的权利并没有得到保障，其作用更谈不上得到了发挥，也就是说，内部审计在伊利并没有发挥作用，成为了一种摆设。

内部审计是公司内部治理的一个重要组成部分，与三会（股东大会、董事会和监事会）、经理人一起组成内部治理的内容。我们对于内部审计的传统理解就是指财务审计，其在公司中充当着监督的作用，也就是辅助而不干"实事"的，不会为公司增收创利，因而在很多情况下内部审计都被公司忽略了。

本章您将了解到：
- 内部审计的主要职能
- 不同治理结构下的内部审计
- 中国企业内部审计存在的问题及完善措施

第一节 内部审计概述

> 内部审计活动范围就是总经理关注的领域。
>
> ——佚名

公司治理中应该包含两个关键要素：一是机制，即内部公司治理机制和外部公司治理机制。正所谓"无规矩不成方圆"，公司治理就是要在公司内部制定一套规矩（主要是公司章程）来实现对权力的制衡和对义务的监督，因此在公司内设立股东大会、董事会、监事会以及经理人等机构，并且对这些机构的权利和义务进行合理的配置。二是合规性，即企业的经营管理活动要符合国家法律法规以及相关的制度、条例等，否则极可能受到法律的制裁并且滋生其他不良后果。

内部审计制度是实现企业自我监督的重要制度，是公司内部治理机制中的一个重要组成部分，也是公司治理中不可或缺的一个要素。内部审计能够帮助减少企业的舞弊行为、保障企业经营的合规性、降低违反法律法规的风险，从而完善公司的治理机制、提升治理水平。

一、内部审计的内涵

审计署 2003 年颁布了新的《审计署关于内部审计工作的规定》，其中有关内部审计是这样规定：内部审计是独立监督和评价本单位及所属单位财政收支、财务收支、经济活动的真实、合法和效益的行为，以促进加强经济管理和实现经济目标。

保护所有利益相关者的利益是内部审计部门开展工作的出发点，因此不仅要对企业的财务活动进行监督，而且还要对企业其他行为、企业制度的执行情况乃至企业的所有生产经营行为进行监督。对于有损企业所有者及其他利益相关者利益的行为，内部审计部门应该及时地予以制止和纠正，以最大化所有者及其他利益相关者的利益。对于公司存在的潜在问题进行客观的评价并提出相应的改进意见，持续地监督管理层对所发现问题进行的改进，同时帮助管理层提高管理能力和管理有效性。

随着内部审计对企业风险关注度的提升，内部审计由财务导向、业务导向和管理导向逐步向风险导向转化，内部审计不仅关注内部控制，而且越来越关注企业的风险以及公司治理。

二、内部审计的职能

企业的内部审计具有审查和鉴证、评价以及为决策服务三大职能。审查和鉴证是内部审计的主要职能，审计部门也参加对财务等方面的评价工作，同时为管理者提供各种决策服务。如通过评估某个项目的预期收益，给予是否执行该项目的有关建议。

（一）审查和鉴证职能

审查职能作为内部审计最基本的职能，是内部审计存在的最初依据，是其与生俱来的一种职能。当企业由业主制发展为合伙制进而为公司制时，由于信息的不对称造成不同利益相关者之间存在信息差异，信息多的一方可能利用信息优势损害其他人的利益，这时就产生了对经营者进行审查的需求，内部审计最初正是为了满足这种需求而产生的。随着人们对内部审计重要性的认识的提升，内部审计的评价和服务职能得到越来越多的重视。

内部审计的审查职能是指对被审计对象的合法性、合规性等进行监督和审查。这里，被审查对象不仅包括个人（如公司的经营者），也包括公司的各种经营管理活动，如公司的某项投资活动是否符合我国法律法规的有关规定。通过对企业经济管理活动的审查，企业可以及时地发现自身在内部控制以及管理方面存在的各种问题，并且在审查的基础上，内部审计还可以执行鉴证的职能，就某单位或者某个部门的财务状况、财务成果以及其他经济活动进行真实性、准确性的鉴定和证明，并在此基础上做出相应的审计结论。

(二) 评价职能

内部审计的评价职能主要是指对企业的经济效益进行审查，看是否达到预期的目标，是否能使企业保持竞争力以及是否需要改进。我们知道，一个企业要生存和发展，就必须建立自己的竞争优势，不论是低成本还是差异化，抑或是同时追求这两种优势，所有的企业都在努力地减少支出，扩大收入，提高自己的效益，从而达到利益最大化的目标。内部审计的评价职能就是帮助企业找出自己的问题、发现自己的潜力，并据此制订出相应的解决方案，以提高各种资源的使用效率，改进质量和服务等，最终达到增加企业竞争力的目的。

内部审计的评价职能主要是通过审核和检查企业的相关资料（如财务资料），对企业的预算、计划、方案等的可行性、合理性和科学性进行评价。当然，内部审计的评价职能不仅仅限于与财务有关的事项，也包括对企业的各种管理活动、经济活动以及企业的其他事项进行评价，如企业的战略、相关决策、制度以及各项工作的进程等。

(三) 为决策服务职能

传统的内部审计以审查和鉴证以及评价为主要职能，内部审计部门充当的是一个检验员的身份，监督经营者作为代理人是否履行他们的职责、审查财务信息的真实性和完整性、评价内部控制系统的科学性和合理性等。随着我国公司治理水平的提高以及人们对内部审计认识的提升，内部审计部门的职能突破了审查和鉴证以及评价的范围，它不仅嵌入了企业的监督系统中，而且不断地嵌入管理层的工作中，为管理层的决策提供服务，从而提高其决策的科学性，并在此过程中提高管理层的管理能力。这也符合了公司治理的目的之一——增强决策的科学性。

内部审计作为公司的一个组成部分，是公司的一个职能部门，除了审查和鉴证以及评价职能外，还应为公司的决策服务，为公司更好地发展而出谋划策。对于出谋划策来说，内部审计人员有其独特的优势。首先，内部审计工作往往拥有很强的独立性，不易受到其他部门或领导的干涉，这样他们通过审计后提出的相关建议就具有较高的可信度。其次，内部审计人员由于工作需要经常会下到基层收集资料，他们对企业的不同层面会有比较深入的了解，从企业整体的战略到职能层的战略再到部门的策略都有比较清晰的认识，因此他们能够更加容易地识别出企业存在的问题并据此提出相应的改进意见和建议。这些对于企业的发展是很重要的，能够起到改进企业运作的作用。

可以说，审查职能是前提，在审查的基础上才能了解，才能按照一定的事实和标准进行评价，在此基础上才能提出相关的建议来对企业存在的问题进行改进。

三、我国内部审计工作的基本内容及程序

（一）我国内部审计工作的基本内容

1. 财政、财务收支及其有关的经济活动

这是有关财务报表的审计，主要是对一定时期内的财务收支状况、经营成果、企业资金状况等进行全面审计，其目的是监督和评价企业的收入核算是否准确、支出是否合规以及成本是否合理等。

2. 经济效益状况分析

这是指对企业一定时期或重大事项的经济性、效率效果性进行的审计。通过审计，除了可以核实相关资料是否真实有效，还可以看到差距，知晓不足，从而对此提出相应的改进措施，挖掘并发挥企业的潜力。

3. 经济责任

这是指对企业的法定代表人、某个项目或经济管理活动的负责人在任职期内应承担的经济责任的履行情况进行的审计，主要目的是分清责任的归属，为考核或者确定职责的归属提供依据。对外方面，公司需要与外部的组织之间明确各自的经济责任，这是避免纷争的前提。而在公司内部，各种经济管理活动的经济责任都有所归属，这样才不会出现相互推诿的现象。

4. 内部控制制度

这是立足于会计又不仅仅限于会计的一系列控制方法、措施及动态的改进过程。主要包括货币资金控制审计、固定资产控制审计、存货审计、工程项目控制审计、对外投资控制审计、成本费用控制审计等。

5. 建设项目预算、决算

重大的建设项目需要耗费企业大量的资源，其成败对企业的发展影响重大，因此对其进行专门的审计是必要的。首先需要对项目进行预算评估，考察其收益性并事先做好各项安排，这样才能保障建设项目的顺利实施。后期还需要对其决算进行审查，审查各项数据的真实合法性，以及是否达到预期的目标。

6. 财务计划或单位预算的执行和决算

财务计划或预算的执行和决算审计主要是指监督企业财务计划和预算的制订是否合理以及其之后的执行情况，确保计划和预算按照事先的安排实施。决算是对预算执行情况的审查和总结，通过认真分析能够发现问题，从而促进预算的合理编制，提高资金的利用效率。

7. 其他审计事项

其他审计事项如或有事项审计，主要包括未决诉讼、未决仲裁形成的或有负债，为其他单位提供的债务担保形成的或有负债，等等。风险已经成为当今社会的一个重要属性，随着风险的日益加剧，或有事项早已经是企业时常面对且不可避免的一个问题。因此，企业对或有事项进行内部审计是非常有必要的，这能够提高企业应对不确定性的能力以防患于未然，保障企业正常的生产经营。

【拓展阅读】

或有事项

由过去的交易或事项形成的一种状态，包括潜在的义务和资产，其能否存在或实际发生作用依赖于未来不确定事项的发生与否。

内部审计的范围是广泛的，它应在企业的各个方面发挥作用——审查鉴证、评价和给予建议，但是长期以来我国内部审计局限于对财务收支的审计，其职能也只停留在审查上。审计人员往往将大部分精力放在财务数据的真实性与合法性上，其审计的对象也主要是各种财务报表、凭证等相关资料，这大大缩减了内部审计的作用范围，不利于企业整个的管理控制及治理水平的提升。

未来的发展趋势，也是现代企业发展的客观要求，内部审计的工作范围将越来越扩展，包括帮助企业制定战略、预测和控制企业的风险、帮助制订合理有效的资源利用计划、确保公司的各项活动在法律法规许可的范围内进行等。不仅有事后的审查，更有事前的评估；不仅仅评价真实合法性，更对经济效益性进行把关；除了经营财务活动，还包括企业文化道德。这样的内部审计才是健全有效的，才能达到改善企业的经营管理、健全企业的内部控制制度的目的。

（二）我国内部审计工作的基本程序

我国内部审计工作的基本程序可以概括为五个步骤（见图7-1），这是一个循环的过程，直到达到预定的目标。一个审计计划当执行到后期，进行后续审计并检查其执行的情况时，也许会发现其并没有实现预先制定的目标，没有达到预期的效果，这时就需要一个反馈的过程：或者对目标进行重新设定（目标不合理的情况），或者重新拟订审计计划（针对计划不合理的情况）。

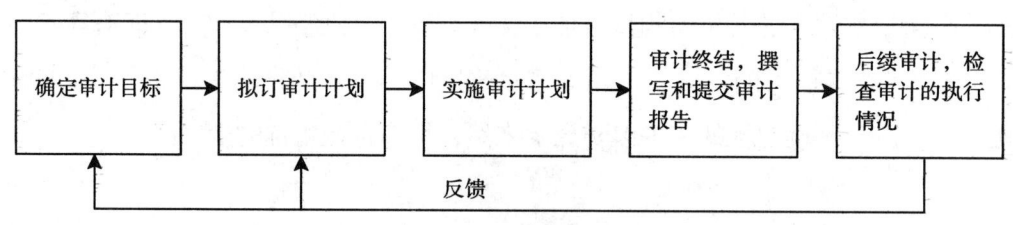

图7-1 内部审计工作的基本程序

四、审计约束机制

在公司治理结构中，按照审计的来源不同，可以把构成审计约束机制的力量分为两个方面：一是外部审计约束；二是内部审计约束。所谓外部审计约束，顾名思义，主要是指公司外部的审计机构（律师事务所、会计师事务所等）对公司进行的审计而形成的约束；内部审计约束则是来自企业内部的审计人员或者部门通过执行审计职能而形成的约束。

在公司治理结构中，内部审计部门所执行的是监督的职能，它为董事会和管理当局成员行为的合法性、合理性以及合规性提供了一个保证，能够在一定程度上解决委托代理问题，使经营者的目标函数和企业所有者的目标函数趋于一致。因此，为了实现公司治理的目标，好的内部审计部门是一个重要的保证，因为它是内部财务数据审查以及企业活动真实性和效益性审查的重要把关者。由于内部审计的相对重要性以及公司自身对其可控性较高（内部审计职能发挥的优劣取决于公司自身，而外部审计受更多的其他因素影响），本书就只针对内部审计展开讨论。

在这里有必要提一下独立董事制度，因为其是内部审计制度的重要组成部分，其作用是否得到有效的发挥，关系到内部审计工作的进行。这方面具体内容在本书的第四章已经提及，就不再赘述。

第二节　内部审计在公司治理中的作用

如果强调什么，你就检查什么；你不检查，就等于不重视。

——郭士纳

一、内部审计在公司治理中的作用以及两者的关系

公司治理是一个多层次的概念，其目的是保护所有者及其他利益相关者的利益，因而要对经营者进行权利的配置并对他们履行责任的情况进行监督，保障决

策的科学性。为了实现这一目标,仅仅依靠科学的制度设计是无法达到的,因为在利益的驱使下,某些经营者可能有意地损害利益相关者的利益。

为了保证经营者及员工能够尽忠尽责地履行相应的义务,保障企业的经营行为符合法律法规、遵守道德规范以及满足社会期望,就需要在企业内部建立一套制度来审查企业及其经营者的行为和行为结果,以保证本企业及其下属企业的财务收支、经济活动的真实性、合法性以及有效性。这一套制度就是内部审计制度。进行内部审计能够提升企业内部的控制能力和监督能力,在公司治理中起着重要作用,是公司治理机制中不可或缺的一部分,是优化公司治理的重要变量。

根据内部审计的三个职能,可以归纳出内部审计在公司治理中的一些作用:

(一)增强对管理者监督,使其符合企业利益最大化的目标

公司治理中的一大问题就是所有者与管理者的利益不一致造成的管理者为了自身利益而去损害所有者利益的问题,内部审计通过加强对管理者的监督,可以制约管理者的自利行为。我们知道,在公司中管理者往往处于信息优势地位,这种信息不对称使得所有者对于管理者的一些行为不能进行限制,导致管理者做出一些损害所有者利益的行为。而通过内部审计,管理者的行为受到了监督,就能够有效地减少这种情况的发生。

(二)促进公司治理效率的提高,改进公司的治理水平

内部审计通过监督,了解公司的实际情况,并可以据此对公司的相关治理给出评价,提出相应建议,这对于改进公司的管理、提高公司的治理水平有很大的作用。

(三)预防

我们可以从社会中看到这样的现象:一家公司的倒闭,往往是由于一些极小的问题没有被注意或被重视,而当发现时为时已晚。"千里之堤,溃于蚁穴"说的就是这个道理。通过内部审计,我们可以提前发现公司存在的问题和隐患,从而达到防患于未然的目的。对于一些已经存在但还没有显现的问题,有时直到它爆发再去想办法解决已经无能为力,因此对于企业的生存和发展,预防机制是相当重要的。

(四) 信息反馈

当代社会是一个信息的社会，信息是决策的前提条件。谁拥有信息，谁就拥有话语权。对于一个企业来说，及时有效的信息对其竞争与发展显得更为重要。内部审计人员了解企业的情况，能够给管理者最有效的信息反馈，从而为改进企业的现状、帮助企业做出有效的决策提供依据。

内部审计是公司治理机制的一个重要组成部分，二者同时又是相辅相成的关系：一方面，公司治理的发展促进了内部审计制度的出现和发展；另一方面，良好的内部审计制度以及内部审计行为能够提升公司的治理能力和水平，因此，进行内部审计也是完善公司治理结构的一个重要举措。

二、不同治理结构中的内部审计

对公司进行治理就是为了实现公司价值最大化或者股东价值最大化，这一目标的实现需要使企业的所有利益相关者（特别是内部利益相关者）拥有一个相同的目标函数。这只是一个期望，因为不同的利益相关者的目标函数不可能完全的一致，有时甚至会相互背离。而也正因为企业某些利益相关者目标函数的不一致，才导致了公司治理问题的出现。因此，对公司进行治理最关键的就是在企业内部形成一种和谐的结构，使企业的所有者、经营者、员工都能够以企业价值最大化作为目标函数的因变量。在这样的一种结构中，需要对权利和义务进行科学合理的分配，在授权的同时保证权利不被滥用，在分配义务的时候要给予一定的权利作为履行义务的保障。

内部审计部门在不同国家的公司治理结构中的地位和隶属关系是不一样的，大体上有四种类型：一是隶属于董事会或审计委员会的内部审计部门；二是隶属于监事会的内部审计部门；三是隶属于经理人或总裁的内部审计部门；四是隶属于主管财务的高层管理者的内部审计部门。从理论上讲，隶属于董事会或者审计委员会的模式是最好的，因为内部审计需要客观、公正和独立才能充分地履行其职责和发挥其作用，而这种模式能够最大限度地保证内部审计的客观、公正和独立。

公司治理

在英国和美国的典型公司治理结构中（见图7-2）没有监事会，对公司的监督主要由董事会领导下的审计委员会来承担，审计委员会同时也充当内部审计部门的角色，其成员是企业的独立董事，这些独立董事具有一般董事所具有的权利，同时又保持自身的独立性，能够对公司的一些事情做出独立的判断和评价。如图7-2所示，审计委员会在董事会的领导下实行对经理人的监督和约束。英、美的这种治理结构与德国和日本的典型公司治理结构模式（见图7-3）有明显的区别，在德国和日本，审计约束和监督职能是由股东大会下属的监事会或者监事来完成的。相对于英、美的审计委员会来说，德、日的监事会的地位要高些，监控的权利也更大些，但是其审计功能却没有英、美公司治理结构强。

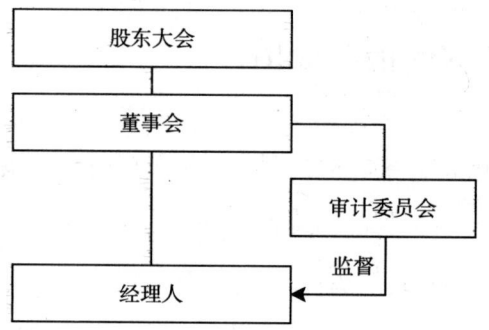

图7-2 英、美公司典型的治理结构模式

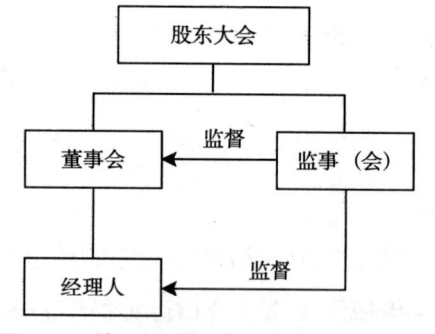

图7-3 德、日公司典型的治理结构模式

在我国公司中，内部审计的模式主要有三种：第一种是监事会下属内部审计部门，这种模式将监事会的监督和内部审计部门的监督合二为一，从二者的从属情况来看，在采取这种模式的公司中，内部审计部门的职能主要是审查和鉴证，评价和为决策服务职能被淡化。第二种是总经理领导下的内部审计模式，如此设计内部审计部门能够增强内部审计部门的评价和为决策服务职能，对管理水平的提高有比较大的帮助，虽然在监督总经理的效果上或许会打个折扣，但由于其地位比较高，内部审计部门的独立性能够为监督其他管理者提供保障。第三种是董事会下设内部审计部门，高地位保证了内部审计部门的独立性和权威性，单从理论上来说，对经营者的监督职能能够得到最充分的保障，同时也能够为经营者提供相应的评价和为决策服务。

在我国，《上市公司治理准则》颁布之后，上市公司被要求在董事会中设立审计委员会以加强企业内部的监督（见图7-4）。我国上市公司审计委员会的主要职能是保证所披露的信息的真实性、内外部审计的联系以及规范企业的内部控制过程等。因此，在我国的上市公司中，审计约束来自两个部门：一是董事会下的审计委员会；二是股东大会下的监事会。

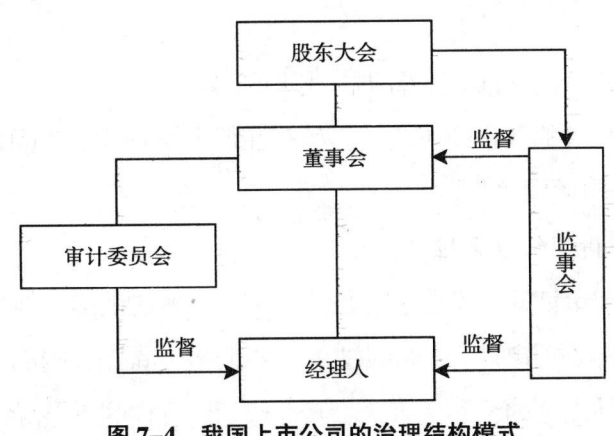

图7-4 我国上市公司的治理结构模式

第三节 完善内部审计在我国上市公司中的作用

你的房子首先要足够坚固，然后才可以装修。

——陈天桥

对企业的管理并不能像读教科书一样的流畅，现代社会的变化节奏不断地加快，企业所面对的不确定性因素也不断地增多，如何在这种变幻莫测的环境中减少企业的风险成为企业越来越关注的问题。内部审计部门的一项重要职能是保证信息的真实性，这一项职能能够在很大程度上使企业在环境变化中保持活动的真实性和合法性，从而降低企业的风险。因此，任何一个管理者都要正确认识并高度重视内部审计在公司治理中的特殊地位和重要作用，通过不断完善企业的内部审计等控制制度来强化企业的内部控制。强化了的内部控制制度能够提升企业应对环境不确定性的能力，同时还可以加强内部审计和公司治理之间的良性互动。在我国，内部审计部门主要出现在上市公司中，因此，需要着重讨论上市公司的内部审计。

一、我国企业内部审计存在的问题

我们需要首先认清这样一个事实：我国的内部审计制度相对于西方国家来说发展得比较晚，相关的建设还不完善，还存在很多问题。这些问题制约着内部审计在我国上市公司中作用的发挥。

（一）内部审计工作缺乏独立性

独立性是内部审计的基本要求，是开展审计工作的前提。但是由于各方面的原因导致我国上市公司审计工作的独立性并不明显。首先，内部审计机构设置不合理——不是单独设置的，而是隶属于其他部门。这样的设置导致审计人员在进行审计工作时会受到该部门的制约和牵制，无法独立完成工作，因而也难以保持应有的独立性。其次，内部审计机构常常置于经理人的领导之下，一定程度上变成该经理人的服务机构，而难以达到监督管理者的初衷。最后，缺乏对内部审计人员的保障机制，内部审计人员如同产品的质检员一样往往会受到企业内部复杂的人际关系的影响，受到多方利益的牵制，同时为了自己的工作、薪酬等，难以做到真正的独立客观。尤其是当被审计对象职位较高、权力较大时，审计人员为了自己在企业的发展，往往会睁一只眼闭一只眼。

(二) 内部审计人员素质不高

内部审计人员必须具有较高的专业素质和道德素养才能行使好审查和鉴证的职能，以及评价相关的措施政策，给出专业的建议，这样才能发挥好内部审计的作用。而目前我国企业的内部审计人员综合素质普遍不高，缺乏专业的审计人员，很多审计人员是"半路出家"，从别的部门调转过来，缺乏必要的审计知识。同时内部审计的专职人员较少，而兼职的较多，审计人员同时还担任其他工作，甚至审计只是一项副业，这时我们很难要求审计人员有较多的精力和较高的素质来完成审计工作。

不论是专业素质还是道德素养，对于审计工作都是极其重要的。因为专业，才能发现深层次的问题，才能给出有效的建议；因为道德，才能在面对各种威逼利诱时保持自身的独立性。

(三) 内部审计工作没有得到应有的重视

内部审计工作对于公司而言，是相当重要的，在公司的发展中起着无可替代的作用，理应得到企业的高度重视，建立完善的内部审计制度。而现实的情况是公司员工对于审计工作普遍缺乏了解与认可，认为可有可无，因而存在着各种抵触情绪，对审计工作采取消极态度，这些导致审计工作不能正常的实施。一些领导者认为内部审计的工作与企业的效益没有直接的关系，甚至认为内部审计工作限制了自己的权力，限制了自己的自由决策权，因而也对审计工作采取敷衍的态度，出现随意撤换审计人员的现象。

当审计工作只是一个摆设、不能得到应有的重视和配合的时候，其所能发挥的作用就已经大打折扣了。

(四) 法律法规不健全

法律法规是建立一项制度、开展一项工作的依据，法律能够保障地位，提供一个判断的标准，因此在当今的法治社会，凡事"有法可依"是最基本的要求。而对于我国目前的内部审计工作，法律制度建设还相对落后，缺乏有关内部审计的完善的法律规范。

《审计法》是审计人员在执行审计业务时的法律依据，但从行业和部门看却不是很完善，除了审计署按照有关法律的规定对内部审计进行规范外，其他财政等部门并未对其提出规范要求。与其他审计（如国家审计）相比，内部审计的法规建设相对滞后。《审计法》中有关内部审计的条款非常有限，规定应当建立内部审计制度，但是对于内部审计部门的设立、职责、权限却没有规定，这使得内部审计部门在建立过程中出现了各种问题，如建立专门的内部审计部门的企业很少，大多是将内部审计从属于其他部门，由其他工作人员来兼任内部审计人员，这虽然符合法律的最低要求，但也只是为了满足法律的最低要求。同时，内部审计人员对于自己的职责和权限也没有统一标准的理解，往往使得审计人员在进行审计工作时缺乏法律依据，感到无章可循、无所适从。这些对于内部审计作用的发挥有很大的制约作用。

因此，为了有效地发挥内部审计的作用，除了国家的相关部门应该根据《审计法》建立专门的部门法规，完善内部审计的法律制度外，企业应该根据相关的审计法规，结合自己的实际情况，制定出审计工作的规章制度，加大对内部审计的宣传力度，从而保障内部审计工作的顺利开展。

二、完善内部审计的相关措施

基于内部审计在公司及其治理中的重要作用以及上述存在的一些问题，为了使内部审计发挥其应有的作用，从而提高公司的治理水平，可以从以下几个方面对内部审计工作进行完善：

（一）强化内部审计的作用

管理的职能主要有五个——计划、组织、指挥、协调和控制，其中控制的主要作用是保证企业的活动能够支持企业目标的实现，尽量减少实际活动和目标之间的偏差。作为一种内部控制的重要方式，内部审计能够在一定程度上保证企业目标的顺利实现。国际内部审计师协会于2001年修订了《内部审计实务标准》及《职责说明》，该协会在修订后的这两份文件中是这样定位和评价内部审计的：内部审计是一项独立、客观的保证和咨询活动，增加价值和改进组织的经营是其目的所在。它通过系统化、规范化的方法，对风险管理进行评价和改进以及对过程的效果进行控制和管理，以帮助组织实现目标。我国的内部审计应该朝着这一方向努力。

俗话说："纸上得来终觉浅，绝知此事要躬行。"内部控制效果的好坏不仅仅取决于内部控制制度是否合理，更重要的是看这些制度的执行情况。企业内部控制制度也需要根据实际面临的环境不断地加以调整和变革，这些都是对内部控制系统的管理，也就是说，内部控制系统其实也是要控制的。内部审计成为控制内部系统的重要力量，它对内部控制系统实行监督和评价。因此，内部审计是内部控制的重要组成部分，在提升公司治理能力方面有非常重要的作用，同时内部审计部门也是评估风险的重要力量。著名的内部控制专家迈克尔·海默教授指出："内部审计机构应当被视为公司的一种重要资源。在帮助管理当局更有效地达成预期控制目标的过程中，内部审计师的使命将从简单的'我们实施审计'向'我们帮助创建一些程序，以期达到组织成功所需要的内部控制水平'的方向发展。"

在企业的实际环境中，内部审计部门不仅有"硬约束"力量——监督和评价，同时还有建设和维持"软约束"的职能——建立有利于内部控制的企业文化，使内部控制成为企业所有人员的一致的价值观。此外，内部审计人员还可以成为内部控制制度和活动的专业顾问。

(二) 合理选择内部审计管理模式

作为内部控制系统的一个重要组成部分，内部审计职能的确立以及部门的设立必须要能够最大限度地促进企业的健康发展，符合企业整体结构的设计。内部审计和企业整体结构的协调能够为内部审计工作的顺利进行及其有效性提供一个可靠的保障。

在具有中国特色的市场经济中，上市公司的差别非常大，内部审计部门的隶属关系也有不同的模式，下面主要介绍两种不同的模式：一是隶属于监事会的模式；二是隶属于董事会的模式。虽然隶属关系不同，但是这两种模式却有着同样的职能——评价、监督、提供建议或者意见、审计等。只是两种模式的作用方式不一样，其效率和效果一般也不一样。上市公司应该根据自身的具体情况来合理地选择内部审计管理模式，做到扬长避短。

一般来说，监事会更多的是在行使监督权，董事会则更多的行使决策权。内部审计部门作为一个监督部门，应该完善监事会的监督职能，使监事会形成一个功能强大且结构完整的部门；而内部审计部门作为一个为决策提供依据或者建议、意见的部门则应该增强董事会的决策能力和水平。把内部审计部门设置于监事会的领导下需要一个强有力的前提条件，即监事会拥有独立并且充分的监督权。而在我国的上市公司中，"一股独大"的现象非常严重，这使得监事会的监督权并没有达到独立、充分的要求，因为他们的监督权很容易受大股东的影响甚至是控制，造成监事会"形同虚设"的现象。在隶属于董事会的模式下，审计结果直接向审计委员会报告，并且在内部审计的过程当中可以直接与管理者进行沟通和交流，这样可以有效地避免管理者和审计工作之间的冲突。另外，在董事会下设置审计委员会的模式可以有效地协调内部审计和外部审计的关系。内部审计部门能够独立地选择负责公司外部审计的会计师事务所或者律师事务所，并且与外部审计机构进行有效的沟通。这样不仅可以与外部审计机构商定费用，最重要的是可以降低管理当局与外部审计机构进行合谋的风险，使外部审计机构所执行的审计工作能够保持独立性和客观性而不受管理当局的影响甚至是间接的控制，这对规范企业的审计工作是非常有益的，形成了内部审计和外部审计的有效配合。但也要注意在这种模式下，董事对内部审计的干预和控制。

（三）强化内部审计部门（审计委员会）的监督职能

内部审计部门的关键职责是保证对外披露的信息（特别是财务信息）的真实性、完整性和及时性。在我国，审计部门的职能通常由隶属于董事会下的审计委员会来完成，审计委员会通过履行自己的职责来提高企业内外部审计活动的效率和质量。

为了保证审计工作更加的独立、客观、公正和完善，必须把独立董事制度引入到审计委员会之中，这样做是出于审计部门的独立性的考虑。从事审计工作的最核心的要求就是独立和客观，在不受企业其他部门和人员影响的前提下能够对企业相关事项做出独立的判断和评价。在企业中，内部董事的思维往往有一种路径依赖的弊端，这种弊端很可能会影响其判断和评价的公正客观性。在审计委员会中引入独立董事制度能够在很大程度上增强审计委员会的独立性，对强化审计委员会的监督具有非常重要的意义。另外，证监会颁布的有关法规中规定了上市公司中独立董事应该达到的比例，如在我国的上市公司中，独立董事的人数不应该低于全体董事人数的 1/3，并且不能没有会计专业的董事。既是董事会成员又是审计委员会成员的董事一般是由具有财会专业背景或者丰富的财会工作经验背景的人士来担任。这不仅是审计工作的内在要求，还可以完善董事会的知识结构，提高董事会工作的效率并改善工作效果，对提升董事会识别、分析、应对和规避风险也具有积极的作用。

（四）丰富和完善内部审计职能

传统的审计工作主要集中在对财务资料的"查错"和"防弊"上，内部审计职能也主要集中在对财务的监督和审查上。随着中国市场经济的不断发展以及中国法律的不断完善，我国现代企业制度正向着更高水平发展，企业内部审计工作的科学性和合理性得到较大的提升，财务会计的专业化以及技术的发展大大地降低了财会资料的错误率。这些转变使得企业应该对内部审计进行必要的扩充和完善，把审计的重点转移到为管理和决策服务上，并且把审计的工作范围扩展到评价和咨询上。内部审计人员的工作角色也应该随着这些变革进行必要的转变，不仅要执行监督角色，还应该有评价、咨询和建议的角色。

（五）转变内部审计模式

传统的内部审计方式是单纯的事后审计，在现代社会，随着企业内外部环境变化频率的加快，内部审计还应该加入预防和控制，从而将其监督和评价作用发挥到企业内部控制的全过程。

信息技术（特别是计算机技术）的发展在企业内部审计的进步和完善中扮演着重要的角色。随着计算机技术的普及和发展及其在企业中应用程度的提高和应用范围的扩展，一个比较完善的内部审计系统的建立成为一件比较容易的事情，很多企业已经建立了这样的系统。借助这一平台，企业的内部审计实现了由传统走向现代的四个转变（见图 7-5）。审计模式的转变对企业内部审计职能的完善

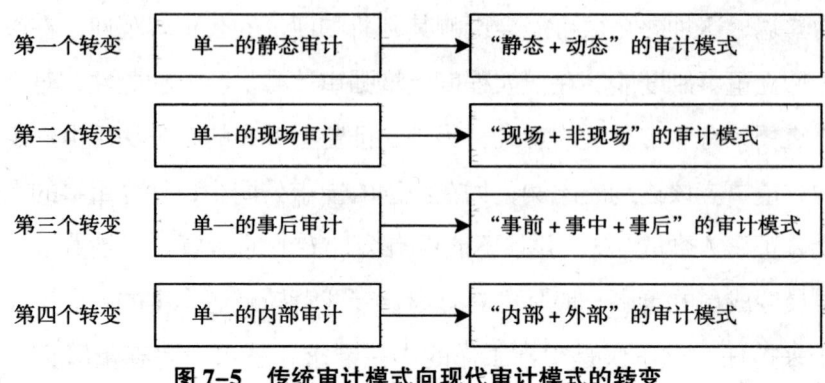

图 7-5　传统审计模式向现代审计模式的转变

和企业内部控制能力的提升有重要的意义。

现代的审计模式是一种动态的、全程的并且注重与外部审计相结合的审计模式。这适应了当今社会多变的属性，并且对活动的全程进行监督，有利于迅速发现问题，提高了应对能力。风险导向的内部审计模式是一种新的内部审计模式，是现代内部审计模式的具体体现，它是以风险评估为导向的，旨在降低企业的各种风险，如经营风险等，是适应企业风险管理的需要而产生的一种审计模式。

三、风险导向的内部审计

风险导向审计模式，即以企业的风险分析评估为导向，是指内部审计人员通过利用各种标准化和系统的方法，综合评估企业的各项活动，对风险有一个大致了解，从而对企业的活动给出相应的评价和建议，达到改善公司治理的目的。在这个过程中，内部审计的职能得到了切实有效的发挥。

风险导向的内部审计模式与传统的审计模式相比，具有以下几个特征：

（一）动态性

风险导向审计模式相对于传统静止的模式而言，具有动态性的特征。在当今社会，企业外部环境的变化越来越迅速，其带来的风险也越来越多变，在审计的过程中，只有不断地保持动态才能适应环境的要求，才能应对各种风险。风险导向的审计保持与其所在环境的密切联系，并随时做好调整的准备。

(二)预见性

风险导向审计模式要求审计人员具有预见性,能够在事情发生之前就能够有所了解,这样才能事先采取一定的措施改变事情的发生轨迹以达到自己的要求或者将危害性降到最低。风险导向审计模式的预见性也将事后审计变为事前审计,这种转变能够帮助管理者更好地掌握事态的发展,达到运筹帷幄的目的。

风险导向审计模式更加关注的是将会影响企业未来发展的风险,通过一定的机制收集更多的资料,对未来的风险进行评估,并在此基础上,给出合理的建议。

(三)目标性

风险导向的审计模式是一种有目的的行为,而不是传统审计的只是监督检控已发生事情是否符合要求。风险导向的审计是有目标地进行审计工作的,其目标是降低企业的风险,使企业能获得最大的利润。因此,在这种模式下,审计人员在执行审计职能时就更加注重与企业目标的契合,对影响企业利润的风险给予更多的关注和控制。

这种新的审计方式首先明确了企业的目标,然后根据风险采取各种措施,是有针对性的行为,最终实现对风险的有效控制。而以往的模式就是广泛采取控制,目的性不明确,相对而言,应对风险的能力就降低了。

风险导向的审计模式在发达国家已经有了一定的发展,但在我国还处于发展比较薄弱的时期,还存在一些问题影响这一模式的实施及其作用的发挥,如风险意识的缺乏、审计方法的滞后等。为此我们需要采取一些针对性的措施来对其加以改善。就国家层面来说,国家应该完善相关的法律法规,为这种审计模式的实施创造一个良好的外部环境。就公司层面来说,实施这种模式首先需要相应的内部审计人员,审计人员的素质要达到一定的要求,专业素质和道德素养缺一不可。其次是在全公司范围内培养风险意识,使之成为企业文化的一个特征。

在当今多变的社会中,时时有风险,处处有风险。针对无时无处不在的风险,企业应该以审慎的态度对待之,具体到审计人员,在监督评价某项活动时,应该把风险考虑进去,这样才能更真实地反映实际情况,才能在风险发生时有所作为，并使危害降到最低。最后，在公司内部需要提升审计人员的地位，不论是高层管理者还是普通的员工，都要了解并认可内部审计的作用，这样才能有效地保障内部审计人员的工作，才能有利于风险导向的内部审计模式的执行。

本章小结

本章开篇案例中伊利独立董事的例子，让我们窥探到内部审计的作用在公司中并没有得到应有的发挥，内部审计在一些公司中仍只是一个摆设，起不到监督、评价以及为公司服务的作用，内部审计作为解决委托代理问题的一个重要手段的作用被削弱了，很多时候充当着经营者欺上瞒下的"帮凶"（"无为"很多时候都助长了经营者的自利行为）。

我们从案例中也看到独立董事（内部审计人员的代表）"有心作为"但却致使自己遭到了解聘的命运。这个例子让我们知晓了为什么会存在那么多"只拿钱不办事"的内部审计人员，因为这关系到他们的事业前途。内部审计人员处于高管人员的管理之下，其很多行为都受到制约，自己的命运也很大程度上掌握在高管的手中。在这样的情况下，要求内部审计人员能够兢兢业业似乎有些强人所难。正如现代社会鼓励检举揭发却没有相应的机制保障检举者一样。

为此，建立独立的审计部门——审计委员会是相当必要的，这里强调独立，是使其能作为一种平行的力量来监督经营者的行为，而不至于沦为"帮凶"。现在我国很多公司缺乏独立的审计部门，即使有建立，其独立性也并不强。

无论是考虑审计人员作为与否，公司首先需要做的是健全内部审计制度，特别是在制度上给予保障，这些制度使"无为的审计人员"基于压力而努力履行自己的职责，同时又能使"有为的审计人员"的合法权益得到保障。

第八章　外部公司治理

开篇案例

渤海漏油事件凸显我国法律和社会监督之薄弱

2011年6月4日，中海油渤海蓬莱19-3油田B平台出现原油渗漏，17日C平台也出现溢油情况。该油田是由中海油和康菲中国合作开发的，位于山东半岛北部的渤海之中，距山东省龙口市仅48海里。其中康菲中国担任作业者。

然而，对于此事件，公众在一个月后才知情。虽然国家海洋局多次提出严厉的批评，并要求迅速实施整改措施，但康菲公司的补救行动依然缓慢。

从康菲公司的官网上可以看到，其目标定位是安全环保地作业，使包括公司员工、承包商、客户、邻居或社区在内的任何一方的利益都不会受到侵害。然而，却是标榜得比做得漂亮，这从其出现事故后拖拖拉拉、敷衍了事、置公众利益于不顾的行为中可以看到。康菲公司的社会责任感何在！

可以说，中海油与康菲石油的傲慢，是民事赔偿机制缺乏导致的结果。我国在海洋生态损害赔偿和补偿方面的法律机制至今还不完善，对于各类开发活动造成的海洋生态损害的补偿和赔偿大多停留在口号上，并没有对保护海洋生态起到实质性的效果。根据《中华人民共和国海洋环境保护法》的规定，进行海洋石油勘探开发活动造成海洋环境污染的，处以3万元以上20万元以下的罚款。这对于海洋石油开采能产生的巨利来说，是微不足道的。故而面对利益，很多公司甘冒处罚的危险。相对而言，在美国墨西哥湾的漏油事件中，英国石油公司遭受到了巨大的道德谴责以及高达 200 亿美元的损害赔偿。

我国现行的相关法律亟须完善，越来越高涨的开发海洋资源的热情给海洋生态造成了巨大威胁。同时，海洋环境有其特殊的一面，其一旦遭受污染，后果就是严重的，因为其具有影响范围大、持续时间长等特性。而我国现行法律规定的最高 20 万元的处罚非但不能对违规者形成惩戒作用，也不足以弥补海洋生态环境的损失和修复需要的成本。

关于此次事件的社会监督也显薄弱，没有发挥其应有的作用。其实，在事故发生之初，社会舆论监督不是没有。早在 2011 年 6 月 21 日，新浪微博就有关于此次事件的披露——"渤海油田有两个油井发生漏油事故已经两天了，希望能控制，不要污染"，但是还没有等到引起相关方面的关注，这一事件的相关微博就被迅速删除了。

资料来源：http://www.hysec.com/hyzq/public/Infodetail.jsp?infoId=5110052.

【案例启示】 渤海漏油事件虽然日渐淡化，慢慢走出了人们的视线，但是其凸显了很多的问题。这些问题在我国一直存在着，而且比较普遍，在大的范围上来说就是法律与社会监督薄弱。我国的法律法规体系还有待健全和完善，法律的作用没有得到很好的发挥，社会监督也在各种方式下被"和谐"。这些都不利于我国外部公司治理的发展。

公司的治理机制包括内部公司治理机制和外部公司治理机制，内部公司治理的相关内容已经讲述，本章将了解外部公司治理的相关内容。除了以上案例显示的法律与社会监督以外，我国公司的外部治理机制还包括其他一些内容，如控制权市场、高层管理者人才市场、产品市场等。作为公司的外部治理机制，其与内部治理机制间相互分工、保持合作，共同决定了公司治理水平。但是在现实生活中，各个外部治理机制都存在着这样或那样的不足，尤其我国还处于市场经济不完善的阶段，外部公司治理机制的作用还不能够得到有效的发挥。

> 本章您将了解到：
> - 外部公司治理设计的范围
> - 资本结构的基本理论
> - 高层管理者人才市场的三种机制

第一节　外部公司治理概述

外部公司治理是公司治理的基本机制之一。

——佚名

一、外部公司治理的内涵

外部公司治理机制通过来自企业外部主体（包括政府、中介、各种市场等）的约束监督机制而作用于公司治理。外部公司治理是以竞争为主线的外在制度的安排（内部治理是以产权为主线的内在制度的安排），其研究的是外部的各种环境和主体，包括公平的市场竞争环境、充分的信息作用机制、客观的市场评价和淘汰机制以及政府、团体、社会公众对公司所进行的治理。

西方发达的市场经济提供了一个公平而充分的外部竞争市场体系。这一体系不仅能够监督和约束经营者，并且它所提供的这些监督和约束能够很好地发挥作用。一个比较完整的外部公司治理体系包括：完善的市场体系、优胜劣汰的竞争机制和健全的法律法规体系。相应的外部公司治理涉及的范围有：高层管理者人才市场、产品市场、控制权市场、法律法规体系、其他社会监督和利益相关者制衡等方面。

二、外部公司治理的作用

作为公司治理的一个组成部分,外部公司治理机制的作用是不可或缺的,它通过各种市场体系、竞争机制和法律法规体系作用于经营者,从而在一定程度上保证他们能够正确而努力地为公司工作,保障以股东为主体的利益相关者的利益。

外部公司治理机制作用的原理包括:证券资本市场对控制权的配置作用、高层管理者人才市场对管理人才的优胜劣汰、产品市场通过对市场上各种产品进行"投票"所达到的决定各公司命运的作用、法律法规对经营者的约束、利益相关者以及其他社会监督对经营者的约束等。

一般而言,如果外部公司治理机制健全,当公司经营出现问题,如战略决策失误、公司市场份额下降、股市下滑迅速等,外部公司治理将通过更换管理层、接管公司等现象表现出来,从而达到改善治理的效果。然而,很多公司现实的案例让我们感到我国外部公司治理机制的作用还没有很好地发挥出来,还存在很多问题,如没有完善的高层管理者人才市场、控制权市场不发达、法律法规建设落后等。

三、内部公司治理与外部公司治理的关系

内部公司治理机制与外部公司治理机制共同构成完整的公司治理机制,这二者对于公司来说都是不可或缺的,它们各自发挥着各自的作用。二者总体上是互补的关系,但是在逻辑层次上有所区别:外部公司治理处在主动的地位,而内部治理则以它为基础,处于被动的地位;外部公司治理是治理企业的首要条件和基本机制,而内部治理则是外部公司治理的内生性制度安排。

下面章节的内容将分别讲述外部公司治理机制的各方面内容,这样我们将对外部公司治理有一个更为深入的了解。

第二节 控制权市场

市场已没有时间等待我们的成长,它不是母亲,没有耐心也没有仁慈。

——任正非

一、证券市场在控制权配置中的作用

作为金融市场的一个非常重要的组成部分,证券市场是指证券发行和买卖的场所,是融资和投资的枢纽之一,通过它可以将社会上的闲散资金集合起来,资金所有者也通过它进行投资。在一个有效的证券市场上,经营状况较佳的企业能够吸引更多的社会资金,这样有利于提高企业的价值,并且为企业的后续发展提供坚实的资金基础;相反,经营状况欠佳的企业难以通过证券市场获得资金,这对企业的进一步发展是非常不利的。因此,通过证券市场来进行控制权配置是外部公司治理的重要方式之一。

控制权配置这种产权交易是以市场为依托的,它必须借助于证券市场才能够完成,因此,要想有效配置企业的控制权,使其能够发挥作用,前提是完善的证券市场得以建立。有例为证,国外企业并购浪潮的频繁出现及其对经济发展的重要影响,其中发达的证券市场的推动作用是功不可没的。

二、资本市场与资本结构

(一) 融资方式与资本结构

结合一定的市场环境背景,资本结构和融资方式的选择才是有意义的。公司

的融资方式主要分为两大类,即内源融资与外源融资。不同国家的公司依据所在国的市场化程度,特别是证券市场的发达程度而选择不同的融资模式。

在实施市场经济的国家,特别是市场经济发达的国家,发行公司债券和股票是各公司在资本市场上筹集长期资本的主要方式,这时,如何在股票和债券之间进行选择成为公司最主要的融资决策。相应地,选择并确定一个最优的股票和债券结构成为公司的资本结构决策所要解决的问题。

(二)资本结构的基本理论

1. MM 定理

该定理也称无关性定理,是由美国的莫迪格利安尼和米勒两位教授提出的,它有严格的前提假设,包括:

(1)公司经营风险的大小由息税前盈利(EBIT)的标准差衡量,经营风险相同,所属风险等级也相同。

(2)所有投资者对每家公司未来的息税前盈利及其风险有相同的预期。

(3)无公司及个人所得税。

(4)无交易成本,个人举债利率和公司一致。

(5)个人和公司都可以发行无风险债券,不会招致破产。

(6)公司是一家零成长公司,每年的息税前盈利固定,且具有永续年金的性质。

(7)公司只发行无风险的债券和有风险的权益(股票)。

(8)公司无破产成本和代理成本。

(9)公司的筹资政策和投资政策相互独立。

在这样严格的假设前提下,MM 定理得出两个结论:第一,企业的市场价值与资本结构无关,经营风险相同的企业处在同一风险等级,其息税前盈利的标准差相同,因而其市场价值相等,不受股利政策的影响;第二,有负债企业的权益资本成本等于无负债企业的权益资本成本加上负债的风险成本;负债比率越大,权益资本的风险成本就越高,权益资本成本就越大。

依据 MM 定理,企业的市场价值(企业所筹资金的市场面值,包括股票价值和债券价值）与企业的资本结构无关，那么负债比率在不同地区和部门会呈随机分布状态，但现实中负债比率的分布是有规律的（美国），例如，航空业是58%，煤气电力业是53%，纺织和橡胶行业是33%，化学行业是25%，食品业是21%，机械业是20%，仪表业是11%，而咨询和广告业则几乎为0%。

之后，莫迪格利安尼和米勒对MM定理进行了修正，去掉了公司没有所得税的假设，形成了有税收的MM理论，并由此得出了两个新的结论：①有负债公司的市场价值等于风险等级相同但无负债公司的价值加上负债的税收节省收益（公司所得税税率乘以负债总额）；负债越多，节约的税赋就越多，企业价值就越大。②负债公司的权益资本成本等于无负债公司的权益资本成本加上风险补偿（风险补偿的多少取决于负债程度和所得税税率）；负债越多，其加权平均资本成本就越低，企业的市场价值就越大。其中，债务的税收节省收益取决于：①公司所得税税率；②股票收入的个人所得税；③利息收入的个人所得税。由此得出结论：负债率为100%时，企业价值最大。由于个人所得税降低了投资者的实际收入，在其他条件不变的情况下，会使企业的市场价值降低。

2. 平衡理论

尽管企业可以根据税法用增加债务的手段来增加其市场价值，但随着负债率的上升，企业风险（企业陷入财务亏空的概率）也在增加，甚至最终导致企业破产，这样就给企业带来额外的成本，使其市场价值下降。企业最佳资本结构是平衡税收节省收益与企业财务亏空成本的结果。

如图8-1所示，若企业全部靠股票筹资（负债为零），企业的市场价值为V_u；随着负债比率增加，因税收节省收益，市场价值升高；到A点，财务亏空成本发挥作用，但税收节省收益增加大于财务亏空成本增加，市场价值仍上升，企业继续借款；到B点，税收节省收益的增加量与财务亏空成本的增加量相等，企业价值最大化；之后，由于财务亏空成本大于举债带来的税收节省收益，企业价值逐渐下降。

在平衡理论中，财务亏空成本包括破产成本和代理成本。破产成本包括两部分：一是直接成本，包括支付给律师、会计师、评估师、拍卖行等的费用，实际

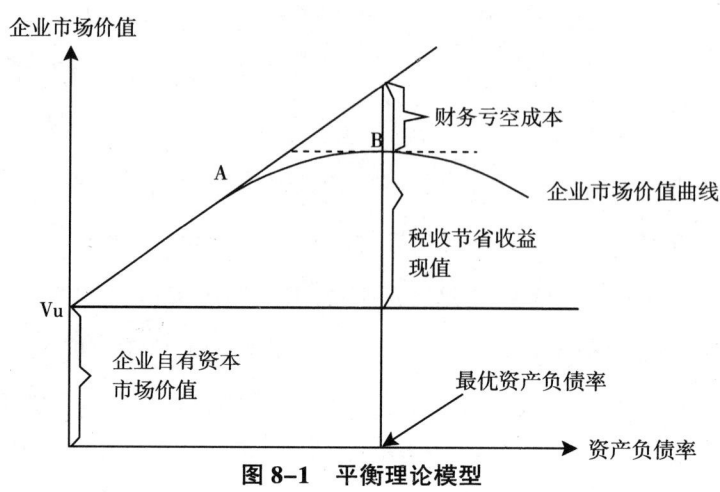

图 8-1 平衡理论模型

是由债券持有者承担的,企业破产时,股票收益为零,债券收益部分下降,企业的市场价值急剧跌落;二是间接成本,主要是指资产的流失和贬值带来的损失。代理成本则包括股权的代理成本和债权的代理成本。股权的代理成本包括以下三方面:①委托人的监督和激励支出;②代理人的保证支出;③剩余损失——由于代理人的决策与最大化委托人利益的决策之间存在偏差而形成的货币损失。债权的代理成本包括以下三个方面:①机会财富的损失,这主要是由于债券对投资决策的影响而引起的;②监督和约束支出,这由债券的持有人和所有者承担;③破产和重组成本。

在平衡理论中,企业的价值可以用以下等式表示:

$V_{有负债} = V_{无负债} + 利息抵税收益 - 财务亏空成本$

其中,V 表示企业的价值。

3. 代理成本理论

这一理论将代理理论、产权理论与财务理论结合起来,发展成一种有关企业所有权结构的理论,这一理论下的财务结构中既有内部股权又有债权和外部股权,其模型如图 8-2 所示。

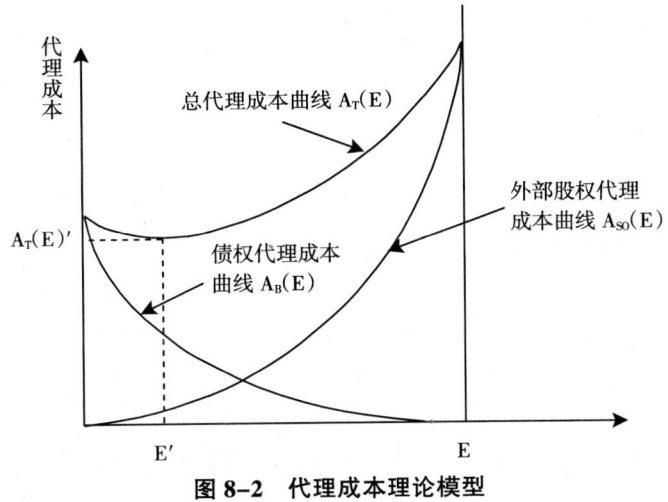

图 8-2 代理成本理论模型

在图 8-2 中，SO 表示外部股权，B 表示债务，E = SO/(B + SO) 表示外部股权占外部筹资的比率，$A_{SO}(E)$ 表示外部股权代理成本，$A_B(E)$ 表示债权代理成本，$A_T(E)'$ 表示最低总代理成本，E' 表示最优的外部股权占外部筹资比率，总代理成本的计算公式是：

$$A_T(E) = A_{SO}(E) + A_B(E)$$

由于内部股权不会带来代理成本，因此只需要考虑外部股权的代理成本以及债权的代理成本（见图 8-2），总代理成本曲线的最低点出现在 E' 处，此处代表最优的资本结构。

债务会引起代理成本，例如，债权人投资高于债权人要求的最低收益率的项目，使得债务所面临的风险增加，同时债务会带来代理收益，如债权人保护条款的引入以及预防经营者在现金流过分充足的情况下浪费企业资源的行为。把债务的代理成本和代理收益考虑进来之后，资本结构的平衡理论可以用如下等式表示：

$V_{有负债} = V_{无负债} +$ 利息抵税收益 $-$ 财务亏空成本 $-$ 债务的代理成本 $+$ 债务的代理收益

其中，V 表示企业的价值。

4. 啄食顺序理论

该理论给出了公司在选择融资方式时一般遵循的优序理论，即遵循如下顺序：内部融资→债务融资→混合债券融资→权益融资。从这一融资顺序中可以看出，内部融资（留利和折旧）在公司资本结构中占据着重要地位，接着是银行贷款和债券融资，最后才是发行新股筹资。

三、资本结构与公司治理

依据上文的公司资本结构的知识，我们可以得出，公司资本结构最主要是指负债与权益的组合。于是，影响公司负债与权益组合的证券市场就成为影响公司治理的重要外部力量。

在公司内部，股东主要通过股东大会来对公司进行控制，这种控制的有效性受多种因素的影响，其中股票的集中程度就是一个重要的因素。在股权分散特别是公众持股的公司，中小股东"搭便车"的现象严重，这时，监督和约束公司高层管理人员的行为的力量，来自内部的就弱化了，只能借助于外部的力量和作用。由于股票价格能够反映经营者工作效率的高低，故股票市场成为股东对公司进行外部治理的重要手段。低股价会让经营者产生压力，从而使其改进自己的行为，并为提升公司的绩效和股票的市场表现而不断努力。

在资本市场上，"用脚投票"是中小股东对高层管理人员进行约束的常用方式。该约束机制为：首先，若公司经营状况欠佳或现任管理层的表现得不到股东的认可，股东就可能在股票市场上抛售股票，继而导致公司股价下跌，公司将面临困难和危机。当这种情况发生时，高层管理人员就要引咎辞职或被撤换，"用脚投票"实现了对高层管理人员的约束。

四、控制权市场与外部公司治理

控制权市场又称为公司接管市场，是指通过收集或购买公司的股票、投票代理权达到拥有控制权，从而实现接管和更换公司管理层的目的。控制权市场的竞争可以理解为对公司控制权的竞争，竞争的主要方式就是收购和兼并。控制权市场作为外部公司治理机制而起作用有一定的前提条件：公司股票的价格与公司的经营效率、经营业绩是成正比（正相关）的。如某个企业在当前的管理状况下的价值是 V，如果某个人或者某个单位认为当这个企业的管理状况得到改善之后的价值能够增加到 V + P，那么这个人或这个单位就很可能收购这个企业的所有权并引入新的管理层来改善当前的管理状况，最后获得 P 的资本利得。

控制权市场对公司治理起作用的过程是这样的：持续经营不善的某家企业的股票价格会持续下降，公司的价值也会随着下降，如果某个或者某些企业家或者组织认为控制这家公司能够获利，那么就会在公司股票价格跌到一定程度的时候买入该公司的股票直到能够掌握控制权，从而对公司进行控制，并且很可能撤换公司原来的经营者；面对被收购和被撤换的压力，经营者很可能减少偷懒行为或者损害所有者利益的行为来增加企业的价值，从而维持并提高自己在人才市场上的竞争力。从这一过程中可以看出，控制权市场能够有效地制约企业的经营者，对控制权的争夺使得每一个公司都面临潜在的被收购或者被接管的风险。这给经营者造成了巨大的经营压力。

控制权市场这一外部公司治理机制对于股权相对分散的公司的作用更加明显，因为只有在这样的情况下才能够比较顺利地完成并购，对于具有"一股独大"股权结构的企业则作用不是很明显，因为"独大"的股东本身就可以通过股东大会来撤换经营者从而实现企业价值的增加。故相对于德国和日本来说，英美的控制权市场发挥着更好的作用。我国的资本市场虽然不是很完善，但是收购和接管活动已经日益兴起，对改善公司治理结构方面已经开始发挥作用，但总体上还没有形成规模，离成熟的接管市场还有较大的距离。

第三节　高层管理者人才市场和产品市场

名誉是我的第二生命，有时候比第一生命还重要。

——李嘉诚

一、高层管理者人才市场

高层管理者人才市场是外部公司治理机制的重要组成部分。著名的学者法码认为：在经营者劳动市场即高层管理者人才市场上，经营者人力资本（以未来工资流为表现形式）是一种可以进行交易的资产，经营者的人力资本价值随着个人财富最小无偏估计量的变化而变化，而其财富的变化又由企业及其所有者决定。高层管理者人才市场通过三种机制作用于公司治理：第一种是公平竞争机制；第二种是信息传导机制；第三种是信誉机制。

（一）公平竞争机制

"适者生存"、"成者为王、败者为寇"的古训大概每个管理者都懂，在市场经济环境下，竞争将会越来越激烈，这种趋势同样适合于高层管理者人才市场上的竞争。高层管理者人才市场上的竞争结果尤其特殊，通常不是"生"就是"死"，"复活"的可能性比较小，因为没有哪个企业愿意雇用一个有过经营失败经历的管理者，这样做的风险太大，加上高层管理者市场上的人才越来越多，层次越来越高，企业能够比较方便、容易地在市场上找到自己所需要的人才。市场竞争机制的特点是优胜劣汰，市场会根据经营者的历史经营业绩来评估他们的未来价值和发展前景。因此，如果某经营者的历史经营业绩是显著的，那么市场就会给予这个经营者以较高的评价，其未来价值的估值也会比较高，那么他就属于"优胜"的一方；如果某个经营者由于经营某个企业不善而被其所有者解雇，那么市场对他的未来估值就会相对低很多，其发展前景也将变得不容乐观，甚至会失业，这种经营者就属于"劣汰"的一类。从这个分析逻辑我们可以看出，市场对高层管理者的约束是一个"优胜劣汰"的过程，高层管理者为了生存和发展，必须在激烈的市场竞争中为企业创造良好的业绩以提高市场对自身的未来估值，只有这样他们才能谋求未来的生存和长足发展。

（二）信息传导机制

高层管理者、企业所有者和市场之间的信息不对称是一个不争的事实。在这样的情况下，高层管理者为了能够站在"优胜"的一方，必须要向其所有者以及市场传递一些信息，如自身的努力程度、自身的能力、经营企业的成果等，通过传递信息来获得所有者的信任和市场的好评，这就是信息传导机制的作用原理。

信息传导机制在一定程度上能够降低信息不对称的程度，从而有利于减少经营者的逆向选择行为和道德风险，进而降低由这两种行为带来的代理成本。但在理性假设的前提下，经营者会捏造一些虚假的信息来提升自己在所有者心中的好感和获得市场上的好评，实际上也存在这一问题。由于经营者的努力程度是很难观察到的，经营能力低下、经营绩效不好的经营者可能向市场传递相反的信息，但是这种短期性的行为很可能造成市场对他的长期性和深远性的惩罚。因此，只要欺骗行为的成本非常高，经营者就会因为欺骗所带来的收益不足以弥补这种成本而放弃欺骗行为。

这一点也给我们设计约束机制一些启示，即可以通过提高经营者的违约以及违法违规成本来增强对经营者的约束力，在合约中规定高额的违约和违法违规成本，当他们违约或者违法违规时就会面临高额的损失，这种损失还可能影响他们的发展的可持续性。总之，信息传导机制缩短了所有者、市场和经营者之间的信息差距，使市场的作用更加明显，从而实现对经营者的约束。

信息传导机制给我们的另一个启示是：管理者的行为比其语言向外界传递的信息更多。因此，公司和公司的管理者在做决策时，不仅仅要考虑行动方案本身，而且需要考虑决策所带来的行动给外界所传递的信息。如无正当理由或者频繁地更换外聘的审计师给外界传递的信息可能是公司的财务报表存在误导性陈述。

(三) 信誉机制

信誉机制也是通过市场来起作用的,因为具有良好信誉的经营者能够获得市场对其未来的较高的估值。为了提升自己的信誉,树立自身在高层管理者人才市场中的良好形象,经营者会努力地工作以向企业的所有者和市场提交一份让企业利益相关者满意的"答卷"。建立高层管理者的信誉机制的作用还表现在它能够减少企业在选聘经营者过程中的甄别成本,并且这种机制能够提供一种激励,激励经营者良好信誉行为的持续性。

二、产品市场

在通常情况下,在充分竞争市场中,经营不善的企业的产品必然会遭受消费者的遗弃,其市场份额和盈利能力都会下降,如果下降到所有者不能忍受的地步,那么经营者就会面临被撤换的风险。因此,企业的经营者需要承受来自产品市场的压力,这种压力会促使经营者为了产品良好的市场表现而努力工作。

哈特建立了产品市场竞争机制约束经营者的模型。该模型有两个假设前提:首先,假设经营者对风险的态度是厌恶的,尽量规避风险;其次,假设市场上只存在两类企业——所有者直接控制型和经营者控制型。

哈特认为,在进入和退出壁垒为零并且产品定价不受约束(可以自由定价)的市场中,整个市场的产量和企业数量成正比,产品价格与企业数量成反比,也就是说,新增加一个企业会提高市场的产量和降低产品的价格。因此,在这样的市场中,新增加一个企业会增加经营者在利润约束下完成工作目标的难度,为了生存和发展,他们不得不增加工作的努力程度以实现工作目标。另外,由于由所有者直接控制型的企业没有代理问题和代理成本,这些企业可以以更低的生产成本在市场上与经营者控制型的企业进行竞争。哈特的这一模型说明,产品市场对公司治理的影响是通过大量由所有者直接控制的企业进入市场并参与竞争实现的,这些企业进入市场之后,其成本优势可以迫使整个行业的产品价格降低,这会促使经营者控制型的企业的经营者更加努力地工作以寻求成本优势或者其他竞争优势。哈特模型还说明，产品市场对经营者的约束力与市场上由所有者直接控制的企业的数量成正比。

符合哈特模型的完美市场在现实中是不存在的，但是，即使市场上不存在由所有者直接控制的企业，在存在竞争的市场上也会有企业在一些细分市场上建立自己的竞争优势。特别是一些中小企业，为了生存和发展，在传统的细分市场上不能和大企业进行竞争，它们就会凭借其某一方面的优势积极地寻找更加小的细分市场，这些中小企业在细分市场上的竞争也会对经营者产生压力进而客观上实现对经营者的约束。总之，产品市场对经营者的约束通过产品在市场上的表现来实现。如果产品在市场上的表现不佳，那么市场就会对经营者有一个比较低的未来估值，无形的压力就会转换为对经营者的约束。

我们需要注意的是，产品市场发挥作用的前提是维持竞争的公平性，杜绝不公平的行为，而这在我国还没有很好地得到满足。我国的产品市场存在比较严重的垄断现象，尤其是行政垄断比较明显，这是我国经济转型期的一个显著特征，政府倾向于利用行政权力来对经济进行干涉，比较明显和普遍的是地方保护主义行为。这对于竞争的公平性是不利的，当然我们不能据此而一味地否定国家宏观调控的作用，总体上来说，我国的宏观调控是不可或缺并且成效明显的，是对市场机制的有效补充。行政垄断只是我国经济转型期的一个暂时的现象，并不会长久地存在，随着我国市场经济进一步的发展，市场在经济调节中的作用会越来越明显，行政垄断现象也会有较大程度的减少，到那时我国产品市场的作用将得到更好的发挥。

第四节　法律法规和其他社会监督

法律就是秩序，有好的法律才有好的秩序。

——亚里士多德

一、法律法规的约束

所谓"法律法规"是指从公司立法到公司章程的一系列法律和法规,如股东诉讼制度、信息披露制度、董事及高级管理人员民事赔偿制度等,这些法律法规明确、详细地规定了股东、董事、监事以及经理人的权、责、利,如股东不能直接干预企业的日常生产和经营、经营者要履行忠实义务、其行为受到公司章程的约束,等等。法律法规的约束是外部公司治理机制的重要组成部分,但在我国其作用发挥还不是很理想,主要原因包括以下两个方面:

(一)我国法律法规建设以及执行的不足

在发达国家,特别是英国、美国、德国和日本,完善的法律法规体系为这些国家的公司治理提供了良好的保障,这些国家的公司治理现状相对比较良好。在完善的法律法规下,如果法律法规能够得到良好的执行——有法必依、执法必严、违法必究,那么在高额的违法违规成本压力下,有违法违规想法的经营者也会因此而望而却步,从而实现对所有者及其代理人(董事会、监事会、经理人)的约束。因此,健全的法律法规体系加上强有力的执法是形成法律法规约束的两个重要前提条件,只有具备这两个条件才能预防、惩治公司治理中出现的各种违法违规行为。

在中国,法律法规的约束作用还不够明显,主要原因有两个:第一,法律不健全。特别是成文法比较少,很多都还处于法规的层面,没有上升为整个国家的意志。第二,执法不严。在中国,一个人如果碰到什么事情,首先想到的是自己在政府部门里面有没有关系,而在西方一些法制健全的国家,人们遇事首先想到的是如何用法律手段来维护自己的正当权利。"关系"在中国社会中的影响之深使得中国的立法虽多,但是执法不严、"无法无天"的现象屡见不鲜,比较典型的就是强制拆迁事件。因此,在中国,法律法规的威慑力还没有达到应有的高度,法律漏洞还非常多,其约束力也没有西方国家的法律那么强。

（二）法律法规对债权人的保护不足

在我国的上市公司当中，债权人（特别是银行）在公司治理过程当中的参与程度普遍偏低，这不仅不利于企业治理水平的提升，同时还加大了债权人的风险。由于利息能够抵税，因此企业在某些情况下倾向于通过债务融资来经营。债权人不是企业的所有者，只有在企业资不抵债的时候才能够参与到企业的治理当中，在此之前，债权人只能通过信贷合约这一方式来限定借款人的行为。但是在签订信贷合约之后，由于信息的不对称，债权人很难观测借款人的行为是否符合信贷合约，也就不能够保证借款人会遵守信贷合约。

由于我国的证券市场还不完善，很多中小企业不能够通过证券市场来获得必要的经营资金，向银行贷款是其主要的融资渠道。在这种现状下，非常有必要对债权人（银行）进行保护，而在中国的实际情况往往不是这样。在现实生活中，我国的法律在保护权益所有者和债权人上是不平等的，总的来说，保护更偏向于股东。银行目前主要是通过双方订立契约的方式来参与公司治理，即由银行围绕着信贷对贷款企业实施"三查"制度，包括贷前调查、贷中审查和贷后检查。而这种"三查"制度最后往往由于各种原因而流于形式，对于防范企业的大股东和经营者损害其利益的行为不能起到实质性的作用。这类危害债权人的利益冲突行为主要包括：①企业不顾借款协议的约束，过度投资或者投资于高风险的项目，投资的超额回报由股东享受，而投资的损失则由股东和债权人共同承担；②乱用企业的信用来借债，在财务政策上过于激进，或者通过抬高财务杠杆增加上市公司的剩余收益。这两种行为有一个相同的后果——企业偿债能力的下降，企业在这一后果面前将承受更大的信贷风险，形成大量的呆账、坏账。债权人的"贷还是不贷"、"贷多少"、"以什么方式贷"、"什么时候贷"、"贷给谁"以及"是否继续增加贷款"等决策都依据公司所公布的一些信息，一些保护性条款的设定也主要依据公司披露的一些信息，然而，公司对外披露的很多信息都是经过粉饰的，在披露的时间、方式上也拥有相当大的自主权。这导致了债权人获取公司信息的滞后性和不充分性。

缺少合理高效的破产和重组机制是导致我国在法律上对债权人保护力度不

足的另一个重要原因。此外，对公司债权人的保护只能从《民法》中找到一些法律条款，而《公司法》却有所欠缺：首先，股东的有限责任限制了债权人向公司的追偿，对于一些侵害债权人利益的责任董事有时却无能为力；其次，《公司法》虽然规定企业在丧失偿债能力时债权人可以通过破产清算程序获得一定的补偿，但是这个时候债权人的利益已经受到了损害，损失的利益已经不可再挽回。现实中，债权人（特别是无担保的债权人）通过破产清算所获得的补偿在数额上是不理想的。

二、其他社会监督的约束

来自其他社会监督的约束主要是指网络、媒体以及其他一些社会力量（如行业协会）。信息技术向纵深发展使得信息实现了"一秒千里"的传播速度，任何个人或者组织获得信息的水平都有很大的提高。同时，企业信息保密也更加困难了，企业的违法违规行为更加容易被曝光，纵然违法违规的人"谨而慎之"，但最终还是会有"水落石出"的时候，安然、银广厦、蓝天股份、储时健等都是最好的证明。

相对于其他的集中监督来说，来自网络、媒体（如微博）以及一些行业协会的监督的成本更低。以新闻媒体为例，新闻媒体对企业进行监督并不是主观上的，而是由于监督企业能够为它们提供新闻素材，在这个过程当中客观地形成了一种对企业的监督力量。

【案例8-1】

储时健现象

1998年，在中国的企业界中有一个非常大的争议——应不应该判储时健死刑。

在因贪污被抓之前，储时健是云南红塔集团的董事长。1996年底中纪委接到举报而对他展开调查，1997年6月储时健因贪污被拘捕，他向检察院坦白自己的罪行："1995年7月，新的总裁要来接任我。我想，新总裁接任后，我的签字权就没了。我为公司辛苦了一辈子，到头来却什么都没有，我不能就这样交签字权，而是得为自己的将来考虑考虑。于是我决定私分300多万美元，还对身边的人说，够了！这辈子都吃不完了。"这300多万美元中，储时健自己拿了170万美元，其余的分给了和自己一起打拼、把红塔集团做大做强的"左膀右臂"。

红塔集团的前身是一个小卷烟厂——玉溪卷烟厂，在1979年的时候规模非常小，固定资产也只有1065.65万元，其生产设备的水平还停留在20世纪三四十年代。储时健上任之后在质量和营销上狠下工夫，还创立了几个自己的品牌，如"红塔山"、"阿诗玛"等，同时还大量收购优质烟田。到80年代中期，玉溪卷烟厂已小有名气了，年上缴利税达5亿元。1988年之后，玉溪卷烟厂进入了快速发展的时期，主要得益于中央从1988年7月开始对13种名烟实行价格开放政策，这些名烟的价格由市场调控。在这13种名烟中玉溪卷烟厂占据了4种。当年，玉溪卷烟厂上缴的利税跃居全国第五，其创造的经济效益高居全国轻工行业之首，储时健在当年被授予"全国劳动模范"和"五一劳动奖章"。到90年代中期，玉溪卷烟厂成为中国烟草业名副其实的"老大哥"，在全球范围内，也位居第五。储时健在任的17年中，红塔集团纳税总额高达800亿元。

经过检察院的调查，储时健的贪污金额大概为700万元，依照中国的法律"当斩"。但是，在案例曝光之后，社会各界几乎都对他抱以同情之心，认为储时健是一位大功臣，与他所创造的利税相比，他所贪污的金额是微不足道的，并且他的行为一定程度上是情有可原的，故应该对他法外开恩。

在1998年的北京两会上，十多位企业界和学术界的人大代表与政协委员联名为储时健"喊冤"，呼吁法外开恩。1999年1月，储时健"因为有坦白立功表现"被判处无期徒刑。波导集团董事长徐立华曾如此表达对他的敬意："真正的企业家是储时健，那是中国天字号的企业家。中国有哪一个企业家超过储时健的？没有！"这一观点为很多人所认同。

当然，也有少数人站在了对立面，其中的代表就是直言不讳的郎咸平，他说："红塔集团的储时健贪污，媒体对他百般同情，凭什么同情他？要不是国家不准民营企业做烟草，能有你储时健的成就？企业做得好，功劳就是自己的，凭什么？国家不是给你待遇和荣誉了吗？"从委托代理理论来看，储时健仅是红塔集团的代理人，真正的"老板"却是国家。

其实，储时健事件正好反映了我国市场经济的不完全性，没有制定针对高层管理者的合适的激励机制和约束机制。储时健到底是功臣还是罪犯，相信每个人心里都有一杆秤。

资料来源：http://cba.cueb.edu.cn/jpkc/gszl/%B0%B8%C0%FD3.htm。

三、其他的外部利益相关者与公司治理

其他的外部利益相关者主要是指债权人、劳动力市场、企业的顾客、企业所处的社区、供应商、竞争对手、潜在的进入者等。

【案例 8-2】

泰科公司丑闻

创始于1960年的泰科公司（全称是美国泰科国际有限公司），起初是一个专门为政府提供实验服务的实验室，经过长期的发展，13年之后在纽约证券交易所上市，并开始了其恐龙式的扩张之路，被业界称为能与通用电气相媲美的"泰坦尼克号"，然而现在却鲜有人知道这一家公司。

就在外界的百般赞美声中，这艘航空母舰却在"丑闻冰山"的撞击下变得千疮百孔。首先是2002年初的时候，董事会注意到了一笔没有经过授权的"中介费"（2000万美元），是由当时的CEO科兹洛夫斯基支付给前董事兼报酬委员会主席的，理由是其撮合了公司的一个收购案。但是，董事会把这一事件看做一个独立的事件，并未进行深入调查，只是有些不满和怀疑。2002年6月1日，科兹洛夫斯基因逃税而面临被起诉的风险，同时，科兹洛夫斯基及其首席法律顾问又因为企图隐瞒此事而给泰科造成了妨碍司法公正的不良影响。董事会于两天后解雇了科兹洛夫斯基。但这两起事件仅是整个"丑闻冰山"的一角，随着司法部门的不断深入调查，公司一系列的高层管理者均陷入了这一泥淖当中。

案件曝光之后,在美国引起了轩然大波,并在当时造成了巨大的影响。首先是对整个资本市场的影响。人们对资本市场的信心受到严重创伤,整个股票市场的价格下跌;其次是对泰科的致命影响。泰科遭遇巨额亏损,已经苟延残喘了。泰科的落败并非一朝一夕形成,仔细分析这一事件,单就泰科的外部公司治理而言,其存在以下三个严重的问题:

第一,机构投资者与管理当局狼狈为奸。在美国公司治理模式中,人们寄予机构投资者在公司治理中较高的期望。然而,机构投资者却并没有扮演好自己的角色。泰科当时最大的机构投资者完全按照管理当局的意愿行事,而把股东的利益丢在一边。

第二,证券分析师唯利是图。华尔街的证券分析师对公司股票的走势起着重要作用。科兹洛夫斯基利用了证券分析师的这种作用,充分迎合分析师的预期,泰科成为了华尔街投资者心中的绩优股。即使是在泰科面临多种问题时,华尔街的很多证券分析师也依然给出买进泰科股票的建议。

第三,注册会计师没有遵循应有的审慎原则。普华永道负责泰科的审计工作,其派出的注册会计师对这一丑闻也有不可推卸的责任。在对泰科进行审计时,注册会计师没有遵守应有的职业道德规范,也没有以风险为导向,而是为泰科的审计工作一路亮起了绿灯。

泰科的这一丑闻正是监督失效一个有力的佐证。在大众持股的公司中,有效监督对公司的生存和发展至关重要,否则企业将会像泰科一样,面临巨大的灾难甚至是企业生命的终结。

资料来源:http://www.zh09.com/lunwen/financialmanagement/financialanalysis/2009/08/339343.html.

本章小结

在内部治理机制不能发挥作用的地方,有着外部治理机制的存在,外部治理机制是有效解决公司治理问题的一个重要的必不可少的组成部分。但

- 是，我们也应该看到，外部治理机制作用的有效发挥需要以一定的条件为前提，总体上来说需要公平和充分的市场竞争环境，但我国却还没有如此良好的"土壤"。在控制权市场上，由于我国"一股独大"现象的普遍存在，使得控制权市场在公司治理中的作用难以发挥。对于产品市场来说，市场的竞争性是其作用发挥的前提，但是在我国还存在比较严重的行政垄断现象。因此，建立公平和充分的市场竞争环境对于外部治理机制的完善以及我国公司治理问题的解决具有重大的作用。

第九章 公司治理发展的新趋势

开篇案例

中国杠杆收购第一案

经过数次成功的海外融资,江苏好孩子集团(国内最大的婴童用品供应和服务商)奠定了其在市场上的霸主地位。好孩子集团的成长离不开资本的成功运作。这当中最为关键的一步是那场轰轰烈烈的杠杆收购。

江苏好孩子集团创立于1989年。截至2005年,其销售收入和纯利润分别达到25亿元和1亿元。据统计,在中国中高档童车市场上,好孩子集团所占的份额近70%,而在美国的童车市场上,其占有率也超过了30%。如此业绩吸引了许多投资公司的注意。2006年1月,太平洋同盟团体(PAG)——一家总部位于东京的海外私人直接投资基金,以1.225亿美元的价格收购好孩子集团100%股权,同时将32%的股权支付给管理层。这是中国第一宗杠杆收购(LBO),其交易模式有很多创新之处。

值得注意的是,PAG打败了国际知名的老牌投资公司花旗,中途插手与好孩子集团完成收购事宜,且此次收购总耗时不到4个月,从2005年10月开始到2006年1月底就完成了收购的全部动作。

这起收购的具体运作过程可以分为四个阶段:选择收购对象、谈判、资金运作、收购后整合。

(1) PAG在选择收购对象时,之所以会花落好孩子集团,源于好孩子集团自身良好的经营状况和业绩：市场占有率高、长期负债少、流动资金稳定而充足；

（2）在谈判阶段，虽然谈判所涉及的利益方较多、关系也非常复杂，但谈判的效率还是极高，从开始谈判到最后达成协议所耗费的时间仅为两个月；

（3）在资金运作方面，PAG设计了一个颇为漂亮的杠杆：首先由好孩子集团管理层组成的集团筹集收购价的10%的资金，接着通过抵押好孩子集团的资产，向银行借入收购价的50%的资金，最后收购价的40%以债券的形式向PAG的股东们进行推销；

（4）PAG进入好孩子集团后，对其进行了整合，好孩子集团的董事会从原先的9人缩减为5人，董事长还是由好孩子集团的创始人宋郑还担任。

此次交易的"幕后推手"是易凯资本（好孩子集团当时的财务顾问），其CEO王冉认为，好孩子集团这次的杠杆收购对国企改革有直接的启示作用，它实现了"一石三鸟"：一是国有资产得以保值增值，实现全部或部分退出；二是投资人得以顺利进入；三是管理层获得了一定股份。

资料来源：http://futures.hexun.com/2008-11-21/111518626.html。

【案例启示】杠杆收购在我国还是比较新的现象，而西方国家早在20世纪70年代就已经有很多成功的杠杆收购案例了。杠杆收购运用得当，有其独特的优势，能够发挥更大的作用。相信未来杠杆收购在中国会越来越盛行。

上述案例中我们看到了杠杆收购的巨大作用，就正如杠杆收购的名字而言，它能很好地发挥杠杆的作用，利用很小的资金产生很大的杠杆效应，"以小博大"的优势使得杠杆收购会有很大的发展空间。除了杠杆收购，随着时代的发展，公司治理还出现了很多新的现象和趋势，如管理层收购、员工持股计划等，这些虽然在国外已经不是什么新闻，而且已经发挥了很好的作用，但是对于我国来说还比较薄弱，其作用也开始崭露头角，有巨大的生命力。因此学习公司治理，了解并学会运用这些新的现象是必要的。

> 本章您将了解到：
> - 公司治理中介机构的出现
> - 管理层收购的四种方式
> - 影响公司治理文化的主要因素

第一节 公司治理理论发展的趋势

> 理性的人跟着趋势走，感性的人跟着感觉走。
>
> ——佚名

伴随着现代企业的发展，公司治理也越来越专业化，这种专业化现象主要体现在独立董事制度、公司治理中介机构以及董事背景多样化上。

一、独立董事制度

独立董事制度的出现有其必然的历史背景，最主要是因为美国早期董事会制度的失效。在美国早期的"一元制"治理模式下，监事会是不存在的，监督职能由董事会下设的审计委员会承担，因此，董事会就集中了多种权力，不仅握有对重大事项的决策权，同时还把持着对经理人的监督权，这两种角色的重合使得在公司治理结构中缺少对董事会的监督。同时，由于公众持股的比例越来越大，企业所有权的分散化程度也越来越高。在这样的环境下，"内部人控制"现象严重，内部人损害股东利益的事件频频发生。

为了弥补早期董事会制度的缺陷，解决企业被内部人控制的问题，独立董事制度应运而生。起初，独立董事制度还不太流行，独立董事所占的比重也非常低，但是20世纪80年代之后，独立董事制度受欢迎的程度不断上升，其优越性也逐渐体现出来并被人们所认同。现在，美国的独立董事在董事会中所占的比重达到9/11。

有人认为独立董事是"外国的革命，中国的花瓶"，其中官员和学者占独立董事多数，很多不想做"花瓶"的独立董事都遭到了强行罢免的后果，也有人称独立董事为"聋子的耳朵"或者"稻草人"。导致这一尴尬现象的主要原因是中国独立董事独立性的缺乏和问责制的缺失。中国的独立董事制度并不是自然产生的，而是在特殊的背景下由有关的监管部门强行推出的。在中国，董事会、监事会、单独或者合并持有上市公司已发行股份1%以上的股东可以提出独立董事的候选人，然后需要经过股东大会通过。但是，需要经过股东大会通过的事项往往由大股东控制着，这样选出来的独立董事的独立性是值得怀疑的。因为中国上市公司中第一大股东所占比例往往比较高，第一大股东和第二大股东之间的持股差距较大，独立董事的提名和任命基本上由控股股东操纵着，同时由于独立董事并不需要承担太多的法律责任，当上市公司出现重大问题时，有的独立董事往往会视而不见，这就是问责制缺失的一个严重后果。

有的时候独立董事并不是不想为了中小股东的利益而运用自己的职权，只是"有心无力"。在大股东控制的董事会中，一些违法违规以及侵害中小股东或者公司利益的行为根本不会让独立董事知晓。在信息不对称的情况下，独立董事无法获取这方面的信息，而且在董事会上讨论的议题往往已经过挑选或者粉饰，让独立董事监督大股东更是难上加难。此外，目前独立董事绝大多数是兼职的，没有专业化的独立董事，有的独立董事在多个公司中担任独立董事，有的独立董事不具备完成独立董事工作所需要的知识和技能，有的独立董事则需要处理自己的全职工作而没有太多的时间来履行独立董事的职责。

如何将这样的"花瓶"打破，使得独立董事在中国也成为"革命"，这是一个亟待解决的问题。随着独立董事制度优越性越来越突出，中国独立董事制度正在不断地完善和发展，有关独立董事独立性和问责制的法律法规也不断地在丰富。例如，2004年中国证监会发布了《关于加强社会公众股股东合法权益保护的若干规定（征求意见稿）》，规定上市公司在重大关联交易、聘用或解雇会计师事务所时，应在有 1/2 以上的独立董事同意后，方可提交董事会讨论。同时明确提出，经全体独立董事同意，独立董事可以聘请外部会计师事务所对上市公司的具体事项进行审计，相关费用由上市公司承担。但是，独立董事制度仍然没有进入《公司法》中，在《公司法》中增加独立董事的条款显得十分必要和紧迫。

二、公司治理中介机构的出现

亚当·斯密在《国富论》中深入地研究了分工对提高生产率的积极影响。把专业化分工应用于公司治理领域也能够提高公司治理的效率。

在公司治理的过程当中，也存在比较多的常规性事务，这些事务完全可以外包给一些专业化的公司以提高治理的效率。同时，企业在公司治理的过程当中还会遇到很多难题，特别是第一次遇到的难题需要专业的公司治理人员提供必要的指导，这些都是公司治理中介机构出现的基础。

公司治理中介机构还可以比较有效地解决股东监督之间的"搭便车"问题，因为大部分的中小股东是缺乏监督的兴趣或者欲望的，如果全体股东都把监督的事宜委托给专业的中介机构来执行，这种"搭便车"的效应就能够有效地消除，监督的效果也会更加明显，同时专业化还可以提高监督的效率。

公司治理中介机构还是一个新兴的事物，企业在决定是否雇用中介机构参与本企业的公司治理时应该进行慎重的考虑，选择信誉较好、商业模式比较科学合理的中介机构，同时理性地决定将哪些治理业务进行外包，并且还要防止中介机构和高层管理者的合谋。

三、公司董事专业背景的多样化趋势

董事会的主要职责之一就是审查和批准企业的战略，来自不同专业背景的董事能够带来多样化的观点和知识，知识的碰撞有利于评估现有的战略，为企业战略的制定提供更多的建议和意见。如环境专业的董事能够提供环保方面的知识，社会专业的董事能够提供有关社会变化趋势方面的知识。

第二节　杠杆收购与员工持股计划

对于公司运作而言，投资层面是应该多元化的，因为鸡蛋不能放在一个篮子里，但从经营层面来讲则应该是专业化的，因为有所不为才能有所为。

——李志强

一、杠杆收购——LBO

（一）LBO 的概述

在开篇案例中我们讲到了杠杆收购（Leveraged Buy-Out，LBO），它是公司收购的一种特殊形式。之所以特殊是因为杠杆收购是以被收购企业的资产和未来的创收能力做抵押，其资金绝大部分来源于融资，利用了很高的财务杠杆，因而得名。杠杆收购所产生的负债主要由被收购企业日后的经营收益或通过出售一部分原资产来偿还，而在一般收购中则由收购方来承担。可以说，杠杆收购是利用别人的钱来赚钱。20 世纪 60 年代，杠杆收购首先出现于美国，其最初只是在规模较小的公司进行，但 80 年代以后，随着银行、保险公司等各种金融机构的介入，杠杆收购取得了显著的发展。

进行杠杆收购时大致分为三步：第一步是集资，利用财务杠杆；第二步是购入、整顿、分拆与经营；第三步是上市与出售。这又被称为"杠杆收购三部曲"。杠杆收购的最终目标是卖而不是买，从而落实自己的获利。

杠杆收购并不总是成功的，因为收购过程中也会存在一定的风险，主要是指经营风险。经营风险是指收购后公司经营不良,无法偿还债务及其利息的风险。这存在多方面的因素,如市场的重大变化、行业内竞争加剧以及经营层的无能等。因此在决定是否进行杠杆收购前,一定要做好相关的评估,这往往需要很多专业人士的参与。有的公司成立了专门的杠杆收购小组,社会上也出现了专门的杠杆收购机构。如美国的 KKR 公司就是一家专门从事杠杆收购的投资银行。

通常,我们把杠杆收购的投资者分为四类:专业并购公司、对并购有兴趣的机构投资者、私人控制的非上市公司、能利用借债融资收购的目标公司的内部管理人员。在第四类情况出现时,即当目标公司的管理层或经理层成为主体,进行杠杆收购时,LBO 就成为 MBO,即管理层收购(Management Buy-Out)。由于管理层收购能比较好地解决现代企业中所有者与经营者之间的委托代理问题,因而下面将着重讲述管理层收购的相关知识。

(二)LBO 的特例——MBO

MBO 是指公司的管理层通过高负债融资的手段来购买本公司的股票,从而最终达到控股的比例,通常情况下,这种高负债融资是通过股权质押取得的。通过 MBO,企业的经营者化身为企业的所有者。管理层收购的主要目的是产权的重组和效率的提升,其部分解决了两权分离带来的代理成本,因为管理层实现了对公司的实际控制,管理层本身就对公司的具体情况非常了解,拥有很多外部人员所不知道的信息,他们是公司全方位信息的拥有者。同时,占据控股地位的管理者也会更加努力地去为了公司价值的提升而努力工作,这种激励的力量是非常大的。此外,由于管理者需要借入大量的债务资金来完成收购,通常是以企业的资产作为抵押来完成融资,因此,来自债权人的压力也使得管理者需要完善公司治理。

1. MBO 在中国

虽然我国还没有在法律法规上对管理层收购进行具体的规定,但 2002 年 10 月 8 日中国证监会发布的《上市公司收购管理办法》认可了管理层收购(没有对管理层收购进行定义)。

中国的首个 MBO 案例是四通集团,近些年中国实行 MBO 的公司越来越多,如粤美的、宇通客车、深圳方大、胜利股份、中国银泰、鄂尔多斯、佛山塑料、

TCL 等，一些公司 MBO 的具体情况如表 9-1 所示。有人认为 MBO 是实现"国退民进"的一个改革方向和改革思路。

表 9-1 目前国内一些实施 MBO 的上市公司的基本情况

目标公司	收购主体	收购价格（元/每股）	净资产（元/每股）	收购价款（元）	付款方式	融资方式	收购方式	管理层代表
粤美的	美托投资	2.95	4.07	3.21 亿	现金支付首期 10%，以后分期付款	股权抵押融资，还款来源为未来利润	股权收购	何享健（董事局主席）
深圳方大	深圳邦林、深圳时利和	3.28 3.55 3.08	3.45	3.45 亿	分期付款，方案不详	不详	股权收购	熊建明（董事长）
宇通客车	上海宇通	7.00	6.35	1.47 亿	不详	不详	股权收购	汤玉祥（董事长）
世茂股份持有恒源祥品牌及整体资产	上海新世界受让后，再转让于上海恒源祥投资	—	—	9200 万	现金支付	战略伙伴融资	股权收购	刘瑞旗（原总经理）
佛山塑料	佛山富硕宏信投资有限公司	2.95	3.187	3.24 亿	现金支付	不详	股权收购	冯兆征（总经理）
鄂尔多斯	东胜东民羊绒实业公司	1.77	5.809	4 亿	不详	不详	股权收购	杨致远（副董事长）
特变电工	上海宏联创业投资公司	3.10 2.50 1.24	3.38	6587 万	现金支付	不详	股权收购	孙健（副厂长，新疆变压器厂）

资料来源：http://www.people.com.cn/BIG5/paper87/8324/784051.html.

2. MBO 的四种方式

（1）设立壳公司，然后利用壳公司收购大股东，从而实现对被收购公司的间接控制。利用这种方式完成收购的企业有宇通客车。这是一种典型的间接收购方式，通过控制大股东来实现对目标公司的控制。这种收购方式具有一些优点：程序比较简单，没有股权转让的繁杂程序，因此大大增强了收购的可行性。同时也存在一定的缺点，如管理层需要通过壳公司来实现对目标公司的控制，这种间接控制不利于收购之后对目标公司的管理。

【案例 9-1】

宇通客车的 MBO

宇通客车（原第一大股东为郑州宇通集团有限公司）的 MBO 是通过上海宇通来完成的，也就是说汤玉祥等人采用的手段是通过设立上海宇通来收购宇通客车。

2001 年 3 月，上海宇通成立，注册资本为 12053.8 万元，董事长为汤玉祥（宇通客车董事长）。在设立上海宇通时，郑州宇通集团有限公司为出资人之一，出资金额为 2000 万元，占上海宇通总股本的 16.59%。2001 年 5 月，郑州宇通集团有限公司将这些股份如数转让给汤玉祥。

资料来源：http://wenku.baidu.com/view/115762bc960590c69ec3767e.html。

（2）以职工持股或者工会的名义来实现 MBO。利用这一方式完成管理层收购的企业有粤美的和大众科技。在一般情况下，管理层和职工首先共同出资设立一个公司，然后再利用这个壳公司来受让目标公司的股权，从而完成对目标公司的收购。集体企业和参与收购人数比较多的情况下这种方式比较实用。

【案例 9-2】

"粤美的"的 MBO 之路

"粤美的"原本是一个国有控股企业（第一大股东为顺德市美的控股有限公司，所属顺德北窖镇政府），经过 MBO 之路后实现了所有权结构的变革以及产权关系的明晰。"粤美的"已于 2004 年 6 月 24 日正式更名为"美的电器"。

"粤美的"通过以下三个步骤完成其 MBO 之路：

第一，设立美托投资公司。"粤美的"于 1999 年开始着手准备管理层收购。2000 年，由原"粤美的"集团的管理层和工会成立美托投资公司，当时的注册资本为 1000 多万元，后增加为 1 亿元，并且工会退出该公司。美托投资公司持股比例如表 9-2 所示。

表 9-2　美托投资公司的股权结构

股东	在 MBO 之前的 "粤美的" 所担任的职务	持股比例（%）	备注
何享健	法定代表人	25	第一大股东
陈大江	执行董事	10.3	第二大股东
其他管理和技术人员		42.7	
工会		22	

第二，第一次股权转让。2000 年 4 月 10 日，美托投资公司与美的控股有限公司第一次签订股权转让协议，美的控股有限公司以每股 2.95 元的价格向美托投资公司出售 3518 万股股份。股权转让之后，美托投资公司成为"粤美的"的第三大股东，而第一大股东仍然是美的控股有限公司。

第三，第二次股权转让。2000 年 12 月 20 日，美托投资公司与美的控股有限公司第二次签订股权转让协议，在此次的股权转让中，美托投资公司以每股 3 元的价格受让了美的控股有限公司的 7243.0331 万股。此时，美托投资公司成为"粤美的"的第一大股东，而美的控股有限公司则变成第三大股东。

值得注意的是，美托投资公司两次因购买股权而支付给美的控股有限公司的现金都是通过质押股票而向银行贷款所得（股权质押融资模式），所贷款项大概为抵押股票价值的 5~10 倍。同时，管理层先用 10% 的现金支付首期持股费用，而剩余的 90% 的持股费用均通过股权抵押融资来支付，即利用"粤美的"未来的利润来支付融资的本金和利息。

资料来源：http://finance.sina.com.cn/t/2003/06/26/1511357273.shtml。

（3）管理层直接出资设立壳公司完成 MBO。这是一种国内普遍采用的管理层收购方式，如深圳方大、胜利股份、特变电工以及洞庭水殖等。这种管理层收购方式的优点是收购的主体非常明确，有利于收购之后产权的界定和清晰化。以前的很多 MBO 案例会受到当时《公司法》的约束，2005 年以前，我国《公司法》规定，有限公司对外转投资不能超过公司净资产的 50%，2005 年新颁布的《公司法》已经废除了这一规定，之后的 MBO 不再受这一条款的限制。

【案例 9-3】

深圳方大的 MBO

2001年6月20日，深圳方大董事会披露了这样一则消息：2001年6月18日，深圳方大第一大股东深圳方大经济发展股份有限公司（以下简称"深方大经发公司"）分别与深圳市邦林科技发展有限公司（以下简称"邦林公司"）和深圳时利和投资有限公司（以下简称"时利和公司"）签署了股权转让协议。邦林公司以每股3.28元的价格受让深方大经发公司7500万股，成为深圳方大的第一大股东。时利和公司以每股3.08元的价格受让深方大经发公司3211.2万股，成为深圳方大的第二大股东。时利和公司是由深圳方大除熊建明外的其他高层管理人员和技术骨干出资设立的。

作为深圳方大的法人代表的熊建明，其拥有邦林公司85%的股份，此外，熊建明还持有深圳方大第二大股东集康国际有限公司98%的股份，并且早在2000年其个人就拥有深圳方大31500股股份，于是熊建明就直接或者间接持有深圳方大的股份比例高达29.89%，成为深圳方大实际上的第一大股东。

两项转让完成之后，深圳方大就正式完成了管理层收购。在深圳方大整个的MBO过程当中，最具特色的是其分期付款的付款方式。在支付MBO价款时，支付时间实际上是往后推移了，若遵照时间价值原理，那么熊建明等人所支付的价款实际上要低于协议中商定的价款。熊建明在MBO中的股权如图9-1所示。

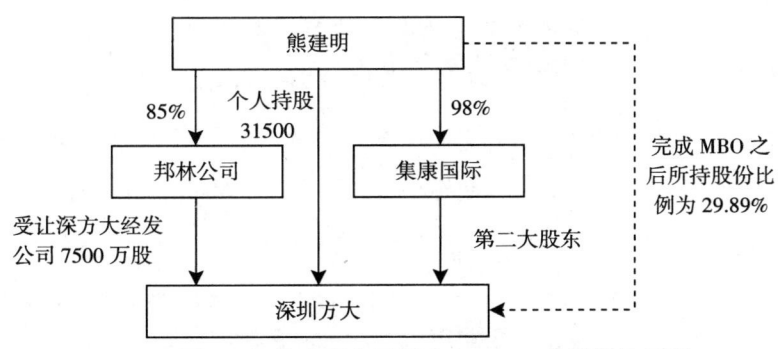

图 9-1 熊建明在深圳方大 MBO 中的股权示意

资料来源：http://www.m448.com/filelist/library/Clause_87056.html。

（4）局部 MBO。利用这一方式完成 MBO 的案例是刘瑞旗对恒源祥（下属于世茂股份）的收购。所谓局部 MBO 是相对整体 MBO 而言的，即管理者并不是收购整个企业，而只是收购公司部分优质资产，如对目标公司子公司的收购是一种操作性非常强的管理层收购方式。这种收购方式非常适合于目标公司过于庞大而管理者无法筹集到充足的资金来完成收购的情况，或者目标公司整体资产不良但局部资产优良的情况。

【案例 9-4】

局部 MBO 的经典之作——"恒源祥"的 MBO

"恒源祥"是我国一个著名的老字号商标，创建于 1927 年。该商标于 1991 年被刘瑞旗注册，随后，迅速成长为国内知名品牌。1994 年，万象股份（其大股东为上海黄浦区国资委）上市，"恒源祥"成为其旗下的一个资产。

2000 年 8 月，万象股份的易主为"恒源祥"的 MBO 提供了一个良好的契机。当时，上海世茂投资公司（以下简称世茂投资）以 1.44 亿元的总价格受让上海黄浦区国资委 26.43% 的万象股份，得以成为万象股份的第一大股东，而上海黄浦区国资委退居为第二大股东。世贸投资所看重的是万象国际广场，为了集中精力于主营业务，世贸投资有意向将"恒源祥"转让出去。

在"恒源祥"的整个 MBO 过程当中，上海荣正咨询公司扮演着重要角色。他们主动找到刘瑞旗，并为"恒源祥"的 MBO 之路设计了一套"三步走"的方案：

第一步，将"恒源祥"从万象股份中收购出来。2000 年 10 月，刘瑞旗委托上海黄浦区国资委下属的新世界集团与万象股份商谈收购"恒源祥"的有关事宜；2001 年 1 月，新世界集团与万象股份签订转让冠以"恒源祥"品牌的七家子公司的股权的备忘录，"恒源祥"的所有权转移到新世界集团中。

第二步，成立恒源祥投资发展有限公司。2001 年 2 月，恒源祥投资发展有限公司成立，其中刘瑞旗占控股地位，持股 51%，3 位战略合作伙伴共持股 39%，而上海黄浦区国资委持股 10%。

第三步，从新世界集团手中买入"恒源祥"。2001 年 3 月，恒源祥投资发展有限公司以平价（9200万元）从新世界集团中平价购入"恒源祥"。至此，"恒源祥"的MBO之路圆满完成。

在"恒源祥"的整个MBO过程当中，其战略合作伙伴起着非常重要的作用，解决了MBO的所需资金的问题，也使得"恒源祥"的MBO成为一个独具特色的案例。因为对于MBO而言，成功的一个关键就是能否筹集到足够的资金。"恒源祥"的战略合作伙伴不但给予刘瑞旗大量的资金支持，同时他们也参股到恒源祥投资有限公司中，这有利于进一步巩固"恒源祥"与他们之间的战略合作关系，产生双赢的局面。有人因此称"恒源祥"MBO之路的融资模式为战略投资者融资模式。

"恒源祥"的整个MBO过程可以用图9-2说明。

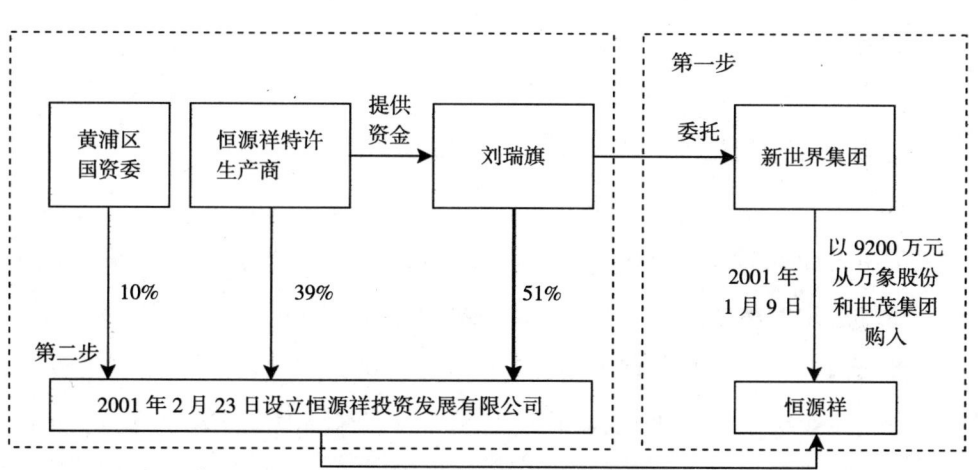

图9-2 恒源祥MBO过程示意图

资料来源：http://www.docin.com/p-423484147.html.

此外，TCL集团的MBO具有特殊性，其管理层完成对TCL收购的收购资金来源于国家的奖励，即国家按增量资产的一定比例对管理层予以奖励，故此案例不具有普遍意义。

3. 进行MBO可能存在的问题

有时管理层收购也会被认为是对资产的侵吞，特别是在国有企业中进行的这种杠杆收购,原因是这种收购以当前的公司的价值来进行收购,没有考虑到企业未来的发展潜力,特别是对于一些优质资产,其增长的空间非常大,按照现在的价值来收购难免会被认为是对现有资产的侵吞。同时,由于中国对管理层收购的认识和规定还不完善,在管理层收购的过程中往往会出现这样或那样的问题,收购之后的问题也层出不穷。在存在国有法人股的情况下,由于国有法人股不进入流通领域,市场上股票的价格只是部分地反映市场对公司的预期,并不是公司公允市场价值的反映。因此,在管理层收购时的资产定价上,需要更加规范的程序,强化对收购的目的、定价机制等的信息披露,以公允的市场价值作为定价的依据。法律法规应该在 MBO 中发挥更加明显的作用,虽然中国证监会颁布了《上市公司收购条例》,但是仍然存在较多的法律漏洞,暗箱操作、违规操作的现象时有发生。

二、员工持股计划

员工持股计划（Employee Stock Ownership Plan, ESOP）,是指企业内部员工通过一定的法定程序而拥有企业股份的制度。它是一种员工所有权的实现形式,员工借此可以分享企业的所有权以及未来收益。员工同时也获得相应的管理权,是员工参与企业决策的一种机制,同时也是一种特殊的报酬形式与激励手段。

员工持股计划在很多方面都有其积极的作用。首先,它是优化股权结构、增加融资渠道的一种手段。通过员工持股可以使股权结构多元化,以实现各方之间的相互制衡,相互促进。同时也可以实现资本积累,扩大公司的筹资。在国有企业股份制改革中,将企业的部分所有权授予企业员工实现"国退民进"。其次,员工持股计划具有激励作用,能吸引和留住人才。员工通过持股成为企业的所有者,将自己的收益与公司的发展联系在一起,这无形中激励了员工为企业服务。同时持股也会把员工"绑定"在企业,"能够成为主人"对于人才来说也具有很大的吸引力。最后,它有助于完善企业的法人治理结构。目前企业内往往建立了针对两权分离引发的治理问题的监督机制,然而任何监督机制都要付出一定成本，出于成本的考虑导致很多的监督制度流于形式。ESOP 使得员工成为企业的股东能够在一定程度上解决这个问题，员工股东出于就业和资本收益的双重压力，会更加关心企业的发展，同时由于身居企业内部而更了解企业的实际情况，能提出更有效的建议。这样可以更好地约束代理人的行为，降低代理成本，提高企业经济效益。

我们必须认识到虽然企业员工持股计划有很多积极的作用，但它并不能医治企业的百病，而且再好的制度最重要的是能够得到好的实施，否则也只是空谈。任何制度如果没有其他相关制度和环境的配合也无法达到预期的效果。因此对 ESOP 保持清醒的认识很有必要，要保障各项制度的配合如健全民主管理，这样才能更好地应用和实施企业员工持股计划，并发挥其积极的作用。

（一）ESOP 类型

ESOP 主要有两种类型：杠杆化的 ESOP 和非杠杆化的 ESOP。杠杆化的 ESOP 主要是利用信用杠杆的作用，通过借款来购买公司的股份。而非杠杆化的 ESOP 一般由公司直接赠送新股或者用来购买公司股票的现金。在实行 ESOP 时，公司一般会成立员工持股信托基金会来集中管理，而员工并不直接控制。

（二）ESOP 在中国

我国的员工持股计划是在 20 世纪 80 年代的国企股份制改革的背景下产生的，其出现后受到了广泛的关注，也有了长足的发展，但同时许多不足也暴露出来，与国外的相关发展相比是不理想的，还有很多需要改进的地方。

1. 缺乏法律与政策的统一规范

我国一直没有相应的法律来明确企业员工的持股行为，政策上也没有具体的支持，这些都限制了企业员工持股计划的实施。截至目前，我国只有相关的地方性法规与规章，缺乏普遍性与统一性，有时这些制度之间甚至是相互矛盾的。因而员工持股的法律地位得不到保障，有的甚至利用法律的漏洞来危害员工的利益。

而在美国，其员工持股计划取得蓬勃发展，这很大程度上得归因于其法律法规的支持。对于员工持股计划的实施，我国亟须法律的保障。

2. 短期性行为比较严重

目前我国企业实行的员工持股计划目的有偏差，有严重的福利化倾向，导致持股行为的短期性。国内外关于企业员工持股计划的理论分析和实证检验都认为，出于不同目的的员工持股对企业生产率的影响不同。[①] 我国一些企业虽然实行了员工持股计划，但其更多地是为了实现分发福利或融资的目的，而不是出于实现员工和企业的长期合作，将员工和企业结成相关度高的利益共同体，用以持续提高企业绩效的思考。

在实行 ESOP 过程中，有的企业会以无偿的方式送给员工一些股份。特别是在上市公司，由于这些股份在公司股票上市一段时间之后，可以自由交易，员工往往在公司上市之后很快将持有的员工股卖出而赚取高额差价，这无形中助长了上市公司将 ESOP 视为一种福利手段的行为，而其长期激励作用就丧失了。这样的 ESOP 明显是一种短期行为，其增强企业凝聚力以及调动员工积极性的作用无从谈起。

3. 员工持股计划呈现形式化

我国企业中普遍存在员工持股数量过低、趋于形式化的现象。过低的持股数使员工难以真正参与到企业的监督管理中，员工拥有的股东的实际权利也无从被真正行使。这往往也导致员工自动放弃了自己的权利，ESOP 失去了原有的意义。这种放弃权利也可说是一种"搭便车"的行为：由于个人努力对绩效的影响微乎其微，同时 ESOP 又是一种团体性的激励，所以员工无论努力与否都能享受到成果。

同时，为了筹集到更多的资金，一些企业将个人奖金与入股挂钩，甚至硬性规定员工必须购买本公司的股票。这显然违背了投资自愿的原则，达不到激励的效果。

4. 比例不合理，缺乏科学的管理

员工持股究竟应该占多大的比例，我国还没有统一的规定，企业们往往根据

[①] 梁海慧. 我国员工持股计划实施中存在的问题及对策 [J]. 辽宁省交通高等专科学校学报，2006 (3).

自己的需要而定。比例太小，就不足以把员工与所有者建立成命运共同体，而比例过大，又使得企业内可能出现集体违法，到底多大比例才是最有效的还有待进一步的研究。

我国企业中员工持股比例过于偏低，这样使得员工缺乏动力和相应权利去参与到公司的经营管理中，影响了 ESOP 的激励效果，也削弱了制衡和监督的作用，使得管理结构不完善。同时，由于缺乏统一的立法支持，各地对 ESOP 的管理方式不一，其实施缺乏科学的管理机制的保障。

（三）相关策略建议

我国企业的 ESOP 目前正处于探索起步阶段，存在很多的不足，找出解决之道对我国企业的发展意义重大。下面根据上面指出的问题给出几点建议：

1. 加强法规建设，对 ESOP 的实施进行规范

完善的法律制度是实行企业员工持股计划的不可缺少的条件。目前，我国亟须进行专项立法以及补充完善现有的《公司法》、《劳动法》等法律，以对 ESOP 的操作程序、管理机构、税收政策等加以明确界定，保障其有法可依，保证员工持股的权利以及行为的合法性，合理界定员工持股的比例区间。同时可以通过一些鼓励性的政策推动 ESOP 的实行。在立法方面可以借鉴西方发达国家有关员工持股的法律条文，同时考虑各地企业的经验总结。

2. 设立专门的股权管理机构，实现科学化的管理

通过借鉴西方 ESOP 的成功经验，企业中可建立专门的信托机构或直接由工会、员工持股会等组织来代为行使员工股东的各种权利，将员工的众多意见加以汇总，进而形成意志统一的大股东，这样普通员工的意志能更有效地得以表达，其管理和监督的权利也得以有效行使。同时在这种组织的作用下，内部成员间能实施有力的监控和互相督促，员工"搭便车"行为在群体压力下也会大大减少。为了上述作用得以切实发挥，这种股权管理机构应被赋予相应的职权以形成共同管理机制。同时，相应的员工参与管理的机制也需要被建立，员工得以拥有更多的参与机会，以及需要承担更多的管理责任，其积极性才能被调动起来，对于企业绩效的提高才能有所裨益。

3. 对员工持股的比例下限进行界定

国内外的实证研究表明，员工持股占企业总股本的比例达到30%以上，员工从产权主人立场上会产生对企业的认同感。① 而据相关报道，截至2000年，企业员工持股占公司注册资本的份额平均只有19.7%。我们看到这一比例还有待提高，这样才能更好地使员工产生认同感以及达到激励员工的效果。

4. 加强企业文化建设

一个公司的文化是其灵魂，是其独特财富，它从根本上影响着企业员工的行为。因此，可以通过企业文化的建设与熏陶，来增强员工的企业认同感和主人翁责任感，使其真诚关心企业的发展，为企业的发展尽心尽力，将其个人利益与企业的长久发展相结合，从而使得ESOP能够更加有效地实施。

第三节 公司治理文化

真正要想一个公司治理成功，需要真正解决企业的各个利益阶层都能共享收益和认同的文化内涵问题。

——黄怒波

一、公司治理文化与企业文化

"文化"虽然听起来比较玄乎和抽象，但它实实在在存在于公司的任何一个角落。它引导和塑造着员工的思考和行为方式，使得公司的员工在某些方面趋于一致，能够有共同的目标。一个好的大会（如凝聚力强、团结向上的文化）往往

---

① 杜寒松. 我国员工持股计划存在的问题及对策研究 [J]. 胜利油田职工大学学报, 2008 (3).

能使一个企业走得更远。文化的作用需要与有形的治理结构相结合才能充分地发挥出来。有形的治理结构是指股东大会、董事会、监事会、高层管理者等形成的公司治理模式所包含的公司的制度安排、行为规范等。当企业文化与具体的公司治理结构相结合的时候就产生了公司治理文化。所以，简单地说，公司治理文化是企业文化在公司治理结构方面的体现。

公司的各利益相关者，包括股东、董事、监事、经理人员以及公司员工等，在参与公司治理的过程中逐渐形成的关于公司治理的理念、哲学、道德伦理、行为规范、制度安排以及治理实践等构成了公司治理文化。文化必须要做到与治理结构的相容性，否则就会出现相互制约、相互牵制，而不利于公司治理的发展。

我国的公司治理模式可以说是一个混合型的产物，结合了英美、德日等模式。一个模式的产生有其特定的背景，会受到当地传统文化和法律法规的影响，我国在引进这些模式的时候，应该结合自己的实际，否则只会造成"形似而神不备"的畸形治理模式，用俗话来说就是"新瓶装旧酒"，不能达到学习借鉴的目的。我国公司治理模式的低效体现在公司治理结构与传统文化的耦合性差，即文化和结构在一些方面会存在相互制约甚至相互排斥。因此，认识到文化之间存在的差距并研究其对公司治理结构的影响是非常重要的。

文化对现代企业制度有着深远的影响，它使现代企业制度具备了精神内核。公司治理文化作为一种非正式制度，与正式制度相互促进、相互补充，促进了公司治理的发展和调节，并在一定程度上弥补了治理制度的空白。公司治理文化一旦建立，就会形成一种强大的力量指引着组织成员按照公司治理文化所规范的方式去行动。

二、公司治理文化的层次

根据企业文化的层次分类，企业文化可以分为四个层次，由内到外分别是精神层、制度层、行为层以及物质层，既然公司治理文化是企业文化的一个重要组成部分，那么公司治理文化也可以分为这四个层次。由于物质层在公司治理文化中所占的比重非常小,主要是有关公司治理的设施,如董事会会议记录簿等,因此这里着重讲述其他三个层次。

公司治理文化的精神层主要指公司股东、董事、监事以及经理人等共同信守的价值准则、基本信念、道德标准等,这是公司治理文化的核心,它集中体现公司所要推崇和遵守的文化,在公司中具体表现为公司宗旨、公司治理的目标与理念、公司治理的风气、道德等内容。精神层的文化提供了一个标榜,它是公司其他员工所应遵守和学习的,可以说,是公司治理文化的代表。

公司治理文化的制度层介于精神层与物质层之间,它是公司治理的核心理念的具体化和体现。制度层是在精神层的指引下,体现精神层这个内核的各种成文或不成文的制度或规范。它所包含的内容是公司的章程、规范、规则以及各种具体合同形成的公司内部的治理准则,同时包括各种法律法规,如《公司法》、《劳动法》等。

公司治理文化的行为层是公司治理实践的具体体现,即其用什么形式表现出来。行为层的文化是由制度层的文化直接决定的,它体现公司治理的各个组成部分具体特征和各种治理主体的行为以及关系。

三、影响公司治理文化的因素

公司治理文化的形成受到诸多因素的影响,宏观上包括民族或地区的传统文化、法律法规等,微观上包括与本公司有关的因素,主要有公司的历史、经营条件以及资本结构等。

治理模式是公司治理文化的外在表现。一个国家或地区的公司治理模式的选择受到其传统文化的影响,因而我们会发现不同的民族和地区会有不同的公司治理模式,如大和文化对应于日本模式、儒家文化对应于东南亚的治理模式(主要是家族治理模式)。公司的运作必须遵从一定的法律法规,因此,不同的法律法规会导致公司之间在治理制度、治理结构等方面选择的不同。公司的经营还受到其所在环境的影响,包括市场环境、行业环境以及公司的资源等。如在高科技行业,往往会更加重视知识、人才和创新,这时公司治理文化是更偏向于创新的、更具有活力的文化。公司的所有制形式、股权结构、融资结构等构成了公司的资本结构,这些因素都会对公司治理文化产生影响,如在家族企业中,家族主义色彩比较浓厚,而在国有控股的公司中,往往会有官僚主义的色彩。

四、公司治理文化的作用

无形的文化给公司员工指明了思维和行事的方式,有形的文化则展示了具体的行为指引,作为一种不可模仿的资源,文化是企业竞争优势的来源之一。因此文化的建设对于企业来说是相当重要的,具体到公司治理中,文化建设的作用主要体现在以下几个方面:

(一)公司治理文化能够推进公司治理结构的变革和发展

公司治理文化对于公司治理结构来说是一种内在的支撑,其对于公司治理结构的变革和发展来说是具有重大作用的。但是,我国的公司治理中存在着不重视公司治理文化建设的现象,如在股东文化方面,投机性明显,我国股东大多对于公司治理漠不关心,他们往往采取"用脚投票"的方式,对于公司的投资也是短期投机性的,一旦无利可图,就会撤出。这不但导致了很多公司治理问题的产生,使得我国公司治理效率低下,而且不利于我国资本市场的发展。对于解决诸如以上的问题,建立良好的公司治理文化是关键。

(二)好的公司治理文化对员工有很强的激励作用,能够保证公司的高效运作

良好的公司治理文化能够推动员工的创新和进取精神,对员工有很好的激励作用。按照马斯洛的需求理论,人除了物质经济利益之外,还有自尊、情感、社会地位等社会性需求。良好的公司治理文化以尊重人为中心,推行积极向上的思想观念和行为准则,能够激发员工的高昂情绪和奋发进取精神,员工因此会产生强烈的使命感和持久的驱动力。同时,好的公司治理文化也强调参与公司治理的成员、顾客、供应方等利益相关者的利益,这样加强了对企业相关各方的激励,促进彼此之间的交流与合作。

在一个拥有良好的公司治理文化的公司中,其文化是与公司治理结构相适应的,公司治理文化能通过这个结构体现出来,参与到公司治理中的人员能够在这个结构制度中受到激励。同时文化能够促进这个结构的发展,它们二者是一致的,是相互促进的。在这样的条件下,公司治理文化能够起到减少冲突和摩擦的作用,不会让员工因二者的对立而感到无所适从,最终能够对公司业绩产生有利的影响。

(三) 公司治理文化可以简化决策过程,从而节约交易费用

当公司治理的成员需要做出决策时,他们往往面对的是错综复杂的环境,这样的环境给迅速、准确、低成本地做出理性判断造成了很多阻碍,决策过程会变得相对困难。这时借助于公司治理文化中的价值观念、道德准则等进行决策,能够一定程度上解决这一问题,从而简化决策过程。一个企业自身系统的价值和规范标准会随着公司治理文化的形成而建立起来。在公司治理活动中,如果成员的价值和行为取向与公司自身系统的价值和规范标准产生悖逆,公司治理文化就会将其纠正并引导其到"正途"上来。因此,我们说依靠这种协调机制能大大降低交易的成本。

(四) 良好的公司治理文化能够减少机会主义行为

在公司中,往往通过加强监督和考核以及加大惩罚力度等来增加管理层和员工的机会主义成本,从而减少他们机会主义的倾向和行为,使公司的治理效率提高。但是这同时需要耗费较大的监督成本,不是一个很理想的措施。良好的公司治理文化是解决这一问题的一个"良方"。公司治理文化中所包含的价值观念以及认知存在于每个成员中,可以使人们约束自己的行为,能在一定程度上减少"搭便车"行为的发生。人们不仅仅关心自己的个人利益,更具有集体意识,注重集体的利益。意识上的认同是很重要的,其能够增强个人对于公司治理制度的认同感和依赖感,有利于淡化机会主义行为。

本章小结

从本章的内容可以看出,现代的公司治理的内容已经远远超出了其开始所涉及的,出现了很多新的现象和趋势,如现在越来越重视独立董事的作用,杠杆收购以及管理层收购、职工持股计划的兴起,但是我们同时也应注意到它们可能存在的一些问题,要学会结合企业的实际来运用。

我们承认我国公司治理的发展相对于欧美日来说还比较落后,因此,对于这些国家的很多成果采取学习的态度是必要的,但是决不能是拿来主义,任何制度或模式的发展都有其背景和环境相适应,我们在学习借鉴时要采取批判的方法,尤其是要结合我国的文化、实际与现状,这样才能使它们相互耦合,才能使其很好地发挥作用,不然只能是"四不像",不伦不类,学到形而无神。公司治理文化就是体现着制度与文化的结合,这种结合能促进制度的发展,使制度本身更好地发挥作用。公司治理文化的兴起和受到重视也是当今公司治理发展的一个重要趋势。

第十章 公司治理的哲学与艺术

开篇案例

如临深渊，如履薄冰——张瑞敏的斜坡球体定律

海尔是我国跨国公司中一个比较成功的例子。在海尔的成功中，张瑞敏是功不可没的，他在管理海尔方面有着自己的一套独特的措施和心得。

张瑞敏曾对其竞争对手说："你们就像狮子在我们后面追，我们因为有压力，没办法，把压力转化为动力。"张瑞敏把对手比喻成凶猛的狮子，这是他在企业管理上不断给自己施压的客观原因。一方面，中国企业与西方跨国企业相比较，悬殊较大，并不具备势均力敌的实力。不论是在同一市场上竞争，还是扩展海外市场，中国企业都处于弱势。因此，领导者在管理意识上必须树立忧患意识。另一方面，从深层次来说，这体现了张瑞敏冷静审视自己的自知之明。古人云："骄兵必败。"当三军统帅都不知道自己的劣势和不足时，是绝不可能取得胜利的。只有做到知己知彼，方能百战不殆。

海尔在进军美国酒柜市场时，张瑞敏对自己有着更为清醒的认识，他把对手当做巨人。这并不是一种长他人志气、灭自己威风的做法，用民间俗话来说，张瑞敏知道自己能吃几碗干饭。张瑞敏面对海尔骄人的国内业绩，没有自满，没有停滞不前，而是抱着如临深渊、如履薄冰的态度，不光让自己，同时让整个企业的员工都去面对如同被凶猛狮子追赶的压力。正是在如此巨大的压力下，海尔提高了自己的效率，并最终战胜了强大的美国同行，在美国酒柜市场上分到了一块

巨大的"蛋糕"。

曾子曰,"吾日三省吾身",张瑞敏的忧患意识来自他长期形成的严格自律。在管理学上,张瑞敏的这种忧患意识被称为"斜坡球体定律",引起了管理界的广泛关注。所谓斜坡球体定律,即把企业的发展看做是一个在斜坡上前进的圆球。因此,若想让企业不断向前发展,只有不断地施加动力,因为一旦停下来,没有了力量的支撑,企业就不再是停滞不前的问题,而会由于处在斜坡以及自身重量的作用,向后迅速倒退。

张瑞敏的斜坡球体定律体现了其在公司中坚持忧患的思想,这一思想在海尔的发展壮大中起到了重大的作用。当海尔在自己的行业中成为中国的老大时,其并没有因此满足,而是考虑到外在可能的压力与威胁,采取了主动走出去的策略,而不是等着别人来打败自己。在公司的发展中,他时刻想着自己的后面有凶猛的狮子在追赶,这样逼迫自己不断地前进。

资料来源:张兴龙.张瑞敏的儒商智慧[M].杭州:浙江大学出版社,2011.

【案例启示】 日本著名企业家松下幸之助曾说,如果一家公司连续10年顺利成长,会造成领导和员工的松懈大意或骄傲自满,这时如果忽然面临不景气,就会不知所措。因此,企业应该有意识地寻找挑战,增强自己的危机感。我们不用担心海尔会面临这样的处境,因为按照张瑞敏的管理思想和方法,海尔每天都使自己处于作战状态,"战战兢兢,如临深渊,如履薄冰",保持这样的危机意识对于公司的发展是极其重要的。

张瑞敏的危机意识值得学习。对于当今的企业来说,让自己处于备战状态对于生存和发展相当重要。我们也许已经注意到当今出现了向古代贤人学习管理的浪潮。张瑞敏仅仅是个代表。他在哈佛大学的演讲时说:"我的第一位老师是老子,老子教会我战略性的思考。"他把儒家的很多理念用在了对海尔的治理上。如以人为本的思想,衍生到公司治理中,就是重视人才的作用。

公司治理在一定的背景环境中进行,必然体现了一定的伦理道德以及相应的文化,这些道德与文化是历史的沉积,有其生命力。在公司治理中运用这些思想,能够帮助我们更好地面对问题、解决问题,能够帮助我们在这个多变的社会环境中保有自己的生存之地。

> **本章您将了解到：**
> - 道德对公司治理的"软约束"
> - 儒家"义利观"的基本内容
> - 儒家思想的潜在影响

第一节 公司伦理道德的哲学观念

当更多的行动缺乏道德约束时，也将伤害到更多对象，而且这种短视近利的手段将伤害一个人的长期领导能力。

——约翰·科特

现代企业交易理论者认为，公司是一系列契约（合同）的组合体，是各个利益主体之间产权交易的一种方式，从而企业行为是企业中所有成员之间，以及企业与企业之间、企业与社会环境之间博弈的结果。公司成员众多，不可能所有的成员都直接参与公司的日常管理；公司各方利益主体的权利义务，特别是实施权利的成员的行为，主要通过各方之间事前约定的契约进行调节和约束以协调各方关系。这些约定包括社会法律、公司运营制度以及其他的一系列合约规定，以保证各方的利益都能得到最大程度的满足。

进入 21 世纪后，随着社会的发展，现代公司企业的各个利益主体逐步出现多元化、社会化的趋势，除了公司内的员工、股东、管理层、董事会成员之外，还扩展到债权人（如银行）、社区、公众、政府等相关利益主体。各主体之间的利益关系进一步错综复杂，存在相互制约、相互影响。同时，由于信息不对称，社会环境和长期以来形成的文化习惯，单纯靠事前约定的契约（包括公司内部规定、合同和法律条文）来约束各利益主体的行为极易出现难以协调性、滞后性，使得某些主体的权益难以得到保障，从而影响到公司系列契约的有效执行和实现。为了解决各主体间的协调问题，除了充分考虑更加细致、更加合理的事前契约——通过相关制度安排来规范各主体行为外，客观上还必须要有突破性的、能在更广范围内调节利益主体行为的行为准则，从更高的层面去统一各利益主体之间难以协调的关系，引导各利益主体向长远共同利益看齐，这就是公司治理的伦理道德体系。如果说法律、公司内部制度属于公司治理的刚性约束，那么伦理道德可以说是对公司治理的柔性约束、无形约束。从中国传统思想来理解，企业也是一个有机体，各参与主体的行为必须有统一的"道"去指导，主张"刚柔并济，张弛有道"，这样才能推动公司的有效治理，保证公司的持续发展。

西方近年来发生的一系列的公司治理丑闻如"麦道夫骗局"、"世通"、"施乐"等再次证明了上述道理。无论是发展比较成熟的西方国家，还是发展中国家，都不存在完美的制度。从制度上看规范的运行、监管体制，包括行业政策、社会法律，并不能从根本上杜绝人们"追求个人利益最大化"诱惑驱使下的"机会主义行为"。各个利益主体为了各自的私利，会挖空心思去钻空子，仅仅依靠制度的刚性约束难以杜绝，要结合道德思想去疏导。

长期的历史事实显示，人性的道德准则对维护正常的经济秩序的持续建设有重要的"软约束"作用。尤其在我国这样一个有着悠久历史和深厚人情文化的国家，公司成员也作为社会的一个成员而存在，社会成员之间的交往规则是遵从"合情"、"合理"、"合法"的，行动指导倾向于"情"、"理"、"法"三者的结合。从人性的心理来讲，传统的社会主流伦理道德、风俗文化对人的思想和行为具有"软约束"的调节效果。我国正处于经济社会转型期，许多社会制度、公司制度和规定还有待进一步细化和规范，应积极发扬优良的民族传统和深厚文化的精髓之处，使之融入公司治理文化氛围，成为公司各利益主体的"软约束"，站在"以人为本，软硬结合、标本兼治"的角度，使之成为完善我国公司治理的重要哲学思想。中国传统文化的主要流派是儒家思想，其文化深厚，源远流长。虽然社会一直在发展，科技不断进步，政治经济形式多变，但人性还是不会改变，几千年沉淀下来的民族文化氛围没有大的变化。许多文化相关性实证研究表明，儒家思想对我国的公司人际关系、管理决策、企业文化、团队氛围、公司治理等方面影响巨大，所以公司治理必须考虑儒家道德伦理哲学思想。

经过 30 多年的改革开放，我国已经发展了各种层次的资本市场，法律环境建设也是逐步完善，已经有大批的国有企业通过改制、重组成为了股份公司或者是有限责任公司；一批初具规模的民营企业也逐步发展壮大起来，形成多种结构的企业共同发展的局面。我们的现代企业在发展过程中，公司治理制度主要是学习西方发达国家的公司治理模式。虽然客观条件上已经具备了相对制度化的企业治理形式，但是从公司管理层、董事会运作水平、资本利用效率、公司社会责任方面来评估，公司治理的实际成效不理想。

在我国，公司治理水平还比较低，特别是近年来还频频出现上市公司"大股东侵占资金"、"内幕交易"、"关联交易"、"高管落马"等现象，给公司的持续发展带来了不良的影响。目前我国公司治理实践受到诸多因素的影响，除了公司制度设计、内部运行规则不完善之外，东西方文化差异和社会法制环境的不同也是影响西方公司模式应用到中国的效果的重要原因。在民族文化对个体影响方面，西方社会崇尚个人创新和自由，重视成就感、个人价值、自我实现的需求，加上社会法制体系、诚信体系比较完善，个人行为规范明确，决策和行为相对理性，使得个体行为不易受到人际关系情感的影响。如欧美国家中公司设置的独立董事逐步发展成影响决策的重要力量，对提升治理水平起到很好的推动作用。纵观我国的经营组织发展历程，历来强调的是集体价值，重道德，忽略了制度的规范作用，对个人的行为规范没有详细的约束。职业经理人队伍的职业规范和道德意识建设比较薄弱，近年设置的独立董事制度由于社会法制和责任意识的淡薄，绝大部分不能发挥有效的作用。特别是近年的国内外经济形势复杂，国内社会改革进入纵深的难点环节，商业道德观念受到全球化、技术更新、东西方文化差异的强烈冲击，人的信念和商业价值观处于混乱、无序之中，与新形势相适应的社会道德体系、诚信体系还没有完全建立起来。这种局面必然严重影响我国初步建立的市场经济的发展速度。所以，在发展经济的同时，应该大力汲取传统文化和道德的有益成分，唤起人们的道德良知，用深厚的文化底蕴来指导当下的商业道德建设，这是公司治理的重要课题。

综观与我们有类似的东方文化传统的日本、韩国、新加坡、中国台湾地区，这些国家和地区的经济之所以能在第二次世界大战后迅速崛起，其重要的原因是融合中西方的文化，学习西方的科技，运用东方的智慧和哲学。"一手拿电灯，一手捧《论语》"，在市场经济的运行中融入儒家哲学。如儒家思想中提倡的"信誉至上"、"一诺千金"就能显著减少企业间的交易及管理成本，增强合作，增进利益相关者的信任和支持，进而获取外部资源的投入。儒家思想起源于中国，在亚洲地区广泛传播，经过几千年的漫漫历史长河发展、演化、沉淀后至今对亚洲人的思想和行为仍有深刻的影响，欧美国家近年来也兴起学习《论语》、《易经》、《孙子兵法》等中国文化的热潮。所以，从全球化、经济一体化的视野重新审视传统文化，儒家伦理在建设中国特色的公司治理结构中的作用是一项长期的基本任务。

第二节　中国传统的经营哲学观点

要在中国做好企业，你必须学会调和。既要学习先进的管理方法，又要学会在中国的环境中做事情。

——李东生

中国古代对公司经营的宗旨有很精辟的论述，特别是先秦诸子百家时代，其中最具有代表性的经典思想是儒家的经营哲学。儒家经营哲学不仅指出了营利性组织存在的意义、应该遵循的商业道德，而且指出了组织的利益相关者的治理哲学，其核心内容是"义利观"，是"义以生利"和"以义制利"。儒家思想者认为"义利观"是商业活动的基本价值论，由此派生出来的"先义后利"、"重义轻利"、"见利思义"等思想构成了儒家"义利观"的基本内容。"义利观"与商业活动中公平交易、等价有偿等原则相融合，逐步发展成为我国传统商业经营的指导思想，并影响了两千多年的商业活动。在提倡重建社会信用体系的今天，吸收儒家"义利观"的思想，对构建我国现代企业伦理价值体系以及从公司治理角度审视经营哲学都具有重大的现实指导意义。

一、义以生利、以义制利

子曰："富与贵，是人之所欲也，不以其道得之，不处也；贫与贱，是人之所恶也，不以其道得之，不去也。君子去仁，恶乎成名？君子无终食之间违仁，造次必于是，颠沛必于是。"（《论语·里仁》）意思是说：富裕和显贵是人人都想要得到的，但若不用正当的方法去得到它，就无法享受富裕和显贵；贫穷和低贱是人人都厌恶的，但若不用正当的方法去远离它，就无法摆脱贫穷和低贱。君子如果没有了仁德，又怎能称为君子呢？君子没有一顿饭的时间是背离仁德的，在最紧迫的时刻也严格按照仁德办事，就是在颠沛流离的时候，也一定会按照仁德去办事。这是孔子对经营活动的商业道德观的立场。任何人都不想过贫困潦倒、颠沛流离的生活，都希望过得富贵与安逸，但获得富贵与安逸的前提是手段和途径都是正当的，否则宁守清贫也不去享受富贵与安逸。追求物质利益是合乎人情的，但必须符合社会道德准则，做到"君子爱财，取之有道，用之有方"。

荀子通过总结先秦各家的义利观，提出义利兼顾、以义制利、先义后利的义利观。他说："义与利者，人之所两有也。虽尧、舜不能去民之欲利，然而能使其欲利不克其好义也。虽桀、纣亦不能去民之好义，然而能使其好义不胜其欲利也。"（《荀子·大略》）"利"是人们生存的物质基础，"义"是人们的精神追求，义与利即反映了精神追求与物质基础的关系。组织为了能够在社会上持续发展，其经营行为必须符合社会伦理道德、承担社会责任，为大众带来福利；得到社会的接纳和认可后，其组织的"利"才能是有本之源。同时，经营组织还应该引导组织中的员工人人向善，满足个人对义与利的需要，促成组织各个利益相关群体的和谐,从而使整个社会、各行各业乃至个人都获得真正的利益。

先秦儒家强调的"义以生利"和"以义制利"的观点,表现了社会精神追求和物质利益之间相互制约的作用,是儒家经营哲学的思想内核。综观中国几千年来的商业经营实践,这些思想具体表现在商业经营理念上的"见利思义"。

二、见利思义

孔子说:"今之成人者何必然?见利思义,见危授命,久要不忘乎平生之言,亦可以为成人矣。"(《论语·宪问》)在孔子看来,一个有道德的人,最基本的要求就是"见利思义"。在商业活动中面对利益时,首先考虑这种利益获取是否符合社会大众的道德准则是商人必须遵循的商业经营理念;商业组织在获得利益后,要回报包含利益相关者群体在内的社会,也就是"义",这个命题回答了公司存在的意义,为公司治理打下了坚实的思想基础。

第三节 儒家思想对公司治理的启示

中国在全球西化的同时,也应准备条件,在双方愿意的基础上,把中国儒释道向全球推广,而儒家思想是作为第一轮推广的中国传统思想。儒家思想与宗教无关、与迫害无关、与侵略无关,它只与和谐有关、与双赢有关、与建设有关。它将是全球可供选择的一朵古老而新颖的奇葩。

——灵宇

中国的传统儒家思想起源于先秦时代春秋末年的伟大思想家、教育家、哲学家孔子,后来经过战国时代孟子的继承和发展逐步形成了以孔孟思想为主的一个庞大的儒家学派。到了汉朝时,汉武帝采取董仲舒"罢黜百家,独尊儒术"的方针，孔子与孟子成为封建统治者尊重的偶像；到了唐代，已将孟子与孔子并称。儒家学派在几千年社会发展过程中始终处于民族思想领域的主导地位，其文化博大精深、源远流长，对当今社会中人的思想和行为规范仍发挥着重要的潜在影响。

一、仁爱思想

孔子思想核心中的一个重要方面是强调"仁"，他认为"仁者"就应该"爱人"；他提出在社会中人与人相处应该遵循"反求诸己"、"能近取譬"的原则，生活在天下的所有人都是同一类人，主张人与人之间应当相互关爱；衡量一个人有无道德修养，或者道德修养水平的高低，最重要的一个标准就是观察他能不能关爱别人。《论语》多次出现的一些经典名句最能体现孔子"爱人"思想，如"己所不欲，勿施于人"、"己欲达而达人，己欲立而立人"、"我不欲人之加诸我也，吾亦欲无加诸人"、"能行五者（恭、宽、信、敏、惠）于天下为仁矣"等。

论语中强调的"仁爱"原则是作为个人、团体乃至国家君主的道德标准和行为准则的最高要求。儒家的"仁爱"思想对公司治理的启示在于公司治理应该是对各方利益体的尊重，即在平等的基础上相互协调，不侵犯他人权益；在制度、法规难以调和的情况下，切勿将自己都不能接受的要求强加于他人；要将心比心，照顾小群体的利益，公司各方利益都得到满足，做到合法、合情、合理，并由此赢得"多赢"的结果。在市场经济激烈竞争的环境下，应该遵循"仁者爱人"的良性竞争秩序。特别是在我国现阶段改革进程中各类制度、规范还在不断完善的情况下，公司经营行为不仅要满足合"法"，还要追求合"情"、合"理"。一个有社会责任感的企业公民，应该在道德上强调自律，而不是千方百计去钻制度、法律的空子，损害中小股东的利益，牺牲社会大众的公共利益。如在上市公司中频繁出现的利用我国会计准则与国际接轨中的空隙人为制造"虚增利润"的做法，对某些内部利益体是有利的，但不符合对所有利益相关者的公平性，是和儒家"仁"的道德原则相违背的。

根据"仁爱"的道德原则，参与契约的各方如控股股东、中小流通股股东、机构投资者和个人投资者、公司员工和社区，其利益本质上是一致的，应该一视同仁对待，按照规范合理运作，不能凭借现阶段的"一股独大"地位肆意侵犯其他小利益体的利益。在所有权和经营权分离经营思想的指导下，公司的高层管理群体成为企业实际运营的控制者，客观上拥有了实际的资源调配权利，公司价值的增值、相关利益者如债权人利益的保障取决于高层管理者的心态、动机和具体经营行为的结果。虽然有董事会、监事会的监督体制，但都是外围的监督，或者事后的监督，执行过程的实际监督控制很少，总是会存在监督不足的空隙。而且即使是越有效的监督，其监督成本也是越高，会抵消一部分公司的效率和价值。公司的高层管理群体自律和规范行为是治理的关键。特别是在中国文化背景下，高层管理人员经常会遇到两难的局面（如"公事"与"私事"、"人情"与"法规"、"例外"与"普适"）需要他们去考虑，做出自己的抉择，这就是考验他们的道德修养和处理智慧。如果他们吸取了儒家的"仁爱"思想，兼顾各方，合理合法，那么忠诚合作、损益共担的规则应该可以作为公司治理中道德伦理的第一准则，进一步把"诚实守信"、"等价交换"、"公平竞争"等具体道德规范作为个人和公司运营的基本准则。

儒家思想非常重视信誉，把信誉提到了道德的极高地位。子曰，"言忠信，行笃敬"、"言而无信，不知其可也"。儒家思想者的眼中，"信"是天下万物的立足准则，也是为人处世的立足之本、行事的根本之道、评判人的道德修养水平的依据。在"信"的基础上，儒家提出了对人的自我修养、自我约束的要求，总结为"五行"，包括："信"（诚信）、"恭"（谦和）、"宽"（宽容）、"敏"（勤敏）、"惠"（乐施），其中"信"尤其摆在极其重要的位置。"信"不仅是个人修养的要求，而且还扩展到社会人与人之间的行为规范、道德评判标准。运用到当今社会的公司管理中，"信"不但可以运用于规范公司董事会、监事会、股东等内部机构和成员之间的关系，有利于各成员的沟通和信任，形成一致的文化逻辑和行动准则，提升共同利益体的凝聚力，改进公司运营效能，而且还适用于协调公司外部环境中各类利益体之间的冲突。诚实经营、恪守信用是规范高效的市场经济体运行的根本基础。尤其是在信息不对称的条件下，没有完善的信用系统，就无法进行自由平等交易；没有交易的保障，更不可能有效率。

处于不断改革中的市场经济秩序下的公司运营，既要建立公司内部的诚信运作体系，包括内控和企业文化，更要主动展示有信誉的企业形象，做好有诚信的企业公民，赢得用户的信任和社会的支持。特别是上市股份公司，一定要接受社会的监督和"阳光"的审查。经营者自律和自我约束非常重要，不要有侥幸的心理，为了公司的长期发展，应按相关法定要求公开披露信息，不弄虚作假，不利用会计制度、监管政策的漏洞虚增报表利润。近来频繁见诸报刊恶意欺骗投资者利益的"德隆系"、"黄光裕"现象显然是与孔子的"信"、"仁爱"思想背道而驰的。事实证明，这种行为逃脱不了社会大众的检验和谴责，最后是落得害人又害己、身败名裂的结局。

二、顾全大局的精神

中国传统儒家思想的许多观点是站在国家统治阶级的角度来思考如何进行社会管理的。孟子曰："民为贵，社稷次之，君为轻。"儒家思想者将国家利益、民族利益、社会利益和大众整体利益置于重要的地位，然而儒家思想的整体观念甚少被现代人所重视。孔子认为，达到"仁"的重要修炼之一就是要"克己复礼"，即克制自己一切不符合"礼"的念头和行为。"己"代表着个人私利，而"礼"则是代表国家利益、大众整体利益，而且还要做到"非礼勿听，非礼勿视，非礼勿言，非礼勿动"。除此之外，孔子还强调注意时空的把握，保持事物的自然平衡状态。例如，"无欲速，无见小利；欲速则不达，见小利则大事不成"，表明了处理问题应该有发展的眼光和全局整体意识，只顾追求眼前短期利益必将损害长远和整体的利益。

儒家思想的"整体"理念运用于公司治理方面引申出一条重要原则，即整体利益应该优先于个体的利益，整体利益的实现和保证是个体利益实现的前提和基础。以威廉姆森为首的现代契约理论推崇者认为，企业是一系列契约的组合体，公司不能片面认为只是代表股东利益，应该代表契约内外各方相关利益者的共同体。相关利益主体还包括公司员工、债权人、供应商、社区以及政府等。现代公司理财理念提倡"企业价值最大化"而不是"股东利益最大化"，正是儒家思想中整体观念的具体体现。

公司的治理实践应该是注重公司各方利益体的调和过程，通过权利的合理配置和相互制衡来实现整体利益最优，在此前提下满足个人利益的最大化，这也体现一个企业公民的责任。现代公司制度发展呈现两个趋势：一是公司利益主体多元化趋势，他们相互之间的利益关系日益复杂；二是公司治理中的信息不对称现象越来越严重。虽然现在的信息科技高度发达，各种信息数据非常丰富，但是由于参与公司运营的"内部人"对运营数据进行保护和分散，有时甚至故意隐匿，这给公司的"内部人"为了"己"的私利实施"机会主义"行动带来便利；加上社会监管操作困难，中小股东、社会公众常处于信息不对称的弱势地位，利益受到侵害。这种为了部分人的私利损害其他利益主体的权益不符合儒家提倡的整体观，并最终会伤及个人自身的信誉和利益。

三、以人为本的观念

儒家提出的"仁"之中，首要强调的是人在社会关系中的地位及其应有的义务和权利，保持人际关系的秩序。在儒家思想者看来，人与人之间的权利、义务关系的明确和稳定是整个社会和谐的基石。孔子秉承了《尚书》中所提出的"父义、母慈、兄友、弟恭、子孝"五类人伦要求，进而发展成了"君君、臣臣、父父、子子"的不同地位等级关系。各类人相处的原则分别是"君臣之间讲道义，父子之间讲亲情，长幼之间讲秩序，朋友之间讲信誉"。对比我们现代的公司治理方面，值得我们继承并发扬的并不是森严的人伦等级制度，而是权利和义务对等、明确、有序的思想。公司的治理机制特别是内部机制应该使参与契约的各方通过正式或非正式契约明确各自的权利、义务关系，即股东会、董事会、监事会各自拥有的"法律地位"、"收益"及相应的对等"权利"、"义务"必须是明晰的，相互之间是互相依赖、相互制衡的，对于任何一个利益体，"责、权、利"是统一在一起的，目的是满足"经营权和所有权分离"、"专业化分工"的内在需要。

在我国公司制改革实践操作中，公司治理中股东会、董事会、监事会的权利与义务并没有得到明确的执行。治理主体的权利义务和地位的不清晰和不完善，是许多上市公司之所以出现"第一年盈利，第二年打平，第三年亏损"的现象及掏空公司等违规现象的根源。我国《公司法》中有关董事会的义务和权利的规定比较详细，而对有关另一个重要的监督主体监事会具有的权利和义务、如何运作的详细规定则相对空泛，忽略了实际的可操作性。对比可以发现监督方和被监督方权利义务不对称，所以监事会长期以来没有实际发挥作用，久而久之其法律地位自然被架空，流于形式，现有的相关制度也没有得到充分落实。俗话说"名不正，言不顺"，公司治理中的伦理逻辑、组织定位模糊自然导致了公司治理结构的不稳定，失去相互制衡，效率低下。据统计资料显示，在我国两千多家上市公司[①]中，绝大多数公司的监事会只是一种表面形式，实际运作基本依靠公司内部人，权力高度集中，所谓的分权和监督难以操作。如果还是没有解决分权的实际操作问题，如法律上的地位保障、监管机构的严厉查处、行业的约束等相关配套措施，近年兴起的外请"独立董事"的做法又会被边缘化为"花瓶"的地步。

构建具有中国特色的高效率的公司治理体制，在操作层面应高度重视和进一步明晰相关利益主体的责、权、利关系，保障实践上的高度统一。在理论层面必须宣扬中国传统儒家思想中以人为本的人伦观念和全局观念，以符合国人的文化背景的思想来引导公司治理文化氛围，将各方的利益诉求统一到人性道德伦理的非正式制度层次上。公司作为法律意义上的"人格"主体，也是整个社会中的一个企业公民，遵纪守法、创造价值是它的责任，而且在道德规范层面，它应该履行的义务还有：遵守社会公德、节约资源、保持与自然的和谐、增加社会福利等。

---

① 截至 2010 年 11 月 30 日，我国沪、深两市上市公司总和已经达到 2026 家，涵盖主板、中小板和创业板。

四、重视精神追求的激励作用

追求人格修养的儒家思想者主张简单、安守本分的生活。他们认为，精神上的富足更重要，物质生活只是肉体生存的基础；人应该将修炼高尚的人格作为人生的高层次追求。即使是在物质条件极端困苦的环境下，只要坚持崇高的追求，仍然可以保持乐观向上，自得其乐。

《论语》记载孔子当时的生活状态是"饭疏食，饮曲肱而水枕之，乐亦在其中"。孔子对待物质财富的态度是"不义而富且贵，于我如浮云"。古人最高的人生抱负就是"修身、齐家、治国、平天下"、"富贵不能淫，贫贱不能移，威武不能屈"，这都是崇高精神追求的体现，这种思想上的积极追求进一步凝聚成"自强不息"、"国家兴亡，匹夫有责"等优秀的民族精神。

儒家伦理中"向往理想人格"的理念在当今社会仍然得到继承，对人的潜在激励作用巨大。特别是在奥运竞赛、汶川地震、玉树地震等重要事件中，国人展示了强烈的民族自强精神、互助精神。这种人格追求应用在当下的公司治理中，更多地体现在对公司治理的主体，包括公司的董事会、高层管理者的个人自我约束、自我道德修养追求。所有公司治理的失败案例（如"世通公司"、"德隆系案件"）中，公司的高层管理人员都有不同程度的参与，甚至是策划和包庇，因而都负有主要的责任。

因此，提升公司管理水平、规范公司治理，首要的任务之一是审查公司高层经营者的道德修养问题，加强道德和行为规范教育；其次，在公司内部管理制度中，特别是人力资源制度方面，有关员工及管理人员的筛选、选拔、考核、评价制度要体现道德要求的因素，年度的绩效考核指标要体现"德"、"勤"、"绩"、"廉"四个方面综合考核，改变只简单将公司业绩作为绩效考核唯一指标的做法；再次，通过这种机制约束引导公司高层管理者在追求自身经济利益的同时考虑更高层次的精神追求，在社会道德范围内获取个人"形象收益增值"，如自我价值实现，个人的影响力、诚信口碑、社会地位、公众声誉等方面。这种精神层面上的自我追求必将增加个人的价值，同时有助于形成公司最有价值的无形资产，即"商誉"。如此，从道德约束这个"软约束"的角度出发，大大提高高层管理者实施"机会主义"的成本，使他们面对非法的操作行为时，权衡个人利益并比较分析后觉得"不敢为，不愿意为，不值得为"。从内心出发要求自律，这样才能有效遏制各种败德行为，形成良好的诚信经营氛围，推动我国转型经济的持续健康发展。纵观历史长河，我国封建社会中，不断涌现许多优秀的"儒商"现象，比如"晋商"、"徽商"、"浙商"，而且他们当中不少家族企业能够基业兴旺发达延续几百年。其中原因之一就是这些有远见和文化修养的商人自觉地将优秀的儒家伦理融入到了商业经营理念中，对家族的继承者进行了很好的道德教育。

五、贵在道德践行

俗话说"知易行难"。以孔子为代表的儒家思想者一直以实践来领悟人生真理、管理要义，强调道德的修养必须通过生活实践才能实现。孔子说，"见贤思齐焉，见不贤而内自省也"，提倡"克己"、"修己"、"慎独"，要求道德修养从日常生活的点滴做起，即"不积跬步，无以至千里"。在儒家看来，道德修养和法制建设一样是社会稳定发展的重要基石。

法制约束是"硬约束"，使人受到惩罚并产生畏惧，从而在心理上"不敢做"；而道德规范是"软约束"，让人主动从内心除去不良想法，主动"不去做"。良好的道德风尚不可能在短时间内自然形成，但儒家思想者仍然坚持通过亲身践行去努力实现。儒家重视思想道德修养和践行的做法对现代人的借鉴在于：要重视转型经济中商业伦理道德的宣扬和操作性实践效果。整个社会主流要主动营造、引导、鼓励良好的道德氛围，强化社会媒体道德舆论和人才评价的监督功能，通过舆论逐步引导人们自觉向往高层面的精神追求。例如，鼓励获得他人和社会的尊重、赞赏；对遵纪守法、公平竞争的公司给予正面的报道和公众的支持；对公司有高尚道德表现的员工要予以褒奖，树立典型形象，让全社会来共同学习和发扬光大，提高社会整体的道德水平和风气。

本章小结

从本章的内容中我们可以看到，公司治理是一门哲学，同时又是一门艺术。在公司治理的过程中，我们需要遵从一定的哲学观点，这样才能使得公司治理少走弯路，更有效率。我国的传统思想中有很多是值得我们学习和借鉴的，张瑞敏的忧患意识就是一个很好的例子。"生于忧患，死于安乐"的忧患意识对于公司治理特别是当今这个瞬息万变的充满风险的社会尤其重要。公司只有不断地改进自己，不断地寻求更好的发展，才能在这个社会中找到自己的位置，否则只能被大浪淘沙掉。我们同时看到，很多管理者由于没有正确的义利观，而做出损害公司和其他利益相关者利益的行为，最终只能导致自己的失败。没有道德的企业只能被时代淘汰，三鹿就是很好的例子。

为了在公司治理中更有效率和效果，为了公司更好发展，向贤人、哲人学习思想不失为一条康庄大道。海尔就是一个很好的例子。

参 考 文 献

[1] 李维安. 公司治理学 [M]. 北京：高等教育出版社，2005.

[2] 吴冬梅. 公司治理概论 [M]. 北京：首都经济贸易大学出版社，2006.

[3] 郎咸平. 公司治理 [M]. 北京：社会科学文献出版社，2004.

[4] 张维迎. 产权、激励与公司治理 [M]. 北京：经济科学出版社，2005.

[5] 宁向东. 公司治理理论（第2版）[M]. 北京：中国发展出版社，2006.

[6] 经济合作与发展组织. OECD 公司治理原则实施评价方法 [M]. 周清杰译. 北京：中国财政经济出版社，2008.

[7] 冯根福. 中国公司治理前沿问题研究 [M]. 北京：经济科学出版社，2009.

[8] 希尔伯. 新型公司治理 [M]. 傅曼丽，金思宇，王英红译. 北京：中国电力出版社，2008.

[9] 李明辉. 公司治理全球趋同研究（第7辑）[M]. 大连：东北财经大学出版社，2006.

[10] 陈燕. 公司组织与管理 [M]. 北京：首都经济贸易大学出版社，2008.

[11] 韩晶. 公司治理：制度系统的发展与实践 [M]. 北京：时事出版社，2010.

[12] 朱宝宪. 公司并购与重组 [M]. 北京：清华大学出版社，2006.

[13] 段从清. 独立董事制度研究 [M]. 北京：人民出版社，2004.

[14] 朱慈蕴，杨继，丁建勇. 公司内部监督机制：不同模式在变革与交融

中演进［M］.北京：法律出版社，2007.

［15］刘彦文，张晓红.公司治理［M］.北京：清华大学出版社，2010.

［16］李维安，牛建波.CEO公司治理［M］.北京：北京大学出版社，2011.

［17］席酉民，赵增耀.公司治理［M］.北京：高等教育出版社，2004.

［18］斯蒂芬·罗宾斯，玛丽·库尔特.管理学（第9版）［M］.孙健敏译.北京：中国人民大学出版社，2008.

［19］李亚等编.民营企业公司治理实务与案例［M］.北京：中国发展出版社，2009.

［20］于东智编.公司治理［M］.北京：中国人民出版社，2005.

［21］张兴龙.张瑞敏的儒商智慧［M］.杭州：浙江大学出版社，2011.

［22］洪联英.员工持股计划：改善公司治理机制的现实选择［J］.湖南商学院学报（双月刊），2004（3）.

［23］贯君.论员工持股计划在我国的应用［J］.商业经济，2011（8）.

［24］陈昕，沈乐平.家族治理模式的特征及其发展趋势分析［J］.商业时代，2010（8）.

［25］周树理.刍议企业内部审计存在的问题及对策［J］.经营管理者，2009（15）.

［26］李馨.充分发挥内部审计在公司治理中的作用［J］.工业审计与会计，2007（4）.

［27］杨绪刚.对企业内部审计存在问题的分析及建议［J］.审计监督，2010（1）.

［28］雒兢.论内部审计在公司治理中的作用［J］.财会研究，2011（16）.

［29］鄢洪平，邹积亮.公司外部治理结构的构建与完善［J］.商业时代（理论版），2003（24）.

［30］马海霞.公司外部治理机制的构建——中国公司治理机制构建的突破点［J］.新疆师范大学学报（哲学社会科学版），2005（12）.

［31］侯慧春.关于完善我国上市公司外部治理机制的思考［J］.集宁师专学报，2003（9）.

[32] 王冰. 公司治理结构模式的国际比较与借鉴 [J]. 理论学习, 2002 (5).

[33] 李燕, 朱小鹏. 先秦人性论与管理思想的演变 [J]. 前沿, 2007 (6).

[34] 唐炜, 李慧君. 古代儒家思想与现代公司治理 [J]. 华东交通大学学报, 2003, 20 (6).

[35] 万媛媛. 儒家文化与我国公司治理模式的构建 [J]. 经济师, 2008 (2).

[36] 梁衍强, 张成. 国外公司治理模式研究 [J]. 沿海企业与科技, 2009 (1).

[37] 杨青, 张慧慧. 基于公司治理的内部控制的思考 [J]. 经济师, 2009 (4).

[38] 王秀华. 浅论基于利益相关者下公司治理的完善 [J]. 经济述评, 2009 (4).

[39] 张春霖. 公司治理改革的国际趋势 [J]. 世界经济与政治, 2002 (5).

[40] 倪建林. 公司治理原则的国际趋同化和协调及对我国的启示 [J]. 国际商务研究, 2009 (6).

[41] 郭鹰. 论公司治理文化与治理制度不同偏好的互补与替代 [J]. 现代财经, 2006 (5).

[42] 徐金发, 刘翌. 论我国公司治理文化及其建设 [J]. 中国软科学, 2001 (12).

[43] 肖作平. 中国上市公司外部治理结构特征分析 [J]. 财政研究, 2007 (3).

[44] 梁海慧. 我国员工持股计划实施中存在的问题及对策 [J]. 辽宁省交通高等专科学校学报, 2006 (3).

[45] 汪斌, 李晨阳. 员工持股计划在中国的新发展及面临的问题 [J]. 洛阳师范学院学报, 2006 (4).

[46] 袁友军. 民营企业家族制经营: 从传统家族治理向现代家族治理演变 [J]. 广东社会科学, 2005 (4).

[47] 杜寒松. 我国员工持股计划存在的问题及对策研究 [J]. 胜利油田职工

大学学报，2008（3）.

[48] 孔翔. 中外独立董事制度比较研究［J］. 管理世界，2002（8）.

[49] 胡开贵. 现代企业内部审计工作探讨［J］. 审计与理财，2007（7）.

[50] 刘文俊. 风险导向内部审计模式的应用［J］. 高业会计，2010（11）.

[51] 孙光焰. 经济全球化背景下公司治理模式的趋同趋势［J］. 河南师范大学学报，2009（1）.

[52] 张永国. 股东积极主义的博弈分析与启示［J］. 郑州航空工业管理学院学报（管理科学版），2004（3）.

[53] 刘曼琴. 机构投资者参与公司治理的动机与障碍分析［J］. 经济研究导刊，2008（4）.

[54] 蒋露洲，孙红霞，曾智. 股东积极主义的兴起［J］. 开放导报，2003（6）.

[55] 李俊英. 机构股东积极主义评析［J］. 企业经济，2009（7）.

[56] 杨成炎，潘魏灵. 机构投资者的介入与公司治理机制的完善［J］. 商场现代化，2008（11下）.

[57] 金亮. 我国上市公司监事会制度失效分析［J］. 法制与社会，2010（3）.

[58] 邓益芳. 完善监事会监督职能的几点建议［J］. 中国证券期货，2011（8）.

[59] 龙莺. 机会主义、信息不对称与道德风险［J］. 武汉金融，2000（11）.

[60] 朱丽娅. 构建全面的管理者道德风险防范体系［J］. 湖南社会科学，2010（1）.

[61] 翟志华. 论企业经营者道德风险行为的控制［J］. 交通企业管理，2006（6）.

[62] 韩瑾，柯大钢. 新视角看独立董事制度及与监事会制度的融合［J］. 经济研究导刊，2007（2）.

[63] 刘剑民. 我国上市公司监事会与独立董事职能定位［J］. 财会通讯（综合版），2007（5）.

[64] 张鹏. 独立董事制度与监事会制度并存的不足与完善[J]. 法制与社会, 2009 (1 上).

[65] 叶成朋. 公司监事会制度之完善——以监督权为中心[J]. 商场现代, 2011 (6 上).

[66] 蔡玉龙. 推动机构投资者积极参与上市公司治理的对策[J]. 统计与决策, 2005 (2).

[67] 郭强. 我国上市公司监事会研究分析[J]. 北方经贸, 2011 (8).

[68] 金鑫, 王剑. 关于提升我国监事会在公司治理中地位的思考[J]. 商业经济, 2008 (11).

[69] 罗蓉蓉. 论我国股份有限公司监事会制度的重塑[J]. 企业家天地 (理论版), 2010 (10).

[70] 林宽, 陈珊. 中国家族企业治理的特征[J]. 中国商贸, 2009 (5).

[71] 吴燕. 对企业风险导向内部审计模式的探讨[J]. 中国城市经济, 2010 (10).

[72] 梁雯. 机构投资者介入对上市公司治理机制的影响[J]. 财会研究, 2010 (5).

[73] 何亭, 宣金雷. 论机构投资者参与公司治理的障碍与对策[J]. 经济研究导刊, 2011 (25).

[74] 孙扬. 对我国企业实行员工持股制度的思考[J]. 大连理工大学学报 (社会科学版), 2001 (12).

[75] 余晓东, 杨治南. 股东积极主义：一个博弈论的解释[J]. 外国经济与管理, 2001 (3).

[76] 钱露. 阻碍机构投资者发挥公司治理作用因素分析[J]. 武汉纺织大学学报, 2011 (8).

[77] 曾显荣. 评价机构投资者在办司治理中的作用[J]. 商业研究, 2003 (12).

[78] 唐振达. 内审新模式：风险导向内部审计[J]. 法制与经济, 2008

(10).

[79] 李玲,陈任武. 风险导向内部审计在现代企业中的作用分析——兼论风险导向内部审计的特点 [J]. 财会通讯(学术版), 2006 (12).

后 记

2011年9月，中国社会科学院哲学社会科学创新工程正式启动，该工程将学术观点和理论创新、学科体系创新与管理创新、科研方法与手段创新作为创新的主要内容。创新工程的理念与我们的构思不谋而合，在团队成员的共同努力下，我们完成了《21世纪工商管理文库》的编写工作，本文库始终把实践和理论的结合作为编写的基本原则，寄希望能为中国企业的管理实践提供借鉴！

一、我们的团队

我们的团队是由近200名工商管理专业的硕士、博士（大部分已毕业，少数在读）组成的学习型团队。其中已毕业的硕士、博士绝大多数是企业的中高层管理者，他们深谙中国企业的发展现状，同时又具备丰富的实践经验，而在读硕士、博士则具有扎实的理论基础，他们的通力合作充分体现了实践与理论的紧密结合，作为他们的导师，我感到无比的自豪。根据构思及团队成员的学术专长、实践经验、工作性质、时间等情况，我们挑选出56名成员直接参与这套文库的编写，另外还邀请了62名（其中5名也是编写成员）在相关领域具有丰富理论和实践经验的人员针对不同的专题提出修改意见，整套文库的编写人员和提供修改意见的人员共有"113将"。我是这套文库的发起者、组织者、管理者和领导者，同时也参与整套文库的修改、定稿和部分章节的编写工作。

本套文库从构思到定稿历时8年，在这8年的时间里，我们的团队经常深入企业进行调研，探究企业发展面临的问题和困境，了解企业管理者的困惑和需要，进一步将理论应用于实践并指导实践。我们经历了很多艰辛、挫折，但不管多么困难，总有一种使命感和责任感在推动着我们，让我们勇往直前，直至这套文库问世。

本套文库在中国社会科学院工业经济研究所研究员、经济管理出版社社长张世贤教授的大力支持和帮助下被纳入中国社会科学院哲学社会科学创新工程项目，并得到该项目在本套文库出版上的资助，同时，张世贤教授还参与了本套文库部分书籍的审稿工作，并且提出了很多宝贵的意见。另外，经济管理出版社总编室何蒂副主任也参与和组织了本套文库的编辑、审稿工作，对部分书籍提供了一些有价值的修改意见，同时还对本套文库的规范、格式等进行了严格把关。

有56名团队成员参加了本套文库的编写工作，他们为本套文库的完成立下了汗马功劳。表Ⅰ列出了这些人员的分工情况。

表Ⅰ 团队成员分工

书名	编写成员
1. 战略管理	龚裕达（中国台湾）、胡中文、温伟文、王蓓蓓、杨峰、黄岸
2. 生产运作管理	李佳妮、胡中文、李汶娥、李康
3. 市场营销管理	胡琼洁、李汶娥、谢伟、李熙
4. 人力资源管理	赵欣、马庆英、李汶娥、谭笑、陈志杰、卢泽旋
5. 公司理财	赵欣、易强、胡子娟、向科武
6. 财务会计	陈洁、周玉强、高丽丽
7. 管理会计	高丽丽、胡中文、符必勇
8. 企业领导学	张伟明、黄昱琪（中国台湾）
9. 公司治理	黄剑锋、符斌、刘秋红
10. 创业与企业家精神	张伟明、严红、林冷梅
11. 企业后勤管理	赵欣、钱侃、林冷梅、肖斌
12. 时间管理	苏明展（中国台湾）、胡蓉
13. 企业危机管理	胡琼洁、林冷梅、钱侃
14. 企业创新	符斌、刘秋红
15. 企业信息管理	肖淑兰、胡蓉、陈明刚、于远航、郭琦
16. 企业文化管理	符斌、谢舜龙
17. 项目管理	于敬梅、周鑫、陈赟、胡亚庭
18. 技术开发与管理	胡中文、李佳妮、李汶娥、李康

续表

书名	编写成员
19. 设备管理	马庆英、于敬梅、周鑫、钱侃、庞博
20. 公共关系管理	谢舜龙、符斌、余中星、吴金土（中国台湾）、刘秋红
21. 组织行为学	马庆英、赵欣、李汶娥、刘博逸
22. 无形资产管理	张伟明、陈洁、白福歧
23. 税务筹划	肖淑兰、陈洁
24. 宏观经济学	赵欣、汤雅琴
25. 金融机构经营与管理	胡琼洁、汤雅琴、江金
26. 行政管理学	温伟文、张伟明、林冷梅
27. 商法	高丽、胡蓉
28. 管理科学思想与方法	陈鸽林、陈德全、郭晓、林献科、黄景鑫
29. 管理经济学	周玉强、汤雅琴
30. 企业管理发展的新趋势	龚裕达（中国台湾）、符斌
31. 企业管理的哲学与艺术	龚裕达（中国台湾）、黄昱琪（中国台湾）

有62名企业界的中高层管理人员、从事工商管理研究的学者以及政府公务员为我们的编写工作提供了建设性修改意见，他们的付出对提升本套文库的质量起到了重要的作用。表Ⅱ列出了这些人员对相应书籍的贡献。

表Ⅱ 提供修改意见的人员名单及贡献

姓名	书名	工作单位、职务或职称	
1. 张世贤	商法 宏观经济学	中国社会科学院工业经济研究所 经济管理出版社	研究员 社长
2. 何蒂	管理会计 时间管理	经济管理出版社总编室	副主任
3. 邱德厚（澳门）	管理经济学 企业危机管理	广东彩艳集团	董事长
4. 冯向前（加拿大）	税务筹划	国际税务咨询公司 中国注册执行税务师	总经理
5. 陈小钢	行政管理	广州市黄埔区	区委书记
6. 温伟文	宏观经济学	广东省江门市蓬江区政府 （原广东省江门市经信局局长）	区长
7. 曹晓峰	公共关系管理	广东交通实业投资有限公司	董事长
8. 梁春火	企业领导学	广东移动佛山分公司	总经理
9. 邓学军	市场营销管理	广东省邮政公司 （原广东省云浮市邮政局局长）	市场部经理
10. 冯礼勤（澳大利亚）	企业创新	迈克斯肯国际有限公司	董事长
11. 马兆平	人力资源管理	贵州高速公路开发总公司	副总经理

续表

姓名	书名	工作单位、职务或职称	
12. 武玉琴	项目管理	广东恒健投资控股有限公司投资部 北京大学经济学院博士后	副部长
13. 方金水	金融机构经营与管理	交通银行深圳分行	副行长
14. 陈友标	时间管理	广东华业包装材料有限公司	董事长
15. 李思园（中国香港）	公司理财	香港佳宇国际投资有限公司	总经理
16. 李志新	企业领导学	广州纺织工贸企业集团有限公司	董事长
17. 郑锡林	人力资源管理	珠海市华业投资集团有限公司	董事长
18. 李活	项目管理	茂名市金阳热带海珍养殖有限公司	董事长
19. 朱伟平	战略管理 人力资源管理	广州地铁广告有限公司	总经理
20. 沈亨将（中国台湾）	战略管理	广州美亚股份有限公司	总经理
21. 罗文标	生产运作管理 人力资源管理	华南理工大学研究生院	研究员
22. 张家骅	企业危机管理	北京德克理克管理咨询有限公司	董事长
23. 廖洁明（中国香港）	企业危机管理	香港警务及犯罪学会	主席
24. 陈国力	项目管理	广州洪珠投资有限公司	总经理
25. 黄正朗（中国台湾）	财务会计 管理会计 无形资产 公司理财	台一国际控股有限公司	副总经理
26. 彭建军	创业与企业家精神	恒大地产集团	副总裁
27. 应中伟	时间管理	广东省教育出版社	社长
28. 黄昱琪（中国台湾）	税务筹划	广东美亚股份有限公司	副总经理、财务总监
29. 黄剑锋	市场营销管理	中国电信股份有限公司广州分公司市场部	副总经理
30. 周剑	技术开发与管理 公司治理	清华大学能源研究所副教授	博士后
31. 杨文江	公司治理	广州御银股份有限公司	董事长
32. 陈洪海	公司理财	深圳联通龙岗分公司	副总经理
33. 沈乐平	商法	华南理工大学工商管理学院教授	博士生导师
34. 谢舜龙	行政管理	汕头大学商学院	MBA 中心副主任
35. 刘璐华	企业创新	广东工业大学科研处副处长	教授
36. 吴晓宝	创业与企业家精神	广州增健通信工程有限公司	董事长
37. 周枝田（中国台湾）	企业后勤管理 生产运作管理	诚达集团	副总经理
38. 许陈生	宏观经济学 管理经济学	广州外语外贸大学经贸学院	教授
39. 何莽	设备管理 税务筹划	中山大学旅游管理学院	博士后
40. 苏明展（中国台湾）	设备管理	广州德进机械设备安装有限公司	总经理
41. 李建喜	市场营销管理	广州新福鑫智能科技有限公司	副总经理

续表

姓名	书名	工作单位、职务或职称	
42. 李茂松	企业后勤管理	暨南大学华侨医院后勤产业集团	副总经理
43. 羊卫辉	宏观经济学 管理经济学	股票、期货私募操盘手、私人投资顾问	
44. 周文明	生产运作管理 技术开发与管理	广电运通金融电子股份有限公司	厂长
45. 王步林	商法	广州金鹏律师事务所	合伙人、律师
46. 刘军栋	企业信息管理	合生创展集团有限公司信息化办公室	经理
47. 张振江（中国台湾）	无形资产管理	南宝树脂东莞有限公司	总经理
48. 程仕军（美国）	公司理财 财务会计 管理会计 公司治理	美国马里兰大学商学院财务系	副教授
49. 黄奕锋	行政管理学	广东省国土资源厅	副厅长
50. 翁华银	战略管理 市场营销管理	广州行盛玻璃幕墙工程有限公司	董事长
51. 李希元	企业危机管理	广东省高速公路股份有限公司	总经理
52. 叶向阳	金融机构经营与管理	中国邮储银行广东省分行	财务总监
53. 杜道洪	公司理财	广州滔记实业发展集团有限公司	总经理
54. 李飚	组织行为学 人力资源管理	广州市社会科学研究院	研究员
55. 吴梓锋（澳大利亚）	市场营销管理 项目管理 战略管理	澳大利亚雄丰股份有限公司	董事长
56. 薛声家	管理科学思想与方法	暨南大学管理学院教授	博士生导师
57. 左小德	管理科学思想与方法	暨南大学管理学院教授	博士生导师
58. 周永务	管理科学思想与方法	华南理工大学工商管理学院教授	博士生导师
59. 贺臻	创业与企业家精神	深圳力合创业投资有限公司	总经理
60. 方向东	项目管理	新八建设集团有限公司南方公司	总经理
61. 梁岳明	公司理财	广东省教育服务公司	总经理
62. 邓俊浩	企业文化管理	广州精心广告有限公司	总经理

注：3~47 为团队成员，1~2 和 48~62 为外请成员。

二、致谢

在本套文库的编写过程中，我们参阅了大量古今中外的文献并借鉴了一些专家、学者的研究成果，尤其是自管理学诞生以来的研究成果。对此，本套文库尽最大可能在行文当中予以注明，并在书后参考文献中列出，但仍难免会有疏漏，在此向所有已参考过的文献作者（国内的和国外的，已列出的和未列出的）表示衷心的感谢！

另外，还要特别感谢参加本套文库的编写人员和提出修改意见的人员，是你们这"113将"的勤奋和智慧才使该文库的构思得以实现。随着这套文库的问世，中国企业会永远记住你们，感激你们！

经济管理出版社是我国经济管理类的中央级出版社，它以严谨的学术、广泛的应用性以及规范的出版而著称。在此，我们非常感谢经济管理出版社的领导和所有工作人员对本套文库的出版所做的工作和提供的支持！

我还要感谢暨南大学这所百年华侨学府，"始有暨南，便有商科"。巧合的是，管理学和暨南大学几乎同时诞生，在此，就让《21世纪工商管理文库》作为管理学和暨南大学的百年生日礼物吧！

我们真诚地希望并欢迎工商管理界的学者和企业家们对本套文库提出宝贵意见，以使该套文库能更好地为中国企业服务，从而全面提升中国企业的管理水平！

夏洪胜

2013年12月